BAEDEKERSMART

Hamburg

MAIRDUMONT – 🌐 www.baedeker.com

Wie funktioniert der Reiseführer?

Wir präsentieren Ihnen Hamburgs Sehenswürdigkeiten in fünf Kapiteln. Jedem Kapitel ist eine *spezielle Farbe* zugeordnet. Um Ihnen die Reiseplanung zu erleichtern, haben wir alle wichtigen Sehenswürdigkeiten jedes Kapitels in drei Rubriken gegliedert: Einzigartige Sehenswürdigkeiten sind in der Liste der *TOP 10* zusammengefasst und zusätzlich mit zwei Baedeker Sternen gekennzeichnet. Ebenfalls bedeutend, wenngleich nicht einzigartig, sind die Sehenswürdigkeiten der Rubrik *Nicht verpassen!* Eine Auswahl weiterer interessanter Ziele birgt die Rubrik *Nach Lust und Laune!*

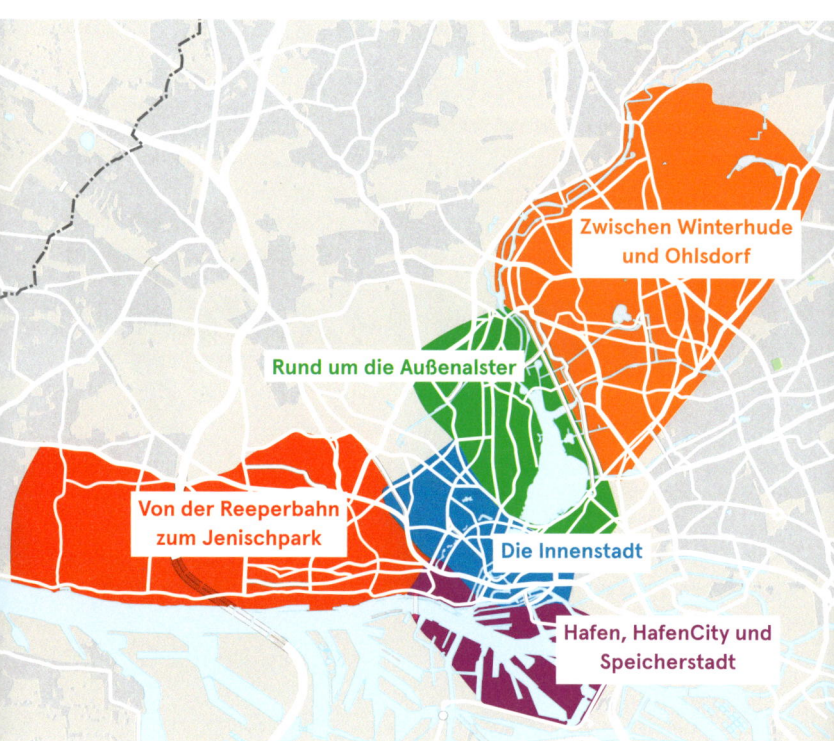

★★ Baedeker Topziele 6
Ein Gefühl für Hamburg
bekommen … 8

Das Magazin

An der Waterkant 14
Alles ganz frisch – und viel Fisch ... 17
Mehr als Musical, mehr
als Theater 20
Freie und Abrissstadt Hamburg .. 22
Hanseatisch? 24
Kulturmetropole Hamburg 26
Heiße Ecken 28
»Und wo wohnen Sie?« 30

Die Innenstadt

Erste Orientierung 34
Mein Tag beim Shoppen
im Trockenen 36
★★ Rathaus 40
Jungfernstieg 42
Museum für Kunst und
Gewerbe (MKG) 44
Kontorhausviertel 46
Nach Lust und Laune! 50
Wohin zum … Essen und Trinken?
… Einkaufen? … Ausgehen? 55

Rund um die Außenalster

Erste Orientierung 64
Mein Tag entlang der
Außenalster 66
★★ Alster 70

★★ Kunsthalle 72
MARKK 74
Nach Lust und Laune! 77
Wohin zum … Essen und Trinken?
… Einkaufen? … Ausgehen? 79

Hafen, HafenCity und Speicherstadt

Erste Orientierung 86
Mein Tag mit Elphi 88
★★ Landungsbrücken 92
★★ Elbphilharmonie 96
★★ St. Michaelis 98
★★ Speicherstadt 102
HafenCity 106
Nach Lust und Laune! 110
Wohin zum … Essen und Trinken?
… Einkaufen? … Ausgehen? 112

Von der Reeperbahn zum Jenischpark

Erste Orientierung 118
Mein Tag am Strand 120
★★ Reeperbahn 124
★★ Övelgönne 130
Museum für Hamburgische
Geschichte 133
Große Elbstraße 135
Elbchaussee 138
Nach Lust und Laune! 142
Wohin zum … Essen und Trinken?
… Einkaufen? … Ausgehen? 144

Zwischen Winterhude und Ohlsdorf

Erste Orientierung 154
Mein Tag auf den Spuren der Arbeitertradition 156
★★ Ohlsdorfer Friedhof............ 160
Stadtpark und Planetarium 162
Nach Lust und Laune! 166
Wohin zum ... Essen und Trinken? ... Einkaufen? ... Ausgehen? 167

Spaziergänge & Touren

Ein Tag an der Elbe: zu Fuß von Wedel bis Blankenese 172
Tierpark Hagenbeck 176
Sprung über die Elbe 179

Praktische Informationen

Vor der Reise 186
Anreise 188
Unterwegs in Hamburg 188
Übernachten 189
Essen und Trinken 192
Einkaufen 192
Ausgehen 192
Veranstaltungskalender 193

Anhang

Cityatlas 195
Straßenregister 204
Register 210
Bildnachweis 214
Impressum 215

Magische Momente

Kommen Sie zur rechten Zeit an den richtigen Ort und erleben Sie Unvergessliches.

Innovative Sphärenklänge 49
Candlelight-Therme 76
Jazz-Zauber 95
Nordlicht an der Speicherwand .105
Kunst und Natur im Jenischpark 141
Hand in Hand mit Jamie Culum 165

Blankenese –
Villenviertel am Elbhang

Am Schulterblatt auf der Schanze
reiht sich ein Café ans nächste.

BAEDEKER TOPZIELE

★★ Baedeker Topziele

Unsere TOP 10 helfen Ihnen, von der absoluten Nummer eins bis zur Nummer zehn, die wichtigsten Reiseziele einzuplanen.

❶ ★★ Landungsbrücken
Früher lag es genau hier, das Tor zur Welt – für die vielen Auswanderer, die vom Anleger aus nach Übersee aufbrachen. Nach Ferne riecht es noch heute (S. 92).

❷ ★★ Elbphilharmonie
Hamburgs neues Wahrzeichen, ein Konzerthaus mit Weltruhm. Aus der ganzen Welt strömen die Gäste her, Konzerte sind Monate im Voraus ausgebucht (S. 96).

❸ ★★ St. Michaelis
Die Hamburger nennen ihn nur Michel, wie einen alten Freund. Er steht wie ein Fels in der Brandung und zeigt von seiner Plattform in 106 m Höhe seine Stadt (S. 98).

❹ ★★ Speicherstadt
Die alten Kontorhäuser des weltgrößten zusammenhängenden Lagerhauskomplexes lassen sich gut mit einer Barkasse erkunden. Seit 2015 sind sie Welterbe (S. 102).

❺ ★★ Rathaus
Von außen eine Mischung aus Schloss und Kirche, im Innenhof beim Hygieia-Brunnen einer der architektonisch schönsten Plätze der Stadt (S. 40).

❻ ★★ Alster
Bei sonnigem Wetter ist eine Umrundung von Binnen- und Außenalster Pflicht. Vorbei an Jugendstilvillen, Parkanlagen und prominenten Joggern und Spaziergängern (S. 70).

❼ ★★ Reeperbahn
Natürlich muss man diese 930 m einmal auf und ab gegangen sein, vorbei an Kneipen, Theatern, Sexshops und Tabledance-Bars (S. 124).

❽ ★★ Kunsthalle
Eines der bedeutendsten Kunstmuseen Deutschlands. Die Sammlung reicht vom Mittelalter im Altbau bis zur Moderne in der gegenüberliegenden Galerie der Gegenwart (S. 72).

❾ ★★ Ohlsdorfer Friedhof
Uralte Bäume, Teiche und dazwischen über 100 000 Grabstätten. Alles, was in Hamburg Rang und Namen hatte, ist hier begraben (S. 160).

❿ ★★ Övelgönne
Kapitänshäuschen, prachtvolle Villen: Hamburgs schönster Strandtreff ist ein Muss. Am herrlichsten früh am Morgen – da sind Sie fast allein an der Elbe (S. 130).

Ein Gefühl für Hamburg bekommen ...

Erleben, was die Stadt ausmacht, ihr einzigartiges Flair spüren.
So, wie die Hamburger selbst.

Mit den Füßen im Sand

Als eine Milchtrinkhalle wurde der kleine Strandkiosk mal gebaut, heute gilt die »Strandperle« (S. 132) als Mutter aller Beachclubs der Stadt. Hier herrscht eine lässige Atmosphäre. Da ist klar, dass die Hamburger ihre Stadt so sehr lieben.

Ab aufs Wasser

Die Sommersonne scheint? Sie haben ein Stündchen übrig? Dann heißt das Gebot der Stunde: ab aufs Wasser. Segel- oder Tretboot? Kanu, Gondel oder Alsterdampfer? Völlig egal. Hauptsache, Sie kommen irgendwie in die Mitte der Außenalster und schauen von da zurück auf die Stadt. Gigantisch. Bitte nicht vergessen: Alsterdampfer haben immer Vorfahrt! Aber auch vom Ufer lässt sich das Treiben natürlich ganz vorzüglich genießen (S. 66).

Blick vom Riesenrad

Echte Hamburger Jungs und Deerns sind mindestens einmal im Jahr auf dem Dom. Essen dort Hamburger Speck und lassen sich auf fieseste Art durch die Luft schleudern. Wählen Sie ein bequemes Fahrgeschäft: Das Riesenrad eignet sich wunderbar, um von oben den Blick über Hafen und Stadt zu genießen. Romantische Gefühle inklusive.

Ein Kilometer Kostproben

Dienstag und Freitag zwischen 8.30 und 14 Uhr drängt sich unter dem U-Bahn-Viadukt an der Isestraße Käsestand an Bonbonbude und Kräuterladen an Gemüsehändler. Es riecht wunderbar, nach asiatischer Suppe, frischen Gewürzen und natürlich gibt es auch frischen Fisch!

Fast bis nach Cuxhaven

Im Westen, ab Blankenese und dann das ganze Falkensteiner Ufer entlang, wird Hamburg bergig. Der »Geestrücken« entstand in der Eiszeit, als Erdmassen von Norden hierhergeschoben wurden. Am Puppenmuseum (S. 174) gibt es einen Weg am Hochufer. Dort steht eine Bank. Auf die können Sie sich set-

Logenplätze an der Außenalster: »Alsterperle«

Chillen unter Kunstpalmen:
Park Fiction, St. Pauli

Über 150 Bands und Solisten treten beim
Reeperbahn Festival auf.

zen und die Aussicht genießen. Ja, von hier fließt die Elbe weiter bis in die Nordsee. Und daaaaa hinten, da liegt Cuxhaven …

Schräg und gar nicht durchgeknallt
Hamburg kann so spießig sein, so bürgerlich und brav. Aber es geht auch anders. Alle, die das einmal erleben wollen, ziehen mit ihrem letzten (oder ersten) Bier am Sonntagmorgen vom Fischmarkt hoch zum Park Fiction. Unter Plastikpalmen hängen hier sicher noch andere Gestalten ab, blicken aufs riesige Schiffsdock gegenüber und warten auf den Sonnenaufgang.

Live und von hier
Hamburg ist Musikstadt: Stars wie Blumfeld, Annett Louisan, Ina Müller, Olli Schulz, Fettes Brot, Anna Depenbusch, Jan Delay, Lotto King Karl – alles echte Hamburger Gewächse. Das kreative Potenzial kann in so vielen Live-Clubs wie nirgendwo in Deutschland ausgelebt werden: Mehr als 120 Spielstätten zum Mit- und Abtanzen gibt es, sei es die Fabrik (S. 151), das Uebel & Gefährlich (S. 151), die Stadtparkbühne (S. 165). Großartig sind Festivals wie Elbjazz (S. 95), Dockville (S. 194) und das Reeperbahn Festival (S. 129).

Walrösser und Elefanten
Wenn die Bewohner in Hagenbecks Tierpark (S. 176) Nachwuchs bekommen, steigt die Aufregung wie in London vor einer Prinzengeburt. Es gibt Gesundheitsbulletins und offizielle Pressetermine. So geschehen zuletzt im Herbst 2022 für gleich drei (!) gesunde Leopardenbabys. Vielen Hamburgern ist der Tierpark eine Jahreskarte wert, denn in dieser herrlich angelegten Parklandschaft lässt sich jede Jahreszeit hervorragend genießen.

Das Wetter? Das Wetter!
Zugegeben, in Hamburg regnet es recht häufig. Aber echte Hanseaten erschüttert Schietwetter nicht. Und schon bei Temperaturen um die 17 Grad klappen sie im März das Cabrio-Dach runter und gönnen sich einen Aperol Spritz im Freien. Hauptsache, man hat für den Notfall die Regenjacke bereit und bleibt optimistisch.

Dabeisein ist alles
Hamburgs Bewerbung für die Olympischen Spiele 2024 wurde durch einen Volksentscheid abgeschmettert. Der Hamburger SV ist abgestiegen. Und beim Kiezklub FC St. Pauli war die Stimmung auch schon mal besser. Aber Profisport ist ja nicht alles. In Hamburg haben eh die Amateure das Sagen. Beim Marathon, beim Radrennen und beim Schwimmen in der Alster (für den Triathlon) sind sie zu Tausenden dabei – aktiv oder jubelnd an der Seitenlinie. Ein Kneipen-Trendsport ist übrigens Kickern.

Museumshafen in der HafenCity:
Vergangenheit trifft auf Zukunft

Das Magazin

Nordwind und Elbstrand, raue Kerle und leichte Damen, Seemannsgarn und Blankenese, eine Knolle Astra und Fischbrötchen.

Seiten 12–31

An der Waterkant

Wasser ist das bestimmende Element in Hamburg. Hamburg ohne Elbe, ohne Alster – unvorstellbar. Kein Hamburger, der im Angesicht der Waterkant nicht ins Schwärmen gerät. Gibt es einen prachtvolleren Blick als den aus der Elbphilharmonie auf den Hafen? Einen schöneren Ort als das Alsterufer in Harvestehude oder den Strand bei Övelgönne? Selbstverständlich nicht.

Wind und Wasser, Sonne und blauer Himmel – so liebt es der Hanseat. Wenn dann noch ein paar Schiffe dazukommen, egal ob mit Segel oder Motor, dann ist alles in bester Ordnung. Kein Gast, der nicht zur Alster oder zum Elbufer geführt wird. Wo sonst fahren Containerschiffe bis vor die Haustür? Wo sonst kann man seinen Segelschein in der Mittagspause machen? Der Hamburger Lokalpatriotismus, der ohnehin ausgeprägt ist, erreicht angesichts von Wasser und Schiffen ungeahnte Höhen.

Metropole Hamburg – wachsende Stadt

Ob nun Größenwahn oder nicht, eines steht fest: Hamburg ist das Zentrum einer der großen europäischen Metropolregionen. Die Einwohnerzahl steigt seit Jahren. Über 1,8 Millionen Menschen leben mittlerweile hier. Riesige Wohnentwicklungsprojekte prägen das Stadtbild: die HafenCity, die Neue Mitte Altona, der Billebogen und der Kleine Grasbrook.

Mit der Elbphilharmonie hat sich Hamburg in die Riege der international bekannten Großstädte eingereiht. »Sind wir nun eine Weltstadt?« Schon früher wurde diese Frage in der Stadt diskutiert. Damals schien sie eher lächerlich, heute gar nicht mehr. Vom einstigen Muff der »Pfeffersack-Ziegelstadt« ist nicht mehr viel zu spüren. Und man entdeckt ganz neue Stadtgrenzen, vor allem jenseits des Elbufers, im Süden, auf der Veddel oder in Wilhelmsburg.

2013 fand hier die Internationale Gartenschau (IGS) statt, im selben Jahr endete auch die IBA, die über

Auch die »Queen Mary 2« gab sich bereits im Hamburger Hafen die Ehre.

Jahre sich entwickelnde Internationale Bauausstellung. International war die Stadt übrigens schon immer: 1570 eröffnete Österreich das erste Konsulat in der Hansestadt. Und auch wenn es in den Jahren einige Schließungen gab (ausgerechnet die der in Hamburg so beliebten Briten), so ist Hamburg immer noch einer der weltweit größten Konsularstandorte.

Ohne den Hafen wäre Hamburg nicht Hamburg. Doch die Zeiten ändern sich und damit auch die wirtschaftliche Bedeutung des Hafens für die Stadt. Soll man wirklich weiter versuchen, in Konkurrenz mit den großen Überseehäfen wie Wilhelmshaven oder Rotterdam zu treten? Oder sich bescheiden als Binnenhafen geben? Schwer umstritten war und ist die Elbvertiefung. Umweltschützer kritisieren das damit einhergehende Fischsterben, Befürworter geben zu bedenken, dass der Hafen schon immer Hamburgs wichtigster Wirtschaftsfaktor war.

Grüne Stadt mit Verkehrsproblemen

Hamburg ist eine der grünsten Städte des Landes, das merken auch Kurzbesucher auf den ersten Blick: die Parks, die Fleete mit ihren hängenden Weiden, das Elbufer, die Alsterwiesen, Ohlsdorf. Allerdings: Hamburg gehört auch zu den Spitzenreitern bei schlechter Luftqualität. Ungefiltert blasen Kreuzfahrtschiffe und Containerpötte ihre Abgase in die Luft. 56 Stunden stand der durchschnittliche Hamburger Verkehrsteilnehmer im Jahr 2022 im Stau, das ist der dritte Platz nach München und Berlin auf der Schamliste »Staustädte Deutschlands«. Neue Ideen müssen her. In der

HafenCity sollen schon bald fahrerlose E-Shuttlebusse ihre Gäste abholen, in anderen Stadtteilen fahren bereits Hybridbusse. Und eine Ringlinie ist geplant, doch das wird noch dauern.

Touristenmetropole Hamburg

Bis 2020 explodierten in Hamburg die Touristenzahlen. Innerhalb weniger Jahre hatte sich die Stadt im Europa-Ranking ganz nach vorn katapultiert. Doch dann kam Corona. Manche Leute sahen die Pandemie jedoch als einen heilsamen Break im Dauerwachstum. Denn schon lange gab es Widerstand: Stadtviertel wie St. Pauli oder die Schanze waren regelrecht überlaufen, vieles – wie ein überdimensioniertes Einkaufszentrum in der HafenCity – schien nur für Touristen geplant worden zu sein. Trotzdem gilt: Wer Weltstadt sein will, muss Besucher aus aller Welt freundlich empfangen.

Von Giganten und Containern

Sie wissen nicht, was ein TEU ist? Dann sollten Sie die Giganten-Tour auf die Containerterminals buchen. Dort lernen Sie, dass dies die Abkürzung für Twenty-Foot-Equivalent-Unit ist: die alles bestimmende Maßeinheit der Containerwelt. Ein Containerschiff der Größe 2400 TEU ist demnach in der Lage, 2400 Container von 6,06 m Länge (= 20 englische Fuß) und 2,44 m Breite zu tragen. Die Giganten-Tour ist einmalig: Mit Warnlicht und Sondereskorte geht es drei Stunden lang im Bus auf sonst streng abgesperrte Terminals, etwa den Burchardkai oder Altenwerder. Personalausweis muss vorgezeigt werden. Infos unter: www.jasper.de.

Alles ganz frisch – und viel Fisch

Essen kann in Hamburg ein Vergnügen sein: Es gibt zahlreiche Spitzenrestaurants und ganz viel frischen Fisch. Oder entdecken Sie leckere heimische Obstsorten auf einem Wochenmarkt.

Hamburg ist eine Hochburg der Spitzengastronomie in Deutschland. 2023 gab es sechs Restaurants mit einem Michelin-Stern, drei mit zwei Sternen und sogar ein Restaurant mit drei Sternen (»The Table« von Kevin Fehling in der HafenCity, S. 112). Wenn Sie es sich leisten können, in einem dieser Restaurants zu speisen, dann haben Sie, kulinarisch gesehen, das große Los gezogen. Wie wäre es mit »Jellyfish« (im Schanzenviertel), »Haerlin« im Hotel »Vier Jahreszeiten« (S. 43) oder dem »ZEIK« (S. 79)?

Frischer Fisch

Die beste Wahl in Hamburg heißt Fisch. Klassisch ist die Scholle Finkenwerder Art mit Speckstippe ebenso wie der Hamburger Pfannen- (oder Pann-)fisch mit Kartoffeln und Senfsoße. Wenn Sie den Fisch frisch probieren wollen, dann können Sie dies etwa bei Daniel Wischer in der Großen Johannisstraße (S. 55) tun: »Ihr werdet es nicht gereu'n – der

Krabbenbrötchen gehören zu den liebsten Snacks der Hamburger.

Alsterwasser

... heißt in Süddeutschland Radler und ist hier wie dort zumeist ein Gemisch aus Bier und Zitronenlimonade.

billige Preis wird Euch erfreu'n!«, lautet der Wahlspruch des seit 1924 in der City ansässigen Traditionsbetriebs. Frisch und günstig sind auch die Fischimbisse auf den Wochenmärkten, zum Beispiel bei Fisch Schloh (jeden Fr, Isemarkt, Ecke Innocentiastraße).

Hanseatische Spezialitäten?

Was in vielen Restaurants als vermeintlich hanseatische Spezialität auf den Tisch kommt, ist in Wirklichkeit oft in ganz Norddeutschland zu haben: das traditionelle Herbstgericht »Bohnen, Birnen und Speck« *(Beer'n, Boh'n un Speck)* beispielsweise. Gut gemacht, ist das ein köstlicher, leichter, süß-deftiger Eintopf, der vorzugsweise im August und September auf den Tisch kam. Das Gericht ist aber nicht wirklich nur typisch für Hamburg.

Auch die Aalsuppe ist ein norddeutscher Klassiker. Aber auch in Hamburg kommt es vor allem auf die Mischung aus Süßem (Backpflaumen) und Deftig-Saurem (Gemüse, Fleisch, Fisch, ein Schuss Essig) an.

Labskaus ist traditionell ein Resteessen, das auch in Skandinavien verzehrt wird. Woher der Name stammt, ist nicht ganz klar. Es gibt mehrere Varianten. Im Litauischen gibt es etwa *labas kaušas,* was »gute Schüssel« bedeutet. Das englische *lobscouse* bedeutete dagegen einst so viel wie »Speise für derbe Männer«.

Damit meinte man sicher die vom Skorbut gezeichneten, zahnlosen Matrosen. Für sie war das eine ideale Speise, denn beim Labskaus gibt es nicht viel zu beißen. Pökelfleisch, Rote Bete, Matjes und Zwiebeln werden durch den Fleischwolf gedreht, mit gestampften Kartoffeln vermischt und mit Rollmops, Spiegelei und Gewürzgurke garniert. Schmeckt meist wesentlich besser, als es aussieht.

Franzbrötchen

Kein Kleinkind, dessen Tränen nicht irgendwann einmal mit einem Franzbrötchen gestillt wurden. Das köstliche, zimtige Plundergebäck soll ein Altonaer Bäcker nach der Franzosenzeit erfunden haben. Ob es stimmt? Egal. Auf der Website www.franzbroetchen.de können Sie weiterlesen. Aber zunächst sollten Sie mal ein Franzbrötchen probieren. Besonders leckere Exemplare – darüber gibt es Glaubenskriege in Hamburg – führt die Traditionsbäckerei Körner in der Blankeneser Landstraße.

Heringssalat ist nicht nur als Katerfrühstück zu empfehlen; herzhaft und süß: *Boh'n, Beer'n un Speck* (Bohnen, Birnen, Speck); Labskaus: ein Klassiker aus dem Norden, daneben Rote Grütze

Marktfrisch

Himbeeren, Kirschen, Birnen und Äpfel kommen 1a-frisch aus den Vier- und Marschlanden und dem Alten Land auf die Wochenmärkte. Fragen Sie in der Markthalle Hobenköök (S. 91) nach heimischen Apfelsorten, beispielsweise denen vom Hof Ottilie – alte Sorten schmecken ganz besonders gut.

Als wohl beliebteste Nachspeise der Hamburger gilt *Roode Grütt* (Rote Grütze): gekochte Himbeeren, Erdbeeren, Johannisbeeren und Kirschen serviert, mit Sahne oder Vanillesoße.

Der Blick, der Blick, der Blick

Für viele Hamburger ist es wichtig, was sie beim Essen sehen. Die vielen alten und neuen Restaurants an der Großen Elbstraße, in Övelgönne und Blankenese bieten oft einen fantastischen Blick auf Containerschiffe und den Hafen. Auch rund um die Alster können Sie während der Vorspeise Segler, Schwäne und Alsterdampfer beobachten.

Mehr als Musical, mehr als Theater

Landungsbrücken und Michel sind beliebt, doch viele Touristen reisen wegen der leichten Muse an. Musicals und Harry Potter verzaubern große und kleine Besucher.

Hamburg ist nach New York City und London der drittgrößte Musicalstandort der Welt – ein Titel, den sich die Stadt mit viel Zielstrebigkeit über Jahrzehnte erarbeitet hat. Der Aufstieg begann am 18. April 1986. Damals hob sich zum ersten Mal der Vorhang im Hamburger Operettenhaus (S. 129) an der Reeperbahn für »Cats«. Das Stück lief jahrelang, so wie heute »König der Löwen« im Theater am Hafen. Dort, vis-à-vis den Landungsbrücken, stehen mittlerweile zwei Musicalhäuser. Tonangebend ist die Stage Entertainment GmbH. Sie produziert mehrere Shows und Musicals und betreibt verschiedene Theater (www.stage.de).

Heiße Ecke und Krimi-Oper
Erfreulicherweise ist nicht nur der Musical-Monopolist Stage erfolgreich, sondern auch viele kleinere

Außergewöhnliche Architektur an der Elbe: eines der beiden Stage-Theater am südlichen Elbufer

Darsteller des St.-Pauli-Musicals »Heiße Ecke« (links) und Blick hinter die Kulissen des Disney-Musicals »König der Löwen«

Produktionen. Im Schmidts Tivoli (S. 128) an der Reeperbahn läuft etwa seit über 20 Jahren das St.-Pauli-Musical »Heiße Ecke«.

Ganz dicht dran am Nachwuchs sind Sie im Zuschauerraum von »First Stage Hamburg«, einer kleinen Privatbühne in Altona. Hier inszenieren Absolventen der dazugehörigen Theaterschule Stage School gekonnt eigene Shows, mit Tanz, Gesang und Stand-up-Comedy: jung, lebendig, frisch und authentisch (www.firststagehamburg.de).

Wer sich nach Kammeroperette und Musikrevuen sehnt, der ist im Engelsaal am Valentinskamp genau richtig (www.engelsaal.de), im ältesten Privattheater der Stadt.

Ein echter Geheimtipp ist das Opernloft im Alten Fährterminal mit Elbblick. Das talentierte Ensemble führt regelmäßig geniale Opern-Interpretationen auf: von Krimi-Oper bis Opern-Slam (www.opernloft.de).

Harry Potter und das verwunschene Kind

Eine zauberhafte Welt ist extra für dieses Theaterstück (eben kein Musical) im Mehr! Theater am Hamburger Großmarkt entstanden. Und alle sind sie da: Harry, Hermine, Ron, Voldemort, aber eben auch Albus, Harrys Sohn, und das »verwunschene Kind«, jedoch 19 Jahre nachdem die Zaubererwelt gerettet wurde. Es gibt magische Zaubertricks, tolle Tanzeinlagen und einen epischen Kampf – das großartige Ensemble legt sich für die Potter-Fans ins Zeug (www.harry-potter-theater.de).

Freie und Abrissstadt Hamburg

Zimperlich waren die Hanseaten nie, wenn es um Neubaupläne ging. Oft fielen der Spitzhacke oder der Abrissbirne auch erhaltenswerte Bauten zum Opfer. Trotz Bränden und Krieg haben sie aber ein Stadtbild bewahrt, das zu den schönsten Deutschlands gehört.

Der damalige Kunsthallendirektor Alfred Lichtwark beschimpfte seine Heimatstadt 1912 als »Freie und Abrissstadt Hamburg«. Lichtwark, selbst Kunsterzieher, war wütend über die gnadenlosen Abbruchprogramme, mit denen der Hamburger Senat und Baudirektor Fritz Schumacher ihre Pläne der »Citybildung« (auch Zentrumsbildung genannt) durchsetzten. Zehntausende Hamburger mussten Ende des 19. und Anfang des 20. Jhs. ihre Wohnungen aufgeben und in neue Wohnsiedlungen außerhalb der Innenstadt ziehen. Lichtwark weiter: »Hamburg hätte die Stadt der Renaissance sein können, des Barock und des Rokoko – doch all diese Schätze wurden stets begeistert dem Kommerz geopfert.«

Brand und Cholera

Bei seiner Kritik unterschlug Lichtwark allerdings, dass den Stadtsanierungsprogrammen schreckliche Tragödien vorangegangen waren. 1842 vernichtete etwa der Große Brand in wenigen Stunden den größten Teil der Innenstadt. Eine »technische Kommission« kümmerte sich um die »Nach-

> **Klein, aber oho**
> Hamburgs kleinstes Denkmal erinnert an den Architekten Fritz Höger (1877–1949). Sie finden die nur wenige Zentimeter große Statue in einer Backsteinsäule rechts vom Eingang des Renaissance Hamburg Hotel an den Großen Bleichen, dessen wunderschöne Fassade Höger einst schuf.

brandarchitektur« mit dem Ergebnis, dass Hamburg einen neuen Rathausmarkt, die Alsterarkaden und dank der genialen Ingenieursleistung des Engländers William Lindley ein Kanalisationssystem erhielt, das in Teilen noch heute Bestand hat.

Die zweite Katastrophe begann in der Sommerhitze des 17. August 1892 mit einem ersten Cholera-Toten im Eppendorfer Krankenhaus. Zehn Tage später waren bereits über 1000 Menschen gestorben. Letztlich kostet die heimtückische Krankheit ca. 9000 Personen das Leben.

Backstein-Expressionismus: Chilehaus

Neues Bauen

Die neue Epoche begann 1909 mit der Berufung von Fritz Schumacher (1869–1947) an die Spitze der Baudeputation. Bis er 1933 von den Nazis entlassen wurde, schuf er als Oberbaudirektor ein neues Stadtbild, das vom rötlichen Backstein geprägt war. Schumacher ließ moderne, helle Arbeiter-Wohnsiedlungen in Dulsberg, in der Jarrestadt und in Barmbek errichten. Er plante auch den Stadtpark und arbeitete Hand in Hand mit Fritz Höger (S. 47), dem Architekten des Chilehauses.

Zerstörung und Aufbau

Zum Glück hatte Schumacher nicht nur besonders schöne, sondern auch besonders stabile Häuser geschaffen. Zahlreiche seiner Gebäude überlebten die Bombardierungen während des Zweiten Weltkriegs. Über 50 % der Stadt lagen 1945 in Schutt und Asche, die Hafenanlagen waren zu 80 % zerstört, von 33 Kirchen nur 18 heil geblieben. Der Wiederaufbau erfolgte schnell und radikal: Und so ging noch mehr historische Bausubstanz verloren als durch die Bomben. Mit der Ost-West-Straße (heute Willy-Brandt-Straße) trennte man das Elbufer von der Innenstadt. Die HafenCity vermag zumindest diese Wunde zu schließen.

Seit 2015 gehören die Speicherstadt und das Kontorhausviertel mit dem Chilehaus zum UNESCO-Welterbe. Ein schöner Erfolg für Hamburgs Denkmalschützer!

Hanseatisch?

Es ist immer wieder die Rede von *dem* Hamburger und *dem* Hanseaten. Was macht eigentlich einen Hanseaten oder etwa eine Hamburgerin aus? Die Stadt ist doch seit Jahrhunderten ein Schmelztiegel der Kulturen …

Freie und Hansestadt Hamburg – auf diesen Titel (wie auch auf das Kennzeichen H für Hansestadt und H für Hamburg) ist man besonders stolz. Schon seit dem späten Mittelalter fühlte sich Hamburg dank verschiedener kaiserlicher Erlasse frei von Landeshoheit. Endgültig besiegelt wurde dies mit dem Gottorper Vergleich von 1768, in dem der Dauerrivale Dänemark Hamburg endgültig als »Kaiserlich Freye Reichsstadt« anerkannte.

> **Assoziationen**
> »hanseatisch«: Weltoffenheit, Urbanität, vornehmes Understatement, nüchterne Zuverlässigkeit, merkantile Prosperität, aber auch steife Zurückhaltung, Standesdünkel, kleinkarierter Krämergeist (aus: Hamburg Lexikon, hrsg. von F. Kopitzsch und D. Tilgner, Zeise Verlag 2000).

Als »Freie Hansestadt« firmierte Hamburg in der kurzen Zeit zwischen dem Ende des Deutschen Reiches im August 1806 und dem Einmarsch der napoleonischen Truppen im November des gleichen Jahres.

Die folgenden Jahre beutelten das Hamburger Selbstbewusstsein auf das Schwerste. Der seit dem 11. Jh. regierende Rat musste sich auflösen, Hamburg wurde als Departement ein Teil von Napoleons Kaiserreich. Die Kontinentalsperre, also ein komplettes Handelsverbot mit Hamburgs wichtigstem Wirtschaftspartner England, schwächte die Stadt auf Jahre hinaus. Besonders erniedrigend war, dass die Franzosen ihre Pferde in den großen Hamburger Kirchen unterbrachten. Gäule in St. Petri? Das war definitiv zu viel des Guten.

Widerstand im Hafen
Ab 1819 nannte sich Hamburg dann »Freie und Hansestadt«. Man wollte

> ### Falsche Urkunde
> Jedes Jahr im Mai feiert Hamburg seinen Hafengeburtstag mit Pomp – in Erinnerung an den 7. Mai 1189. An diesem Tag soll Kaiser Friedrich I. Barbarossa der Stadt einen Freibrief für den Handel auf der Elbe erteilt haben. Das Dokument im Staatsarchiv stellte sich jedoch 1907 als Fälschung heraus. Aber egal – der Hafengeburtstag ist immer eine Riesenshow.

sich von Bremen und Lübeck, den beiden reinen Hansestädten, absetzen. Hamburg war eben nicht nur eine Hansestadt, sondern vor allem auch frei.

Nicht frei war die Stadt jedoch unter den Nationalsozialisten. Es verschwand nicht nur das Wort aus dem Titel, sondern auch viel vom Hamburger Widerstandsgeist. Zwar wurde die Stadt nie zu einer Nazi-Hochburg, doch die Antipathie der Kaufleute gegenüber Hitlers Wirtschaftsplänen hielt sich in Grenzen. Man wartete zunächst einmal ab. Ganz anders die Arbeiter im Hafen. Sie blieben frei im Geist. Hamburgs prominentester Arbeiterführer war Ernst Thälmann!

Und heute?

Wer heute nach dem typischen Hanseaten fragt, der erntet zunächst Schulterzucken. Gibt's den noch? Doch dann denken die Befragten nach. Und schon fällt ihnen jemand ein. Ja! Helmut Schmidt (1918–2015) war einer. Nie hat ihm die Stadt sein mutiges Eintreten als Innensenator bei der schrecklichen Sturmflut 1962 vergessen. Das machte den Politiker bundesweit populär. Ebenso wie seine Ehefrau Loki (1919–2010) war er Ehrenbürger der Stadt. Fußballlegende Uwe Seeler (1936–2022) verkörperte bis zu seinem Tod die bodenständige Seite des Hamburgers. Ebenso wie die Volksschauspielerin Heidi Kabel (1914–2010). Als Star des Ohnsorg-Theaters (S. 83) spielte sie sich, natürlich immer *platt snackend*, in die Herzen ihrer Mitbürger.

Eine lebensgroße Bronzestatue von Heidi Kabel steht vor dem Ohnsorg-Theater.

Kulturmetropole Hamburg

Das Wort »Kultur« war für viele Hamburger ein Reizwort. Zu lange mussten sie sich vorwerfen lassen, dass Kultur im hohen Norden einfach keine Rolle spielt. Die Stadt der Pfeffersäcke hatte eben ihren Ruf weg. Doch das hat sich längst geändert: Kultur ist jetzt ihr Markenzeichen.

Wenn es irgendetwas gibt, das den Wandel Hamburgs hin zu einer internationalen Metropole markiert, dann ist es der Umgang mit der Kultur. Als Michael Batz 1993 zum ersten Mal seinen »Jedermann!« in der Speicherstadt (S. 102) aufführte, da hagelte es von hanseatischen Kaufleuten Kritik: »Theater im Hafen? So ein Quatsch!«, brummelten sie in ihre blauen Blazer. Das umjubelte Stück lief immerhin bis 2018 auf der Open-Air-Bühne. Heute jazzen Musiker zwischen den Schiffsdocks von Blohm + Voss, öffnen Reeder ihre Privathäuser für Literaturlesungen und strömen Gäste aus nah und fern zu den langen Nächten der Kultur.

Kulturelle Marksteine

Was nur wenige wissen: Hamburg knüpft an eine lange Tradition an. Schon im 18. Jh. war die Stadt eine Kultur-Hochburg. Die deutsche Uraufführung von Shakespeares »Hamlet« fand 1623 hier statt. Und 1678 erbaute man am Gänsemarkt

---

Draußen vor der Tür

Im Frühjahr 1945 kam er todkrank nach Deutschland zurück, der Hamburger Dichter Wolfgang Borchert. Innerhalb weniger Tage schrieb er das Antikriegsdrama »Draußen vor der Tür«. Am 21.11.1947 wurde es unter der Leitung von Ida Ehre in den Hamburger Kammerspielen uraufgeführt. Einen Tag später starb Borchert. Das Stück wurde zu einem der großen Erfolge der später hochverehrten Prinzipalin Ida Ehre, die auch heute noch als die große alte Dame Hamburgs gilt. Bis zu ihrem Tod 1989 führte sie das Privattheater am Grindel.

»Rigoletto« in der Hamburgischen Staatsoper (links) und das Ensemble des Ballettmeisters John Neumeier, das zu den besten der Welt gehört.

das erste Opernhaus Deutschlands. Heute setzt Hamburg mit der Elbphilharmonie (S. 96) einen Markstein. Plötzlich ist die Stadt in aller Munde. Jeder kennt die »Elphi«! Und so liegt die Stadt in den Rankings für die weltbesten Städtereisen immer ganz weit vorn. Der Erfolg der 2016 fertiggestellten Elbphilharmonie ist ungebrochen. Wer hier auftritt, hat es geschafft.

Und auch die Kulturköpfe in der Stadt werden internationaler. Kent Nagano, US-Amerikaner mit japanischen Wurzeln, steht an der Spitze der Hamburger Philharmoniker in der Staatsoper (S. 61). Seit 2019 dirigiert der New Yorker Alan Gilbert das Elbphilharmonie-Orchester. Ballettchef John Neumeier ist zwar gebürtiger US-Amerikaner, doch längst hanseatischer als viele der hier Geborenen. Hamburgs Ehrenbürger ist eine Legende. Nun hat er mit über 80 Jahren seinen Rückzug von der Leitung des Hamburg Balletts im Jahr 2023 angekündigt. Für seine Fans kaum vorstellbar.

Lebendige Szene
Hochkultur hin oder her, die Basis grummelt. Vor allem die Corona-Pandemie hat viele kleine Clubs und Einrichtungen sterben lassen. Die Kulturbehörde der Stadt hat die Gefahr erkannt und steuert mit Subventionen dagegen. Doch die großen Häuser bekommen weiterhin Millionen und so bleibt für die kleinen zu wenig.

Umso großartiger, dass die Kulturszene der Stadt trotz allem immer noch so lebendig und vielfältig ist. Es gibt viele Privattheater, beachtete Lesungen, Poetry-Slams und großartige Festivals wie Elbjazz im Mai (S. 95) und das Reeperbahn Festival (S. 129) im September.

Heiße Ecken

Für viele Touristen ist die wichtigste Sehenswürdigkeit der Stadt immer noch die Reeperbahn. Die »sündige Meile« prägt Hamburgs Image seit Jahrzehnten. Doch gerade in den letzten Jahren hat sich viel geändert. Mit aller Macht will der Kiez weg vom Schmuddelimage. An einigen Stellen gelingt dies – an anderen nicht.

Die Reeperbahn ist der Dreh- und Angelpunkt für Nachtschwärmer in St. Pauli. Das Vergnügungsviertel um die »sündige Meile« nennt sich Kiez. Vielleicht gibt es hier ein paar Straftaten mehr als anderswo in Hamburg und vielleicht ist der Umgangston manchmal etwas rauer. Aber St. Pauli ist auch ein Wohnviertel wie jedes andere. Es gibt Kindergärten, Schulen ... und noch immer viele traditionelle Betriebe.

Koberer von St. Pauli

Wenn Sie abends über die Reeperbahn bummeln, kann es sein, dass man sie »ankobert«. Koberer sind die Portiers der »guten« Sexläden, die Sie zum Eintritt überreden wollen. Anders als bei den Marktschreiern der billigen Pornoshops gilt bei ihnen eine gewisse Etikette. Man darf locken, aber nicht pöbeln. Doch die Zunft der Koberer bröckelt, mehr als 15 oder 20 sind es heute wohl nicht mehr. Aber die sind stolz auf ihren Job.

Clubs, Kultur und Rotlicht

Hamburger Jugendliche sehen in einem Kiezbesuch nichts Besonderes mehr. Sie kommen am Wochenende nicht wegen des Rotlichtmilieus und der Nacktshows. Sie kommen wegen der Clubs und Kneipen. Rund um die Reeperbahn haben sich schon vor Jahren die mit Abstand besten und hipsten Musikclubs angesiedelt. Hier liegen die unterschiedlichsten Musikrichtungen in Fußmarschnähe.

Darf es mehr Kultur sein? Sie finden hier Hamburgs beste Musicals und Comedyshows und das älteste Privattheater der Stadt.

Die Kieztouren von Olivia Jones genießen Kultstatus (oben); Konzert im legendären Club »Molotow« (links); Tabledance, Nacktshows und Partygänger auf der Großen Freiheit (rechts)

Es gibt Literaturlesungen, Kleinkunst- und Musikfestivals. In vielen Geschäften können Sie rund um die Uhr shoppen: Vom Plüschkondom über Westernstiefel bekommt man so ziemlich alles.

Aber: Rotlichtkneipen existieren natürlich weiterhin, mit legaler und (zu viel) illegaler Prostitution. Und in den letzten Jahren haben die Fälle brutaler Kriminalität im Ludenmilieu (also Zuhältermilieu) wieder zugenommen. 2023 starb übrigens der »Schöne Klaus« (Klaus Barkowsky). Die Rotlicht-Größe diente als Vorlage für die Serie »Luden« (2023).

Und die Horden junger Männer und Frauen, die ihre Junggesellenabschiede im Kiez feiern und sich häufig danebenbenehmen, nerven. Bleiben Sie bei einer unangenehmen Begegnung gelassen und zivilisiert. Dann haben Sie mehr Freude am Kiezbummel.

»Und wo wohnen Sie?«

Hamburg besteht aus vielen sehr verschiedenen Stadtvierteln und Vororten. Und es ist überhaupt nicht egal, wo man lebt. Einmal Blankenese, immer Blankenese – einmal Eimsbüttel, immer Eimsbüttel.

Früher war es einfacher. Da reichte die Postleitzahl. »Hamburg 13«, da war klar: Diese Dame stammt aus dem feinen Harvestehude. Auch die Telefonnummern verrieten einiges: Begann eine Nummer mit »86«, so verwies dies auf Blankenese. Heute funktioniert dieses System nicht mehr, denn es gibt »neue« Postleitzahlen und das Festnetztelefon spielt kaum noch eine Rolle.

Aber ein Mode-Accessoire kann weiterhin den entscheidenden Hinweis zum möglichen Wohnort geben. In bestimmten Vierteln trägt man eben bestimmte Taschen. Hier sind die Jeans weniger zerrissen, dort sitzt das Top im Sommer noch etwas knapper. Ist das dort ein Schanzenbewohner? Oder doch ein West-Eimsbütteler (drei Straßen weiter)?

Es gibt Hamburger, die können Sie blind in eine ihnen unbekannte Kneipe bringen und sie sagen Ihnen blitzschnell, in welchem Stadtviertel sie sich befinden. Diese Unterschiede sind zu bedeutend,

Traumhaft wohnen – mit Blick auf den Kanal in Winterhude

Das charmante Café Lühmanns Teestube ist eine Institution im noblen Viertel Blankenese (links). Die Hafenstraße hat der Luxussanierung vorerst widerstanden (rechts).

um über sie hinwegzusehen. Selbstverständlich ist es nicht egal, ob man in Blankenese oder im direkt benachbarten Flottbek wohnt. Das eine ist *snobby* (Blankenese), das andere jünger (weil ein paar Kilometer dichter an Ottensen).

Ein Sakrileg begeht auch, wer die wichtigste Grenze der Stadt, die Alster, ignoriert. Es gibt den Westen, und es gibt den Osten. Die Alster überquert man mit dem Boot, oder man joggt drumherum. Aber man zieht nicht von der einen Seite auf die andere.

Neue Akzente durch die HafenCity

Jahrzehntelang konnten sich die traditionsbewussten Hamburger (Zugereiste nennen so etwas auch borniert) nach diesen ungeschriebenen Regeln richten. Doch seit einigen Jahren »droht« der Wandel. Mit der HafenCity kommt eine neue Dimension ins Spiel: der Süden. Plötzlich rücken Stadtviertel ins Blickfeld, die jahrzehntelang keine Rolle spielten. Etwa Harburg oder Wilhelmsburg. Nun erkennen einige, dass man dort auch ganz gut leben kann, dank neuer Wohnprojekte und schneller Bahn-Verbindungen

Und die viel geschmähte Gentrifizierung? Sie treibt in Hamburg, wie in allen angesagten Großstädten der Welt, ziemlich wilde Blüten. In allen Szenevierteln, wie Ottensen, Sternschanze und Eimsbüttel, explodieren die Mietpreise. Eigentumswohnungen mit Elb- oder Alsterblick kosten dann gerne auch schon mal 15 000 € pro Quadratmeter, der Autostellplatz liegt bei charmanten 70 000 €.

Traurig ist, dass die Politiker tatenlos zusehen, wie einige der einst charakterstärksten Straßen der Stadt – Große Elbstraße, Harvestehuder Weg, Elbchaussee – durch protzige Neubauten ein Einheitsgesicht verpasst bekommen.

Blick aus St. Petri zum Rathaus

Die Innenstadt

Shopping und Kultur, Alster und Sternschanze: Hamburgs Innenstadt bietet auf wenigen Kilometern große Vielfalt.

Seiten 32–61

Erste Orientierung

In der Innenstadt schlägt das politische und wirtschaftliche Herz Hamburgs. Mächtig ist das Rathaus, wunderschön sind die Alsterarkaden und der Jungfernstieg, verlockend die vielen Einkaufspassagen. Doch auch die Sternschanze, mit Heiligengeistfeld und Feldbunker, gehört zur City. Es gibt viel zu entdecken.

»Vor dem Alsterhaus am Jungfernstieg« – dieser Ort vor dem großen Kaufhaus gilt für Hamburger seit Jahrzehnten als sicherer Treffpunkt. Beide Namen gehören untrennbar zur Innenstadt und verkörpern, was Hamburg ausmacht: Schönheit und Kommerz; denn Hamburger Kaufleute wussten schon immer, wie sie ihren Absatz fördern konnten. Sie bauten schöne Gebäude für stilvolle Geschäfte. Einmalig sind die vielen überdachten Galerien. Alles zusammen ergibt ein Ambiente, in dem Besucher gerne ihr Geld ausgeben.

Auf den dunkelblauen Schildern des Denkmalschutzamtes finden sich viele Hintergrundinformationen zu den Bauten, Geschichten über ihre Bewohner und deren Lebensschicksale.

Die Hamburger Bürger und Bürgerinnen sind stolz auf ihre Stadt und ihre Unabhängigkeit. Damit das so bleibt, wurde den Nachkommen über dem Rathaustor die Weisung hinterlassen: *Libertatem quam peperere maiores digne studeat servare posteritas.* (Die Freiheit, die die Alten erwarben, möge die Nachwelt würdig erhalten.)

TOP 10
❺ ★★ Rathaus

Nicht verpassen!
⓫ Jungfernstieg
⓬ Museum für Kunst und Gewerbe
⓭ Kontorhausviertel

Nach Lust und Laune!

- **14** Dom/Heiligengeistfeld
- **15** Planten un Blomen/Messe
- **16** Gängeviertel
- **17** Fleetinsel/Stadthöfe
- **18** Bucerius Kunst Forum
- **19** St.-Petri-Kirche
- **20** Bischofsburg
- **21** St.-Jacobi-Kirche
- **22** Deichtorhallen
- **23** Schanzenviertel

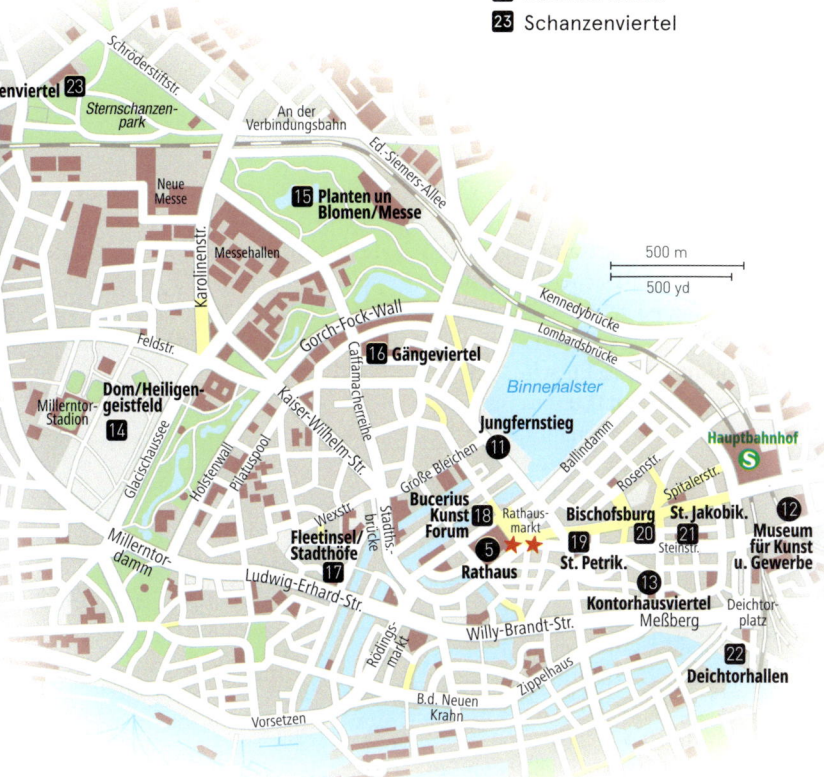

ERSTE ORIENTIERUNG

Mein Tag beim Shoppen im Trockenen

Shopping gehört zu jedem Hamburg-Trip. Und das macht auch bei Regenwetter Spaß, denn die Hamburger Stadtplaner waren clever und haben zahlreiche Passagen in der City gebaut. Damit Sie sich nicht in der Beliebigkeit verlieren, folgen hier ausgewählte Tipps zum Bummeln.

10 Uhr: Hereinspaziert!

Shopping ist anstrengend, also brauchen Sie zunächst eine Stärkung und die bekommen Sie im Levantehaus: Das Roncalli Grand Café im Erdgeschoss erinnert an ein Wiener Caféhaus. Zirkusgründer Bernhard Paul hat es selbst gestaltet, auch mit Objekten aus seiner Privatsammlung. Im Levantehaus gibt es eine ganze Reihe liebevoll geführter Läden, dazu oft Ausstellungen und Lesungen im Foyer – ein Blick auf die Webseite lohnt sich (https://levantehaus.de).

11 Uhr: Likörelle von Udo

Zwischen Ballindamm und Mönckebergstraße erstreckt sich die einem Schiff nachempfundene riesige Europa Passage. Die Geschäfte sind eher beliebig, genauso wie der riesige Food Court im Obergeschoss. Etwas Besonderes sind die

Galerie Udo Lindenberg & more im 1.OG (S. 59) und die Cafés und Restaurants mit den großen Fensterfronten, von denen der Blick weit über die Innenalster und den Jungfernstieg reicht. Prachtvoll!

12 Uhr: Exklusiv geht's weiter
Gegenüber der Europa Passage am Alsterfleet liegen die strahlend weißen Alsterarkaden. Werfen Sie einen Blick in die Mellin-Passage mit ihren prächtigen Jugendstilmalereien. Sie ist die älteste Passage der Stadt.

In der Poststraße steht die Alte Post, ein italienisch anmutender Backsteinbau, der nach dem Großen Brand 1842 entstand und heute vor allem schicke (und eher hochpreisige) Modegeschäfte beherbergt.

Alsterarkaden: Von der Flaniermeile mit Straßencafé bietet sich ein hübscher Blick auf Kleine Alster, Rathaus und Rathausmarkt.

13 Uhr: Pause im Schachbrettmuster

Inhabergeführte Shops setzen eigene Akzente in der Passage Galleria, so auch der schwarz-weiße Marmorfußboden. Ein Imbiss oder Lunch findet sich hier leicht. Nett und nicht zu fancy ist die Jellyfisch-Bude (S. 39) mit Terasse zum Kanal.

15 Uhr: Gerettete Postmoderne

30 Einzelgrundstücke wurden 1980 für den Bau der damals »längsten Einkaufspassage Europas«, für das Hanseviertel, von einem großen Versicherungskonzern aufgekauft. Die Architekten bemühten sich mithilfe von Backstein um hanseatisches Flair. Für viele Hamburger unfassbar: Tatsächlich drohte dem postmodernen Ensemble vor einigen Jahren der Abriss. Nun steht es unter Denkmalschutz. Am fast schon legendären Hummer- und Schampus-Stand (oben beim Edeka-Markt) lautet die Devise: Schlemmen und Leute gucken.

17 Uhr: Italienisches Flair

Die neobarocke Sandsteinfassade des Hamburger Hofs ist ein echtes Prachtstück. Besuchen Sie die Parfümerie im oberen Erdgeschoss. Sie führt auch seltene Düfte und Kosmetik.

Zeitlose Eleganz in der Passage Galleria (unten)

13 Uhr

17 Uhr

19 Uhr

Café am Hamburger Hof in der Poststraße (links) und nette alteingesessene Geschäfte in den Arkaden der Colonnaden (oben)

Am Ausgang Jungfernstieg gelangen Sie direkt gegenüber in die Straße Colonnaden, deren historischer Arkadengang italienisches Flair versprüht.

Bei Hellwege (S. 58) blitzt handgefertigter Schmuck in den Vitrinen und bei Pfeifen Tesch (S. 59) haben nicht wenige Prominente Tabakwaren ausgesucht.

 19 Uhr: Ausklang mit Schwung
Kurz vor dem Ende der Arkaden rechts liegt das kleine Weinbistro »Der Bocksbeutel«: Trinken Sie einen köstlichen fränkischen Schoppen auf das Wohl von Hamburgs weisen Stadtplanern.

ℹ

Roncalli Grand Café
✝ 197 E/F3
✉ Im Levantehaus, Mönckebergstr. 7
☎ 040 30 03 49 43
🌐 www.roncalli-grand-cafe.de
🕐 Mo–Sa 9.30–19, So 10–18 Uhr

Jellyfish-Bude
✝ 196 C4
✉ In der Galleria, Große Bleichen 21
🌐 www.jellyfish-and-friends.de
🕐 Mo–Sa 11–18 Uhr

Der Bocksbeutel
✝ 196 C5
✉ Colonnaden 54
☎ 040 34 51 02
🌐 www.derbocksbeutel.de
🕐 Mo–Sa 13–19, So 15–19 Uhr

MEIN TAG

❺ ★★ Rathaus

Warum?	Der mit Abstand prachtvollste historische Bau der Stadt
Wann?	Täglich Führungen, außer bei Senatssitzungen
Wie lange?	Die Innenführung dauert etwa 45 Minuten
Was noch?	Häufig sehr gute Ausstellungen in der Halle, freier Eintritt
Resümee	Hamburger sind stolz; selbst Könige empfängt der Bürgermeister oben an der Treppe

Schöner Pausenplatz: Rathaus-Innenhof mit Hygieia-Brunnen

Fast 4000 Rammpfähle stützen die 673 Räume im morastigen Boden der Alstermarsch. Im Zweiten Weltkrieg kaum zerstört, gilt das Rathaus heute als eines der wichtigsten, vollständig erhaltenen Bauwerke des Historismus in Deutschland.

Das alte Hamburger Rathaus wurde 1842 beim Großen Brand zerstört. Erst 1880 begann der Architekt Martin Haller mit seinem von ihm gegründeten »Rathausbaumeisterbund« den Neubau. Am 26. Oktober 1897 konnte das neue Rathaus eingeweiht werden. Angesichts der für Hamburg eher untypischen Pracht äußerte sich der damalige Bürgermeister Johann Georg Mönckeberg skeptisch: »Weniger wäre mehr gewesen.«

Turm als Zeichen der Einheit
Stellen Sie sich mitten auf den Rathausmarkt und blicken Sie nach oben: 112 m hoch ist der Turm. Er steht genau in der Mitte des Platzes und symbolisiert die Einheit von Senat (rechter Teil des Hauses mit Bürgermeisterzimmer) und

Bürgerschaft (linker Teil des Hauses mit Sitzungssaal und Ratsweinkeller darunter). Nur gemeinsam können beide Institutionen die Stadt regieren, in »unauflöslicher Gemeinsamkeit«: *Inseparabili nexu coniunctum*, so sagt es die alte Hamburger Verfassung.

In der Rathausdiele finden oft (kostenlose und interessante) Ausstellungen zu einem Hamburger Thema statt. Dort starten auch halbstündlich Führungen durch das Rathaus. Rechts geht es hoch zu den Amtsräumen des Bürgermeisters, zur Ratsstube, zum Bürgermeistersaal und zum Großen Festsaal. Der Kaisersaal erhielt seinen Namen nach einem Besuch Kaiser Wilhelms II. im Jahr 1895. Auf der gegenüberliegenden Seite führen zwei Treppen zur Bürgerschaft und dem Sitzungssaal – die zwei Treppen stehen symbolisch für mindestens zwei politische Parteien.

Roter Platz

Das Aussehen des Rathausmarktes war lange Gegenstand hitziger Debatten. Weder als Standplatz eines großen Kaiser-Wilhelm-Denkmals noch als Straßenbahnhaltestelle gefiel er den Hamburgern. Bürgermeister Ulrich Klose zeichnete für die Umgestaltung des gesichtslosen Platzes verantwortlich, der 1982 eingeweiht wurde. Aufgrund der 83 000 verlegten Granitplatten trägt er den Spitznamen »Roter Platz«. In den nächsten Jahren soll er grundsaniert werden.

Die Rückseite des Rathauses wird von der historischen Börse eingenommen, einem spätklassizistischen Bau, in dem häufig Ausstellungen stattfinden.

KLEINE PAUSE

Vom **Goldbach** (Rathausmarkt 17–18, https://goldbach-res taurant.de, Mo–Sa 10–22 Uhr) blicken Sie direkt auf das Rathaus. Das **Parlament** (www.parlament-hamburg.de, Di–Sa) betreibt die Terrasse im Innenhof – und das Restaurant in den schönen, historischen Räumen des Ratsweinkellers.

✛ 197 D3
🚇 U3 Rathaus
✉ Rathausmarkt 1
☎ 040 428 31 20 64
🌐 www.hamburg.de/rathaus

🕐 Diele: Mo–Fr 7–19 Uhr, Sa/So zu den Führungszeiten; Führungen: meist tgl. 10–16 Uhr
💶 Führungen: 5 €

⓫ Jungfernstieg

Warum?	Hamburgs Prachtstraße
Wann?	Eigentlich immer; Highlight: der weiße Weihnachtsmarkt
Was noch?	Von hier aus starten die Alsterschiffe zu ihren Rundfahrten
Was nicht?	Autofahren – der Jungfernstieg ist für Privatfahrer gesperrt
Was nehme ich mit?	Die Erinnerung an den Blick ganz oben aus der Europa Passage auf die Alster: ein Traum!

Zu feierlichen Anlässen erleuchtet schon einmal ein Feuerwerk den Nachthimmel über dem Jungfernstieg.

Der Jungfernstieg war schon immer ein Treffpunkt. Hier schlürfte Heinrich Heine Austern, andere Dichter bewunderten die Anmut der Hamburger »Jungfern«, die hin- und herflanierten. Heute ist die Straße immer noch Flaniermeile und Treffpunkt. Vor allem im Sommer auf den Stufen zur Binnenalster.

Als alles begann, da war die Alster nur ein kleiner Fluss, der, von Norden kommend, durch die erste hamburgische Siedlung floss und in die Elbe mündete. Doch dann, ca. 1235, bauten die Hamburger Bürger den Reesendamm und stauten die Alster zu einem Mühlenteich auf. So entstand die

DIE INNENSTADT

Binnenalster (für die Mühle des Müllers Reese). Später kam durch Befestigungen und Wehrtürme auf der Lombardsbrücke auch die Außenalster hinzu. Ab 1684 hieß die Straße Jungfernstieg und wandelte sich zu einem Boulevard mit Bäumen. Auf den Stufen zur Alster können Sie wunderbar pausieren. In heißen Sommernächten ist es hier allerdings manchmal unangenehm voll.

Schleusenshow und Aaltreppe

Vom Alsteranleger starten die schönen Schiffe der Weißen Flotte, in der Mitte erhebt sich im Sommer eine 60 m hohe Wasserfontäne, im Winter ein beleuchteter Tannenbaum – beides aus Spenden finanziert.

Biegen Sie an der Reesendammbrücke in die Arkaden ein und laufen Sie dann am Wasser entlang. Die Schleuse zwischen Jungfernstieg und Rathausmarkt bietet eine Show: Schiffe rein, Schiffe raus; Wasser rauf, Wasser runter. Sogar eine Fischtreppe gibt es für Aale aus der Elbe, auch wenn man die Fische nie sieht.

Wenn Sie Lust auf einen kleinen Fußmarsch haben: In nur 20 Minuten laufen Sie direkt am Fleet (künstliche Wasserverbindung) lang bis zum Hafen und zur Elbe. Nicht verunsichern lassen: Der Weg ist schmal, führt unter Brücken hindurch und oft sind Sie hier allein unterwegs. Ein kleiner Hamburger Verein kümmert sich um die Sauberkeit der Gewässer (www.defleetenkieker.com).

KLEINE PAUSE

Die **Wohnhalle** des Hotels **Vier Jahreszeiten** (S. 190) ist eine Oase der Ruhe im Cityrummel. Der Service beim Afternoon-Tea mit Kaminfeuer ist unschlagbar. In der angeschlossenen **Condi** (links vom Haupteingang) gibt es ab 8 Uhr Frühstück (Sa/So erst ab 10 Uhr).

Die »Wohnhalle« gilt als Herz des Hotels »Vier Jahreszeiten«.

197 D4
S/U Jungfernstieg

Weitere Infos und Adressen auf S. 36 ff.

❿ Museum für Kunst und Gewerbe (MKG)

Was?	Tolles Design, große Kunst, abgefahrene Mode …
Warum?	Das weltberühmte Jugendstil-Zimmer oder die knallig-poppige Kult-Kantine vom Spiegel: Yeah, Yeah, Yeah!
Wann?	Jeden 1. Do im Monat ist der Eintritt ab 17 Uhr frei
Was noch?	Chillen und Surfen im Freiraum: kostenlos für alle
Was nehme ich mit?	Über das Online-Portal können Sie Motive herunterladen und z. B. auf ein T-Shirt drucken (s. Link S. 45)

Mit rund 500 000 Objekten gilt das MKG als eines der führenden Kunstgewerbemuseen Europas. Es präsentiert die Kunst- und Kulturgeschichte von der Antike bis zur Gegenwart in wunderschönen Räumen. Hinzu kommen spektakulär inszenierte Sonderausstellungen – ob nun über die Geschichte des Tattoos, die Sesamstraße, große Fotografen wie Peter Lindbergh oder neue Entwicklungen städtischer Architektur.

Schon der erste Eindruck ist für Freunde des Designs ein Highlight: Das Foyer wurde 2023 vollkommen neu gestaltet. Gehen Sie gleich durch in den »Freiraum«, wo heute junge Leute co-worken. Dies war einmal die Turnhalle, in der Schüler ihre Runden drehten, bis der Jurist und Kunstkritiker Justus Brinckmann 1876 mit seinem neu gegründeten Museum für Kunst und Gewerbe das ganze Gebäude belegte. Sein Ziel: die »Geschmacksbildung« der Bevölkerung fördern.

Ihren »Geschmack bilden« – das können Sie im MKG auch heute noch ganz fantastisch. Welchen Einfluss hat die islamische Kunst auf Europa? Wie klingt ein Cembalo aus dem 17. Jh.? Welche Kleider trug man zu Napoleons Zeiten? Was bestimmt das ästhetische Ideal einer japanischen Teeschale? Aufschlussreich und wunderbar gestaltet sind die Themenräume zu den Weltreligionen Christentum, Judentum, Islam und Buddhismus.

Auch Kinder und Jugendliche haben Spaß, wenn sie etwa entdecken, dass ihr Handy längst ein Design-Klassiker ist.

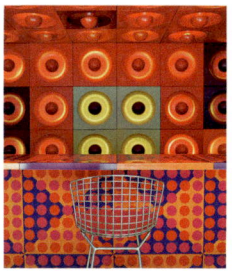

»Frankfurter Küche« (Margarete Schütte-Lihotzky, 1897–2000) und Snackbar der Spiegel-Kantine (Verner Panton, 1926–98)

Pop Art trifft Architektur

Weltweit berühmt ist das Haus auch für seine Jugendstil-Sammlung, deren Grundstein auf die Pariser Weltausstellung 1900 zurückgeht. Auch hier wurden in den letzten Jahren alle Räume neu gestaltet. Überdies sind andere Epochen präsent. Die Frankfurter Küche beispielsweise. Die Wiener Architektin Margarete Schütte-Lihotzky entwarf 1926 das erste Modell einer Einbauküche überhaupt. In mehr als 10 000 Wohnungen des Siedlungsprojekts »Neues Frankfurt« kam sie zum Einsatz. Der heute vor allem für seine Stühle berühmte dänische Architekt und Designer Verner Panton richtete 1969 im Hamburger Verlagshaus des Magazins »Der Spiegel« die Kantine ein: geometrische Figuren getaucht in satte Farben. Sie blieb als einziger Verlagsraum in seiner Ursprünglichkeit erhalten und ist nun hier in voller Schönheit zu bewundern.

Manchmal gibt es Konzerte, Lesungen oder andere Events im Museum.

KLEINE PAUSE
Kult für viele Hamburger ist das schöne Museumsrestaurant **Destille** in der 1. Etage (Di–So 11–17 Uhr).

✣ 203 E2
✉ Steintorplatz
🚇 U/S Hauptbahnhof
☎ 040 428 13 48 80
🌐 www.mkg-hamburg.de

🌐 https://sammlungonline.mkg-hamburg.de
🕐 Di–So 10–18, Do bis 21 Uhr
💶 14 €, 1. Do im Monat ab 17 Uhr frei

⓭ Kontorhausviertel

Was?	Einige der schönsten Häuser der Stadt
Warum?	Die Altstadt von Hamburg erleben
Wann?	Wochentags, dann lebt das Viertel mit Büroangestellten
Was noch?	Über 300 weitere Kontorhäuser stehen in Hamburg, etwa das von Carsten Roth, Ecke Ness/Brodschrangen
Was nehme ich mit?	Ein Hamburger Reeder geht noch heute nicht ins Büro, sondern ins Kontor

Das Kontorhausviertel erstreckt sich zwischen der Mönckebergstraße und der Speicherstadt. Allein für das Chilehaus wurden 4 800 000 Klinker verbaut, moderne Kontorhäuser sind eher aus Glas oder Beton. Das gesamte Ensemble gehört mit der angrenzenden Speicherstadt zum UNESCO-Weltkulturerbe.

Kontorhäuser, wie man sie heute baut – aus Glas und Stahl: das Deichtorcenter

»Citybildung« – so nannten die anglophilen (aber auf ihre Eigenarten stolzen) Hamburger ihr Abriss- und Umbauprogramm in der zweiten Hälfte des 19. Jhs. Kontinuierlich wurden schmale Fachwerkhäuser durch neue Bürobauten, die Kontorhäuser, ersetzt.

Lebendige Fassaden

Beginnen Sie Ihren Rundgang am besten an der U-Bahn-Station Meßberg (Ausgang Kontorhausviertel). Wenn Sie die Treppe hochkommen, erblicken Sie auf der gegenüberliegenden Seite der Willy-Brandt-Straße einen Kontorhausneubau: das Deichtorcenter. Fast vergessen ist der heftige Streit, der Anfang der 1990er-Jahre um die großen Glasfassaden entbrannte. Angesichts der zahllosen, noch futuristischer anmutenden Bauten in der HafenCity wirkt das Deichtorcenter heute schon fast klassisch.

Sie stehen vor dem Meßberghof (1922–24); eine Messingtafel erinnert an einen ehemaligen Mieter, die Firma Tesch und Stabenow, die den Vertrieb des Giftgases Zyklon B nach Auschwitz organisierte. Das Treppenhaus ist wunderbar restauriert, über 800 Treppenpfeiler wurden neu »vergoldet«. Hinter den Wandtüren fuhren früher Privatfahrstühle direkt in die Büros der Direktoren. Noch heute sind die Stockwerksanzeiger zu sehen.

Gegenüber liegt das Chilehaus (Burchardplatz 1, Abb. S. 23). Um die Seele eines Gebäudes zu entdecken, muss man es umrunden – so hat es Fritz Höger, führender Vertreter des

norddeutschen Backstein-Expressionismus, vorgegeben. Das sollten Sie tun: Blicken Sie nach oben und entdecken Sie die Lebendigkeit der Fassade: wie die Fensterrahmen langsam sichtbar werden, wie die senkrechten Klinkerverzierungen im Sonnenlicht sich in glitzernde Diagonale verwandeln. 69 Häuser mussten 1922 bis 1924 für die 6000 m² Grundfläche und 30 000 m² Bürofläche weichen.

Unter der Woche sind die Treppenaufgänge der Bürogebäude zugänglich (links); der Sprinkenhof ist ein riesiger Klinkerbau (rechts).

Grüner Pudel auf dem Dach

Der Sprinkenhof (Burchardstr. 4–6) galt bei seiner Fertigstellung 1943 (nach fast 20-jähriger Bauzeit) als größtes Bürogebäude der Welt. Die dort residierende Sprinkenhof GmbH ist eine städtische Immobiliengesellschaft. Sie verwaltet über 700 öffentliche Gebäude der Stadt, vom Parkhaus bis zum Theatergebäude. Wenn Sie im Innenhof stehen und staunen, sollten Sie daran denken, dass hier einst Straßen verliefen und Häuser standen.

Weitere Kontorhäuser warten auf ihre Entdeckung: der Montanhof (Kattrepel 2), der Mohlenhof (Burchardstr. 13) und der Laeiszhof (Trostbrücke 1). Die hier residierende Reedereifamilie Laeisz stiftete nicht nur die Musikhalle, heute Laeiszhalle, sondern baute auch die schönsten und schnellsten Segelschiffe der Welt, sogenannte P-Liner, denn alle trugen einen Namen mit »P«: »Pamir«, »Passat« und eben auch die mittlerweile traumhaft restaurierte »Peking«, die 2020 aus New York nach Hamburg gebracht wurde und nun als Museumsschiff zu besichtigen ist. Ein grüner Pudel thront auf dem Dach des Gebäudes. Des Rätsels Lösung: Sofie, Ehefrau von Firmeninhaber Carl Laeisz, trug eine reizende Löckchenfrisur. Ihr Spitzname: Pudel.

Bummeln Sie anschließend durch die Altstadt. Die Straßen heißen hier Kattrepel, Pumpen und Klingberg, ein wunderbar liebenswerter Mikrokosmos mit vielen Galerien und kleinen Geschäften mitten in der Großstadt.

Der Lichthof des Chilehauses ist ein beliebtes Fotomotiv.

KLEINE PAUSE
Einen Platz an der Sonne, frische Waffeln und hausgemachtes Eis gibt es im **Lieblings-Eis** (Altstädter Str. 15, www.lieblings-eis.de, Sommer Mo–Sa ab ca. 11 Uhr).

✛ 197 D–F 2–3
🚇 U1 Meßberg
⦿ Treppenaufgänge Sa/So geschl.

Innovative Sphärenklänge

Sphärische Töne schweben durch den Raum, Blattgold ziert die Betonwände, Plastikflaschenleuchter strahlen. Die Musiker spielen erst Bach, dann legt eine D-Jane auf. Wer mag, holt sich ein Bier oder fängt an zu tanzen. Willkommen im Grünen Bunker von St. Pauli, einem der beiden Spielorte des renommierten »Ensemble Resonanz«, Hamburgs wohl kreativstem Kammerorchester. Die Streicher des Orchesters laden etwa zur Konzertreihe URBAN STRING. Wenn klassische Kammermusik auf DJ-Kunst trifft, dann entstehen immer wieder ganz neue, überraschende Hör- und Seh-Erlebnisse.
www.ensembleresonanz.com

Nach Lust und Laune!

14 Dom/Heiligengeistfeld

Schön ist dieser 30 ha große Platz nicht. Am Rande steht immer noch der 47 m große Hochbunker aus Kriegstagen, an einer anderen Ecke erheben sich die Zuschauerränge des Millerntor-Stadions, Heimat des Fußball-Bundesliga-Zweitligisten FC St. Pauli (und seiner kämpferischen Fans).

Dreimal im Jahr, im Frühling, Sommer und Spätherbst geht es rund beim Hamburger Dom, dem größten Jahrmarkt des Nordens, mit Riesenrad, Geisterbahn und vielen anderen Attraktionen.

Den Namen »Dom« trägt das Ereignis in Erinnerung an ein mittelalterliches Volksfest rund um die alte Hamburger Domkirche. Nach dem Abriss zog der »Dom« weiter zum Gänsemarkt, 1892 dann zum Heiligengeistfeld. Dies wiederum bekam seinen Namen, weil hier einst ein Hospital namens »Heiliger Geist« für durchreisende Pilger lag.

Dreimal im Jahr geht es rund auf dem Hamburger Dom.

Nach seinem Abriss wurde das Gelände absichtlich freigehalten: als Schussfeld für Bürgerwache und Bürgermilitär.

✠ 202 A3
🚇 U3 St. Pauli, Feldstraße
⊕ www.hamburger.de/dom

15 Planten un Blomen/Messe

Um 1860 herum wurden die letzten Reste der mittelalterlichen Wallanlagen geschleift, das Ergebnis war ein ca. 200 m breiter und 4 km langer Grünstreifen. Hier befanden sich einst ein städtischer Zoo und der Alte Botanische Garten, der später, bis auf die hier verbliebenen Gewächshäuser, nach Flottbek umzog. Seit 1935 heißt das Gelände Planten un Blomen (plattdeutsch für Pflanzen und Blumen). Mehrere Gartenbauausstellungen hinterließen nach dem Krieg ihre gestalterischen Spuren.

Im Sommer gibt es am Parksee täglich um 22 Uhr ein farbiges Wasserlichtkonzert. An der Ecke Jungiusstraße/Gorch-Fock-Wall liegt Hamburgs bester innerstädtischer Spielplatz mit künstlichen Bergen, Wasserspielen, Toiletten und Imbissbude. Und da der Park schon in die Jahre gekommen ist, wird irgendwo immer renoviert. 2019 war beispielsweise die Wasserlichtorgel an der Reihe, auch die traditionsreiche Eisbahn (beim Museum für Hamburgische Geschichte) erhielt eine Frischzellenkur: Jetzt gibt es

Japanischer Garten in Planten un Blomen

✈ 202 B4 🚆 S 3, 21 Dammtor,
U2 Messehallen, U1 Stephansplatz
⊕ www.cch.de
www.plantenunblomen.hamburg.de

16 Gängeviertel

Es sind nur eine Handvoll alter Fachwerkhäuser, doch als sie Ende 2009 zugunsten eines weiteren Glaspalastes abgerissen werden sollten, waren die Hamburger – vom Sponti bis zum Reeder – empört. Zu Recht! Schließlich handelt es sich um die letzten Reste des historischen »Gängeviertels«, das einst die gesamte Neustadt umfasste. Mittlerweile steht das kleine Ensemble zwischen Caffamacherreihe und Valentinskamp unter Denkmalschutz.

dort ein Café, und im Sommer dürfen Skater die Bahn stürmen. Seit Jahrzehnten beliebt sind auch die großen Trampoline für Jugendliche und der Minigolfplatz.

Das CCH (Congress Center Hamburg) wurde in den letzten Jahren umfassend restauriert, ebenso wie der Platz vor dem Dammtorbahnhof und die Zugänge zum Park – alles sehr gelungen!

✈ 196 B/C5 🚆 U2 Gänsemarkt
⊕ www.das-gaengeviertel.info
www.rechtaufstadt.net

Zwischen Alt- und Neustadt liegt die Fleetinsel.

NACH LUST UND LAUNE!

17 Fleetinsel/Stadthöfe

An der Admiralitätsstraße haben sich einige der schönsten, alten Kontorhäuser Hamburgs erhalten. Der alte Gebäudekomplex ist eine Keimzelle Hamburger Künstler und beherbergt auch heute noch einige von Hamburgs wichtigsten Galerien (www.galerien-in-hamburg.de).

Ziemlich spektakulär sind die Stadthöfe: Die historischen Innenhöfe wurden saniert und miteinander verbunden. Es gibt ein Hotel und teure Restaurants, aber eben auch viel Leerstand, so wie mittlerweile überall in der City.

Seit Jahren wird darüber diskutiert, wie an gleicher Stelle den zahllosen Opfern des Nationalsozialismus angemessen gedacht werden kann. Denn dort, wo heute Luxusboutiquen stehen, wütete einst die Gestapo. Sie folterte Andersdenkende in den Kellern ihres Hauptquartiers unter dem Verbindungstunnel. Zumindest einige Tafeln erinnern an diese Zeit. Eine Gedenkstätte ist endlich geplant.

✧ 196 B2 🚇 S1/3 Stadthausbrücke

18 Bucerius Kunst Forum

Nur die Fassaden am Alten Wall sind alt, innen ist alles nigelnagelneu – so auch im Bucerius Kunstforum. Das von der ZEIT-Stiftung getragene, internationale Ausstellungshaus zeigt jährlich vier sorgfältig kuratierte Themenausstellungen und ein immer wieder großartiges Begleitprogramm.

Nehmen Sie sich ein paar Minuten und flanieren über die (ebenfalls neu erbaute) Brücke rüber zu den Alsterarkaden. Schön hier!

✧ 197 D3
✉ Alter Wall 12 🚇 U3 Rathaus
☎ 040 360 99 60
🌐 www.buceriuskunstforum.de
🕐 tgl. 11–19, Do bis 21 Uhr
💶 9 €, Mo (außer Fei) 6 €

19 St.-Petri-Kirche

Die älteste der fünf Hauptkirchen Hamburgs hat eine wechselvolle Geschichte: Sie wurde mehrmals völlig neu aufgebaut. Heute ist die große Hallenkirche ein würdiger Ort für offizielle Gedenkgottesdienste. Ein Gemälde erinnert an die »schändliche« Tat der Soldaten Napoleons: Sie brachten in der Besatzungszeit hier ihre Pferde unter. Den Turm können Sie besteigen. Sie

Ausstellung im Bucerius Kunst Forum

werden mit einem tollen Blick auf das Rathaus und die gesamte City belohnt.

Ein kostenloses Konzert (Kirchenmusik) findet mittwochs um 17.15 Uhr statt. Das Programm kann man online einsehen.

✟ 197 D3 🚇 U3 Rathaus
✉ Speersort 10
🌐 www.sankt-petri.de
🕐 tgl. ab 10 Uhr
💰 frei, Turm 5 €

Kunst unter Stahlglasarchitektur: Deichtorhallen

20 Bischofsburg

Aus der Frühzeit Hamburgs blieb in der heutigen Stadt eigentlich nichts mehr erhalten – bis auf die wenigen Reste der Bischofsburg, die ab Ende 2023 in einer neu aufgearbeiteten Ausstellung gezeigt werden sollen.

✟ 197 E3 🚇 U3 Rathaus
✉ Speersort 10
☎ 040 428 71 24 97
🌐 www.amh.de
🕐 Zeiten auf Anfrage

21 St.-Jacobi-Kirche

In dieser Kirche finden Sie Hamburgs schönste Orgel, 1689–93 von Arp Schnitger geschaffen. Donnerstags um 12 Uhr gibt es eine kostenlose »Orgelführung«; bekannt ist die Kirche auch für ihre Pilgergottesdienste. Zum Café im Turm führt ein Fahrstuhl.

✟ 197 E3 🚇 U3 Mönckebergstraße
✉ Jacobihof 22
🌐 www.jacobus.de
🕐 Mo-Sa 11-17 Uhr 💰 frei

22 Deichtorhallen

Kein anderes Haus in Hamburg verfügt über ähnlich große Flächen wie die ehemaligen Großmarkthallen. In der nördlichen Deichtorhalle wird spannende moderne Kunst gezeigt. Die südliche Deichtorhalle nennt sich Haus der Photografie und wird noch bis 2026 grundlegend renoviert (www.deichtorhallen.de).

Zu Fuß sind es von hier bis zum Hauptbahnhof nur wenige Hundert Meter. Auf der Strecke liegen wei-

Besucher einer Ausstellung der Halle für aktuelle Kunst (Deichtorhallen)

NACH LUST UND LAUNE!

tere Galerien und der Hamburger Kunstverein (www.kunstmeile-hamburg.de; fünf Häuser: 36 €).

- 197 F2 U1 Meßberg
- Deichtorstr. 1/2 ☎ 040 32 10 30
- www.deichtorhallen.de
- Di–So 10–18 Uhr
- Kombiticket für beide Häuser 15 €

23 Schanzenviertel/Bunker St. Pauli

Das Schanzenviertel (man lebt übrigens AUF der Schanze) ist eines der letzten innerstädtischen Biotope für alle, die sich nicht »yuppisieren« lassen wollen (allerdings gerne ein kleines bisschen). Und so sitzen an warmen Sommertagen auf der Schanzenpiazza (Ecke Schulterblatt/Susannenstraße) Hunderte Menschen vor ihrem Sushi, der Pasta oder dem portugiesischen Milchkaffee und gönnen sich eine Pause.

Gegenüber steht die Rote Flora, ein immer noch funktionierendes Stadtteilzentrum, auch wenn es wie eine Ruine wirkt. Während des G-20-Gipfels 2017 wütete hier ein entfesselter Mob.

Große Veränderungen stehen dem Viertel bevor, wenn erst einmal das Luxushotel und der Hildegarden auf dem Dach vom Bunker St. Pauli eröffnet werden (geplant für 2024). Ein »Bergpfad« soll durch Bäume und Sträucher an der Fassade des ehemaligen Flakturms bis nach ganz oben führen. Innen befinden sich weiterhin das Ensemble Resonanz (S. 49) und der Club Uebel & Gefährlich (S. 151). Die Idee ist spannend. Kritikpunkte sind jedoch die weitere Gentrifizierung des Viertels und Geschichtsklitterung: Aus grau-mahnendem Kriegsdenkmal wird hippe Touri-Destination (www.bunker-stpauli.de).

- 202 A4 U3, S3, 21 Sternschanze, U3 Feldstraße

Bei »Oma« auf der Schanze einen Platz zu ergattern ist nicht immer leicht.

Wohin zum ... Essen und Trinken?

Preise für ein Hauptgericht ohne Getränke:
€   unter 15 Euro
€€   15 bis 30 Euro
€€€   über 30 Euro

RESTAURANTS

Bullerei €€–€€€
Fernsehkoch Tim Mälzer war einer der ersten, der zum Imagewandel der Schanze beigetragen hat, nun gehört er schon zu den Alteingesessenen – und die Bullerei (mittags: Deli mit kleiner Karte; abends: Restaurant mit großer Karte) ist ein Hotspot mit immer wieder neuen Ideen.

✛ 201 F3 ⌂ U3, S3, 21 Sternschanze
✉ Lagerstr. 34 B
☎ 040 33 44 21 10 ⊕ www.bullerei.com
❶ tgl. ab 12 Uhr

Café Paris €€–€€€
Mitten im Hamburger Innenstadtgetümmel hat sich ein Stück Frankreich versteckt, und zwar ausgerechnet in den Räumen der ehemaligen Stadtschlachterei. Wer das stets gut besuchte Café Paris betritt, vergisst schnell, dass direkt vor der Tür der Rathausmarkt liegt. Die Kellner begrüßen ihre Gäste mit einem charmanten *Bonjour*, servieren Tatar, Steak frites oder Bretonische Fischsuppe.
✛ 197 D3 ⌂ U3 Rathaus
✉ Rathausstr. 4
☎ 040 32 52 77 77 ⊕ www.cafeparis.net
❶ tgl. ab 9, Sa/So ab 9.30 Uhr

Casse-Croûte €€–€€€
Sehr schicker City-Treff, seit Jahrzehnten bekannt und beliebt. Norddeutsche Hausmannskost verfeinert durch französische Finesse. Seit 2022 am neuen Ort, jetzt auch mit ruhiger Außenterrasse.
✛ 196 C4 ⌂ U2 Gänsemarkt
✉ ABC-Str. 44–46
☎ 040 34 33 73 ⊕ www.casse-croute.de
❶ Mo-Sa 12–23, Fei 17–23 Uhr

Daniel Wischer €–€€
Seit 1924 steht der Name in Hamburg für Fisch. Im Restaurant im alten Kontorhaus schmecken Thunfischwürfel und Nordseescholle, im Bistro die Fish & Chips aus der Tüte – und die legendären Fischbrötchen mit Bismarckhering, Matjes und Nordseekrabben. Für Eilige gibt's auch alles auf die Hand.
✛ 197 D3 ⌂ U3 Rathaus
✉ Große Johannisstr. 3
☎ 040 36 09 19 88 ⊕ www.danielwischer.de
❶ Mo-Sa 11.30–21 Uhr

Gasthaus an der Alster €€
Auf der Karte stehen zum Beispiel Strammer Max oder Bratfisch. Das alles gibt es zu ganz soliden Preisen und in einem der wenigen wirklich alten Häuser Hamburgs mitten in der City: Backsteingotik pur von 1843!
✛ 197 E4 ⌂ S/U Jungfernstieg
✉ Ferdinandstr. 65–67
☎ 040 32 72 09
⊕ www.gasthaus-anderalster.de
❶ tgl. ab 11 Uhr

Helo do Brasil €€
Die Colonnaden sind im Sommer Hamburgs schönste Flaniermeile. Das familiengeführte brasilianische Restaurant liegt hier. Der Service ist freundlich, die Drinks und Speisen sind lecker.
✛ 196 C5 ⌂ S/U Jungfernstieg
✉ Colonnaden 110
☎ 040 43 09 87 88
⊕ www.helorestaurant.de
❶ Mo–Sa ab 12, So ab 13 Uhr

Jim Block
Die Restaurants der Block-Gruppe gehören zu Hamburg wie der Tierpark Hagenbeck und das Vier Jahreszeiten. Nun gibt es auch die »junge« Kette mit wirklich großartigen Burgern und Pommes. Es gibt auch vegane Burger. Immer schwer beliebt. Es gibt mehrere Filialen.
✛ 197 E4 🚇 S/U Jungfernstieg
✉ Jungfernstieg
☎ 040 30 38 22 17 ⊕ www.jim-block.de
🕐 tgl. ab 11 Uhr

Matsumi €€
Seit 1982 gibt es das japanische Restaurant an dieser Stelle. Es liegt etwas versteckt im ersten Stock an den Colonnaden. Im Sommer hat es eine schöne Terrasse. Tradition wird hier großgeschrieben. Das zeigt sich in der Einrichtung und der Auswahl der Gerichte. Erwarten Sie mehr als nur Sushi.
✛ 196 C5 🚇 U1 Stephansplatz
✉ Colonnaden 96
☎ 040 34 31 25 ⊕ www.matsumi.de
🕐 Di–Sa ab 18.30 Uhr

Mazza €€
Ein Duft nach Rosen, Koriander, Minze und Kardamom liegt in der Luft, wenn die Köstlichkeiten der syrischen Küche auf mehreren Schalen serviert werden. Im selben Gebäude im schönen Elmsbüttel liegt das Partnerhotel.
✛ 201 F5 🚇 U2 Christuskirche
✉ Moorkamp 5
☎ 040 284 19 17
⊕ www.mazza-hamburg.com
🕐 tgl. ab 18 Uhr

Nil €€–€€€
Hinter dem Namen verbirgt sich kein ägyptischer Spezialitätentempel, sondern eines von Hamburgs beliebtesten Feinschmecker-Restaurants – und zwar seit Jahrzehnten. Ganz früher gab es hier einen Schuhladen. Während vor der Tür Leute sich zum Abhängen treffen, gibt es drinnen köstliche Gerichte, perfekten Service und fast immer gute Stimmung.
✛ 201 F3 🚇 U3 Neuer Pferdemarkt
✉ Neuer Pferdemarkt 5
☎ 040 439 78 23 ⊕ www.restaurant-nil.de
🕐 Mo, Mi/Do ab 18, Fr–So ab 17 Uhr

Piccolo Paradiso €
Wirklich ein kleines Paradies. Besonders für Weinliebhaber, Vegetarier und Veganer. Sie alle finden hier um die Ecke vom Großneumarkt ihr Glück. Die Gerichte werden für Allergiker sogar auf Wunsch milcheiweiß- oder glutenfrei zubereitet. Bio ist ohnehin alles, sogar die Weine, von denen es sage und schreibe 50 offene gibt.
✛ 196 B3 🚇 S1 Stadthausbrücke
✉ Brüderstr. 27
☎ 040 35 71 53 58 ⊕ www.piccolo-paradiso.de
🕐 Di–Sa ab 17 Uhr

Rialto €€
Im Souterrain auf der Fleetinsel kann man Geschäftskunden und Bekannte gleichermaßen beeindrucken: mit einem beruhigenden Blick aufs Wasser und mit gehobener europäischer Küche. Im Sommer lockt die nette Terrasse.
✛ 196 B3 🚇 U3 Rödingsmarkt
✉ Michaelisbrücke 3
☎ 040 80 90 38 51 12
⊕ https://restauranttrialto.de
🕐 Di–Sa ab 12 Uhr

Tschebull €€
Yvonne und Alexander Tschebull sorgen im Levantehaus für österreichische Esskultur – ganz ob Kalbsvögerl oder Wiener Schnitzel im eleganten Restaurant oder »Austrian Tapas« im gemütlich holzvertäfelten Beisl.
✛ 197 F3 🚇 S/U Hauptbahnhof
✉ Mönckebergstr. 7 (Levantehaus)
☎ 040 32 96 47 96 ⊕ www.tschebull.de
🕐 Mo–Sa 12–22 Uhr

Zur Schlachterbörse €€
Seit 1904 (!) an gleicher Stelle, damals war der Schlachthof nebenan noch aktiv. Bekannt ist das Haus für seine Spezialität: das mindestens sechs Wochen gereifte Fleisch. Urige Kneipenatmosphäre wie anno dazumal.
✛ 201 F3 🚇 U3, S3, 21 Sternschanze
✉ Kampstr. 42
☎ 040 43 65 43 ⊕ www.schlachtboerse.de
🕐 Mo–Sa 16–24 Uhr

Vom »Alex« geht der Blick zum Hotel Vier Jahreszeiten am Neuen Jungfernstieg.

CAFÉS

Alex
Schöner als von dieser Terrasse ist kaum ein Blick auf die Alster. Kein Wunder also, dass das Café (Teil einer bundesweiten Restaurant-Kette) immer übervoll ist.
✛ 197 D4 ⌂ S/U Jungfernstieg
✉ Jungfernstieg 54
☎ 040 350 18 70 ⊕ www.dein-alex.de
◐ Mo–Do 8–1, Fr/Sa bis 2, So 9–1 Uhr

Die Rösterei
Bei Kaffeedurst gehen Sie am besten zu Ulrich Marsau. Der diplomierte Kaffee-Sommelier serviert handgeröstete Spezialitäten, die grandios duften und schmecken.
✛ 197 E3 ⌂ U3 Mönckebergstraße
✉ Steinstr. 19 A
☎ 040 32 52 63 64 ⊕ www.die-roesterei.com
◐ Mo–Sa 10–18 Uhr

Eclair au Café
Nach Ansicht vieler frankophiler Menschen in der Hansestadt gibt es hier (und in den vier Dependancen) die besten Croissants und Eclairs in ganz Hamburg. Dazu serviert wird ein gepflegter Tee oder – sehr stilecht – ein Café au Lait.
✛ 201 E4
✉ Eppendorfer Weg 1
☎ 040 432 82 375
⊕ www.eclairaucafe.de
◐ tgl. 7–19 Uhr

Elbgold
Fünf Cafés führen Annika Taschinski und Thomas Kliefoth. Das schönste ist das in den alten Schanzenhöfen. Hier können die Gäste im ruhigen Innenhof in die Sonne blinzeln oder sich drinnen einen der leckeren selbst gerösteten Kaffees mitnehmen – ein hübsches Mitbringsel.
✛ 201 F3 ⌂ U3, S3/21 Sternschanze
✉ Lagerstr. 4 C
☎ 040 23 51 75 20
⊕ www.elbgold.com
◐ Mo–Fr 7–18, Sa ab 9, So ab 10 Uhr

Herr Max
Unglaublich gut sind die Torten, Kuchen und Tartes im skandinavisch anmutenden Café am Schulterblatt. Die Hochzeits- und Motto-Torten sind beeindruckend – dem Einfallsreichtum der Backmeister sind keine Grenzen gesetzt. Außerhausverkauf; mit Online-Shop.
✛ 201 E3 ⌂ U3, S3, 21 Sternschanze
✉ Schulterblatt 12
☎ 040 69 21 99 51
⊕ www.herrmax.de
◐ Mo–Do 10–18, Fr–So ab 10 Uhr

M. I. P.
Einer der vielen Portugiesen auf der Schanze. Im kleinen Altbau-Hinterzimmer schmecken Croissants mit Ziegengouda und appetitliche Törtchen mit Vanillecreme *(natas)* ebenso gut wie draußen vor der Tür.
✥ 201 E3 🚌 Bus 15 Schulterblatt
✉ Schulterblatt 98
☎ 040 43 19 09 91
🕐 tgl. ab 8, Sa/So ab 9 Uhr

Unter den Linden
Ein Klassiker im Schanzenviertel. Deswegen ist auch glücklich, wer hier einen Platz ergattert, im Sommer draußen unter den Linden, im Winter drinnen im 1950er-Jahre-Ambiente. Hier schmecken nicht nur die hausgemachten Kuchen zum Cappuccino oder Milchkaffee, auch die Salate und warmen Gerichte sind recht lecker.
✥ 201 E3 🚌 Bus 15 Schulterblatt
✉ Juliusstr. 16
☎ 040 43 81 40
🌐 www.cafe-unter-den-linden.net
🕐 tgl. 9.30–1 Uhr

Der echte Hamburger kleidet sich stilecht bei Ladage & Oelke ein.

Wohin zum … Einkaufen?

Hamburgs Innenstadt ist ein Einkaufsparadies. Doch selbst hier macht das Ladensterben keinen Halt. 2020 mussten mit Kaufhof und Karstadt Sport zwei der traditionsreichsten Kaufhäuser direkt am Eingang der Mönckebergstraße (vom Hauptbahnhof aus) schließen. Parallel dazu geben immer mehr alte, Inhaber geführten Geschäfte. Ketten treten an ihre Stelle. Zum Glück gibt es im Schanzenviertel oder in St. Georg noch viele kleine interessante Läden, die dem Zeitgeist trotzen und viel Unterstützung durch Kundinnen und Kunden erfahren, die bewusst in unabhängigen Läden einkaufen.

MÖNCKEBERGSTRASSE, NEUER WALL, COLONNADEN

Alsterhaus
Schon seit 1912 existiert das Warenhaus am Jungfernstieg. Fast alle großen (und viele kleine) Modemarken sind vertreten. Ein Treffpunkt für Feinschmecker ist die vierte Etage mit ihren Bars und einem der besten japanischen Restaurants der Stadt, dem Yoshi (www.yoshi-hamburg.de).
✥ 197 D4 🚇 S/U Jungfernstieg
✉ Jungfernstieg 16–20
☎ 040 35 90 10
🌐 www.alsterhaus.de
🕐 Mo-Sa 10–20 Uhr

Globetrotter
Hamburgs Outdoor-Ausrüster hat seinen großen Stammsitz in Barmbek, doch der Laden in der City bietet eine gute Alternative: Rucksäcke, Kochgeschirr und Kletterausrüstung gibt es auch hier.
✥ 196 C4 🚇 U2 Gänsemarkt
✉ Gerhofstr. 19
☎ 040 85 50 09 00 🌐 www.globetrotter.de

Hellweges
»Schmück Dich glücklich« lautet das Motto der weit über die Stadtgrenzen hinaus bekannten Goldschmiedekünstlerin Nana Hellwege.

✢ 196 C5 ⊡ S/U Jungfernstieg
✉ Colonnaden 25
☎ 040 38 61 04 42
⊕ www.goldschmiede-hellwege.de
❶ Mo–Fr 11–18 Uhr, Sa nach Vereinbarung und Jahreszeit

Ladage & Oelke
Eine echte Hamburgensie, seit 1845 in Familienbesitz, aber immer mit der Zeit gegangen. Nach einigen Ortswechseln am schicken Alten Wall gelandet. Hier gibt es alles für den Herrn: von trendy bis klassisch.
✢ 196 C3 ⊡ S/U Jungfernstieg
✉ Alter Wall 22
☎ 040 696 38 17 70
⊕ www.ladage-oelke.de
❶ Mo–Fr 11–19, Sa 10–18 Uhr

Michelle
»Gepflegte und ungepflegte Töne seit 1977. Record Store, Art Gallery & Label«, so wirbt der Laden treffend online. Sprich, hier gibt es noch die gute alte Langspielplatte, aber eben nicht nur. Hamburgs Kultursenator ist Stammgast.
✢ 197 E4 ⊡ U3 Mönckebergstraße
✉ Gertrudenkirchhof 10
☎ 040 32 62 11
⊕ www.michelle-records.de
❶ Mo–Fr 11–20, Sa bis 19 Uhr

Pfeifen Tesch
Eines der ältesten Tabakgeschäfte in der Stadt. Hier kauften schon Meat Loaf und Thomas Gottschalk ihre Tabakwaren. Die Beratung ist hervorragend. Neben dem Pfeifchen für den Abend gibt es auch den einen oder anderen Rum oder Whisky aus aller Welt.
✢ 196 C5 ⊡ S Jungfernstieg/Dammtor
✉ Colonnaden 10 ☎ 040 34 25 84
❶ Mo–Fr 11–18, Sa bis 17 Uhr

Thomas I Punkt
Viel mehr als nur ein Laden für hochwertige Kleidung (Eigenmarke Omen). Die Besitzer betreiben auch das Café Entenwerder und engagieren sich in der Stadtpolitik. Unten im Laden gibt es dazu Infos.
✢ 197 E3 ⊡ U3 Rathaus
✉ Mönckebergstr. 21
☎ 040 32 71 72
⊕ www.thomasipunkt.de
❶ Mo–Sa 10–19 Uhr

Udo Lindenberg & more
»Uns« Udo gehört zum Hamburger Stammpersonal, residiert seit Jahrzehnten im Hotel Atlantic und malt und malt. Berühmt sind seine lustigen »Likörelle«. Weitere Künstler: Otto Waalkes, Armin Mueller-Stahl und viele mehr.
✢ 197 D4 ⊡ S/U Jungfernstieg
✉ Ballindamm 40 (Europa Passage)
☎ 040 40 18 57 05
⊕ www.galerie-europapassage.de
❶ Mo–Sa 10–20 Uhr

Rathauspassage
Hier geht es mal nicht nur ums Geldausgeben. Die Passage mit Café gehört zur Diakonie. Das heißt vor allem, dass hier Menschen arbeiten können, die sonst nichts finden. Neueröffnung Ende 2023 geplant.
✢ 197 D3 ⊡ U3 Rathaus
✉ Rathausmarkt | Abgang zur S- und U-Bahn-Station Jungfernstieg

Thomas I Punkt residiert im Kontorhaus Hulbe-Haus im Schatten von St. Petri.

RUND UM DAS SCHULTERBLATT

Paul und Piske
Seit Ewigkeiten gibt es den Modeladen an dieser Stelle, mit eigenem Label, stets guter Beratung und immer wieder tollen neuen Ideen. Konfektionsgrößen bis 44!
✛ 201 E3 🚇 U3 Feldstraße
✉ Schanzenstr. 31
☎ 040 43 46 59
⊕ www.paulundpiske-modedesign.de
❶ Mo–Sa 12–18 Uhr

Stüdemanns Kaffee und Teeladen
Einer der letzten alteingesessenen Läden im seit Jahren angesagten Hipsterviertel hält sich wacker. Das liegt am Charme des kleinen Cafés, in dem Tees aus aller Welt, zartes Gebäck und eigene Schokoladenkreationen verkauft werden.
✛ 201 E3 🚇 U3, S3, 21 Sternschanze
✉ Schulterblatt 59
☎ 040 43 00 633
❶ Mo–Fr 9–18, Sa 9–15 Uhr

Rindermarkthalle
Schon am Eingang duftet es nach frischem Sauerteigbrot von Brot & Stulle, aber das ist erst der Anfang. Hungrig geht aus dieser Markthalle sicher niemand wieder hinaus, egal ob der Sinn gerade nach japanischen Spezialitäten steht, nach Fisch, Burger, Confiserie oder mediterranen Dips und Antipasti – hier finden alle Geschmäcker den passenden Gaumenkitzel.
✛ 202 A3 🚇 U3 Feldstraße
✉ Neuer Kamp 31
⊕ www.rindermarkthalle-stpauli.de
❶ Mo–Sa 10–20 Uhr

Wohin zum ... Ausgehen?

BARS & CLUBS

Cascadas
In dieser Ecke vermutet man viele Büros und deshalb abends eher tote Hose. Nix da: »Stilvoll abstürzen« ist das Motto des Live-Musik-Clubs mit seinem bunten Programm aus Carribbean-, Hip-Hop- oder Silent Disco (jeder hört seine Musik in seiner Lautstärke).
✛ 197 E4 🚇 S/U Hauptbahnhof
✉ Ferdinandstr. 12 ⊕ www.cascadas.club
❶ regelmäßig Livekonzerte

Le Lion
Brokat an den Wänden, edler Teppichboden und Bartender in schicken Anzügen: »Der Löwe« wird regelmäßig prämiert. Zu Recht. Eine Kleiderordnung gibt es nicht, nur lautstarke Gruppen und Betrunkene werden an der schweren Eingangstür abgewiesen. Wer sichergehen möchte, einen Platz zu ergattern, sollte vorher reservieren.
✛ 197 D3 🚇 U3 Rathaus
✉ Rathausstr. 3
☎ 040 334 75 37 80 ⊕ www.lelion.net
❶ Mo–Fr ab 18, Sa ab 15 Uhr

Fleetenkieker
Irische Pubs sind in Hamburg populär. So auch der Fleetenkieker in den historischen Kellerräumen der Patriotischen Gesellschaft, einem der schönsten historischen Gebäude der Stadt. Hier gibt es Livemusik, Fußballübertragungen, echte Pubstimmung mit Stout und Ale.
✛ 197 D3 🚇 U3 Rathausmarkt
✉ Börsenbrücke 10
☎ 040 36 09 35 99
⊕ www.irishpub-fleetenkieker.de
❶ Mo–Fr ab 16, Sa/So ab 12 Uhr

THEATER/MUSIK

Thalia Theater
Seit den legendären Zeiten Boy Goberts gehört das Theater zu den ersten Bühnen des Landes. Chefdramaturg Joachim Lux ist einer von Hamburgs innovativsten Kulturköpfen. Mit dem Festival Lessingtage richtet er den Fokus auf aktuelle künstlerische Positionen. Nach der Vorstellung – oder auch einfach so – lohnt es sich, die vielen Stufen bis unters Dach zu erklimmen: Dort befindet sich die gemütliche Theaterbar Nachtasyl, in der häufig auch Lesungen und Liederabende stattfinden.

✢ 203 D3 🚇 S/U Jungfernstieg
✉ Alstertor 2
☎ 040 32 81 44 44 ⊕ www.thalia-theater.de

Hamburgische Staatsoper
Eines der ganz großen Ensemblehäuser Deutschlands in einem schönen Bau der Nachkriegszeit. Das Stammpublikum liebt es eher klassisch und gediegen – etwas flotter geht es nebenan in der Opera Stabile, der Studiobühne der Staatsoper Hamburg, zu.
✢ 202 C3 🚇 U1 Stephansplatz
✉ Große Theaterstr. 25
☎ 040 35 68 68 ⊕ www.staatsoper-hamburg.de

Laeiszhalle
Auch wenn das wunderschöne Konzerthaus seit 2017 ein bisschen im Schatten der Elbphilharmonie steht: Ein Musikabend in der 1908 eingeweihten Halle ist ein Genuss. Das Programm findet sich auf www.elbphilharmonie.de – wer also partout ein Konzert im neuen Wahrzeichen Hamburgs erleben möchte, muss genau auf den dort angegebenen Veranstaltungsort achten!
✢ 202 B3 🚌 Bus 112 Johannes-Brahms-Platz
✉ Johannes-Brahms-Platz
☎ 040 357 666 66
⊕ www.elbphilharmonie.de/de/laeiszhalle

KomponistenQuartier
Zwischen Michel, Staatsoper und Laeiszhalle wird gleich sieben Komponisten museal gehuldigt, die in Hamburg geboren wurden oder hier wirkten: Carl Philipp Emanuel Bach, Johannes Brahms, Johann Adolf Hasse, Gustav Mahler, Fanny und Felix Mendelssohn Bartholdy und Georg Philipp Telemann. Alles sehr liebevoll ehrenamtlich aufgebaut. Hier finden auch Veranstaltungen statt.
✢ 202 B2 🚌 Bus 112 Museum für Hamburgische Geschichte ✉ Peterstr. 28
☎ 040 63 60 78 82
⊕ www.komponistenquartier.de
🕐 Di–So 10–17 Uhr

KINOS

Passage Kino
Das Traditionskino sieht aus wie ein Lichtspielhaus vergangener Tage – die Technik ist aber auf dem neuesten Stand. Und so sitzen Kinogänger, bevor der Film startet, in den Ledersesseln des liebevoll restaurierten Foyers, um sich anschließend mit Popcorn ausgestattet Blockbustern oder Opern-Live-Übertragungen zu widmen.
✢ 203 D2 🚇 U3 Mönckebergstraße
✉ Mönckebergstr. 17
☎ 040 468 66 86 28 ⊕ www.das-passage.de

CinemaxX Dammtor
Wenn Filmpremieren in Hamburg stattfinden, wird vor dem Multiplex-Kino der rote Teppich ausgerollt. In acht Sälen werden täglich Blockbuster gezeigt. Saal 1 ist mit 954 Plätzen der größte – mit einer 264 m² großen Leinwand.
✢ 202 C3 🚇 U1 Stephansplatz
✉ Dammtordamm 1
☎ 040 80 80 69 69 ⊕ www.cinemaxx.de

Metropolis Kino
Das bemerkenswerteste Programm der Stadt zeigt das kleine Kino in der Nähe der Staatsoper: wunderbare Perlen der Leinwandgeschichte, Screwball-Komödien, versponnene Fantasy- und Stummfilme mit Klavierbegleitung.
✢ 202 C3 🚇 U1 Stephansplatz
✉ Kleine Theaterstr. 10
☎ 040 34 23 53
⊕ www.metropoliskino.de

Staatsoper Hamburg

Beliebter Park: das Alstervorland auf der Westseite der Außenalster

Rund um die Außenalster

Bäume, Schwäne, Segelboote. Die Außenalster ist Hamburgs grünes Herz, mit viel Kultur drumherum.

Seiten 62–83

Erste Orientierung

Die Alster entspringt einem kleinen Moortümpel in Schleswig-Holstein. Doch wer denkt in Hamburg an diese bescheidenen Anfänge? Schon die Binnenalster ist ein kleiner See mitten in der Stadt, das wirkliche »Wassererlebnis« jedoch bietet erst die Außenalster. Ein Katzensprung ist es von hier nach Eppendorf, St. Georg oder zum Uniaviertel am Grindel. Auch die Kultur kommt nicht zu kurz.

Schon immer gehörten die Stadtviertel rund um die Außenalster zu den bevorzugten Wohngegenden. Hier am Harvestehuder Weg, am Leinpfad, in der Straße Bellevue und an der Schönen Aussicht wohnen auch heute die wohlsituierten Familien. Häuser werden über Generationen vererbt. Neubauten gibt es inzwischen natürlich auch immer mehr. Wer mag, steigt in einen Alsterdampfer und schippert durch die Kanäle. Es gibt auch Ruder-, Paddel- und Segelboote zu mieten. Und wem die gepflegte Ruhe der Villenvor- und -hintergärten dann doch zu langweilig ist, der geht einfach ein paar Straßen weiter: Dort liegen die Kunsthalle und das Viertel St. Georg mit dem Schauspielhaus und der lebendigen Einkaufsstraße Lange Reihe. Am Rothenbaum residiert das MARKK und im Universitätsviertel am Grindel trifft sich der akademische Nachwuchs. Dort sind auch noch Spuren der einstmals so lebendigen jüdischen Gemeinde Hamburgs sichtbar.

TOP 10
- ❻ ★★ Alster
- ❽ ★★ Kunsthalle

Nicht verpassen!
- ㉔ MARKK

Nach Lust und Laune!
- ㉕ Literaturhaus
- ㉖ Grindelviertel
- ㉗ Eppendorf
- ㉘ GEDOK – Koppel 66

Mein Tag
entlang der Außenalster

Rote Ziegel prägen Hamburg – doch rund um die Alster leuchtet die Stadt weiß. Denn hinter alten Bäumen verstecken sich imposante weiße Villen, von denen viele von einer langen Geschichte zeugen.
Die folgende Rundtour führt Sie zu den schönsten Stellen: zu Fuß, mit dem Rad oder im Sommer mit dem Schiff. Die 7,5 km lange Strecke ist eine beliebte Joggingrunde. Sie könnten sich also auch einreihen und eine aktive Morgenrunde wagen.

9 Uhr: Start am Grindel
Hummus, Tahina, Schakschuka – im Café Leonar (S. 79) starten Sie Ihren Tag mit Spezialitäten der levantinischen Küche (Rührei, Croissant etc. gibt es natürlich auch). Hier im 26 Grindelviertel (S. 77) schlug einst das jüdische Herz der Stadt. Bummeln Sie herum, saugen Sie das entspannte Flair dieses Quartiers auf, das mit dem Unicampus auch das Zentrum studentischen Lebens bildet. Unterwegs werden Sie Stolpersteine entdecken. Aber Achtung, verlieren Sie sich nicht in den hübschen Wohnstraßen. Denn Ihr eigentliches Ziel ist das Alsterufer.

10.30 Uhr: Villen am Feenteich
Die Alsterchaussee führt zum ❻ ★★ Alsterufer (S. 70), von wo aus die Dampfer zu Rundfahrten ablegen. Wenden Sie sich nach links in

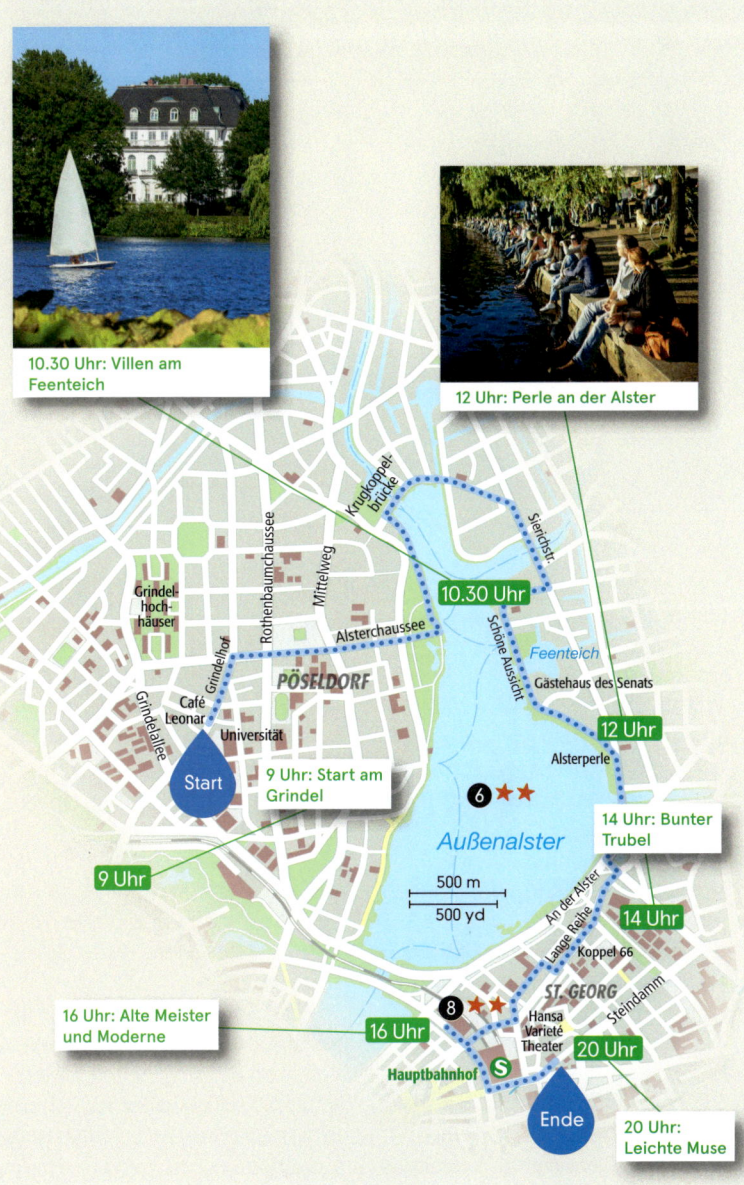

10.30 Uhr

Die knapp 8 km lange Jogging- und Spazierstrecke an der Außenalster bietet immer wieder neue Ausblicke auf die Stadt.

Richtung Krugkoppelbrücke. Passieren Sie diese und weitere Brücken auf Ihrem Weg um die Außenalster.

Nicht verpassen sollten Sie das offizielle Gästehaus des Senats (Schöne Aussicht 26): In der klassizistischen Villa am Feenteich residierten Staatsgäste aus aller Welt. Diese schneeweißen Villen drumherum, dieser Blick! Fantastisch.

12 Uhr: Perle an der Alster

Kiosk-WCs, so nennt man in Hamburg die häufig historischen Klohäuschen, die irgendwann zu Kneipen umfunktioniert wurden. Die Alsterperle (www.alsterperle.com, tgl. ab 8 Uhr) serviert ihre berühmte Erbsensuppe, genau das Richtige, um sich zu stärken.

14 Uhr: Bunter Trubel

Von der Alsterperle sind es nur wenige Gehminuten bis zur Langen Reihe, der wichtigsten Einkaufsstraße von St. Georg. Das Viertel ist seit Jahrzehnten wichtigster Treffpunkt der Gay Community Hamburgs. Aber hier ist jeder willkommen – alt, jung, hetero, bi, vom Land, aus der Großstadt, Familien oder Single. Es gibt Kneipen, Cafés, Boutiquen und Bars für jeden Geschmack.

Schlendern Sie doch ein wenig herum, stöbern Sie in den vielen Läden. Und da nun ja schon wieder Kaffeezeit ist: Gönnen Sie sich ein Stückchen Torte im legendären Café Gnosa (S. 69). Fast versteckt ist der Hinweis an der Langen Reihe Nr. 71:

16 Uhr

14 Uhr

Nachbarschaftlicher Schwatz auf der Langen Reihe (oben); Ausstellung mit Werken von Max Liebermann in der Kunsthalle (rechts)

»Hier Hans Albers geboren«. Ein Ort der Inspiration sind die Ateliers der 28 Koppel 66 (S. 78).

 16 Uhr: Alte Meister und Moderne

Mit bildender Kunst endet die Rundtour direkt am Übergang zwischen Außen- und Innenalster an der ❽ ★★ Kunsthalle (S. 72), an Hamburgs bedeutendstem Museum. Nehmen Sie sich ein bisschen Zeit für sieben Jahrhunderte Kunstgeschichte.

20 Uhr: Leichte Muse

Nach einer kurzen Erholungspause im Hotel beschließen Sie den Tag in einem der ältesten Varietétheater Deutschlands, dem Hansa Varieté Theater, das auf Vorbestellung sogar ein kleines Dinner am Platz serviert. Ein klassischer Abschluss für diesen klassischen Hamburg-Tag.

Stadtrad Hamburg:
Neue Fahrradrouten führen rund um die Binnen- und Außenalster. Es gibt zahlreiche Stationen von Stadtrad Hamburg. Die erste halbe Stunde ist kostenlos (www.stadtrad hamburg.de).

Café Gnosa
✝ 203 E3
✉ Lange Reihe 93
☎ 040 24 30 34
❶ tgl. 10–23 Uhr

Hansa Varieté Theater
✝ 203 E3
✉ Steindamm 17
☎ 040 47 11 06 44 (Kasse & Information)
⊕ www.hansa-theater.com

❻ ★★ Alster

Was?	Binnen- und Außenalster: Erholungsgebiet im Zentrum
Warum?	Spaziergänge am oder Rundfahrten auf dem Wasser
Was nicht?	Baden – schlechte Wasserqualität und schädigt Tiere und Pflanzen
Was noch?	Rudern, Stand-up-Paddeln oder Segeln
Was nehme ich mit?	Die Alster ist eigentlich ein aufgestauter Fluss

Die Alster entspringt in einem Moortümpel in Schleswig-Holstein und windet sich 56 km durch die Landschaft bis ins Hamburger Zentrum. Die Binnenalster ist ein kleiner See mitten in der Stadt, das echte »Wassererlebnis« bietet jedoch die Außenalster. Sie steht für Weite und Wellen, Schönheit und Vermögen. Die noblen Grundstücke um die Außenalster sind äußerst begehrt.

Prachtvoll sind die Häuser in den Wohnstraßen des Ost-Alsterufers (Schöne Aussicht, Bellevue, Leinpfad). Von der Krugkoppelbrücke aus erblicken Sie am Horizont die Kirchtürme der Innenstadt: 164 ha Wasserfläche liegen dazwischen, an ihrem tiefsten Punkt ist die Außenalster 2,50 m tief. Heute ist hier an schönen Sonnentagen die halbe Stadt unterwegs, da kommt in den Cafés am Außenalsterufer Gardasee-Feeling auf.

Wissen, wo es am schönsten ist

Wie Sie auch immer auf die andere Seite der Alster gekommen sind – mit dem Dampfer, dem Ruderboot, rund herum zu Fuß –, die Bauten am Westufer sind nicht weniger imposant als die im Osten. Spazieren Sie durch Harvestehude (Nonnenstieg, Heimhuder Straße, Innocentiapark). Zisterzienser-Nonnen hatten hier einst ein Kloster gegründet, das jedoch längst abgerissen worden ist. Die Johanniskirche (erbaut 1880) mit ihrem hohen Turm ist aber weithin sichtbar.

Pöseldorf hat seine besten Jahre hinter sich. Das war, als Jil Sander in der Milchstraße ihre erste Boutique eröffnete und der Jetset einfiel. Die hübschen Häuser sind immer noch

Achtung auf dem Wasser: Die Alsterdampfer haben immer Vorfahrt!

sehenswert. Einige nette Kneipen und schicke Restaurants mit Terrassen gibt es auch.

In der Milchstraße 12 passieren Sie den Eingang der Musikhochschule Hamburg, die im Budge-Palais residiert. Acht Jahre baute Rathaus-Architekt Martin Haller im Auftrag des in den USA reich gewordenen Bankiers Henry Budge an der herrschaftlichen Villa, die wegen ihrer fast 20 Badezimmer den Spitznamen »Badeanstalt« trug. Im Krieg okkupierte Nazi-Reichsstatthalter Karl Kaufmann das Gebäude. Im Mai 1945 requirierten die Engländer viele Häuser. Auch sie wussten natürlich, wo man in Hamburg am schönsten wohnt und hatten ganz bewusst die Wohnviertel rund um die Außenalster vor der Zerstörung bewahrt.

KLEINE PAUSE
Rund um die Außenalster gibt es viele Möglichkeiten einzukehren. Ein kleiner Abzweig lohnt zur **Konditorei Pritsch** auf der Uhlenhorst. Sie ist berühmt für ihr Ciabatta-Brot, aber auch für ihre Törtchen und den Kaffee – ein Haus mit langer Tradition (Papenhuder Str. 39, Tel. 040 22 22 98, www.baeckerei-pritsch.de, tgl. ab 7 Uhr).

Traumhafte Hamburg-Perspektive: Alsterdampfer St. Georg und St. Michaelis im Hintergrund.

✝ 203 D/E 3–5
🚉 S/U Hauptbahnhof, Jungfernstieg, Sierichstraße, Hallerstraße

🚌 Bus 6, 19, 17 (verschiedene Stationen rund um die Alster)

❽ ★★ Kunsthalle

Was?	Eines der bedeutendsten Kunstmuseen Deutschlands
Warum?	700 Werke auf über 12 000 m² Ausstellungsfläche
Wie lange?	Mindestens eine Stunde
Was nicht verpassen?	»Wanderer über dem Nebelmeer« von Caspar David Friedrich, »Mädchen auf der Brücke« von Edvard Munch
Was noch?	Multimediaführung via App
Resümee	Diese Stadt hatte schon immer ein Herz für die Kunst

Die Hamburger Kunsthalle, eine der wichtigsten Kunstsammlungen Deutschlands, präsentiert ihre Werke in drei miteinander verbundenen Gebäuden: dem modernen Kubus der Galerie der Gegenwart, dem hellen Kuppelbau aus Muschelkalkstein und dem roten Zentralbau im Stil der Renaissance. Viel zu groß? Keinesfalls. Eine Stunde reicht bereits aus, um große Kunst zu entdecken.

Die Sammlung umspannt Werke aus acht Jahrhunderten. Schwerpunkte bilden die norddeutsche mittelalterliche Malerei, die niederländische Malerei des 17. Jh., die deutsche Malerei des 19. Jh. sowie die klassische Moderne. Rund 700 Werke werden ständig präsentiert.

Der erste Direktor, Alfred Lichtwark (1886–1914), gilt als Begründer der Museumspädagogik. Seine Vorlesungen waren so spannend, dass ihm Hörerinnen zum Dank ein Gemälde von Max Liebermann schenkten, heute ein Prunkstück der Sammlung.

Weitere Highlights der Dauerausstellung sind der Wandelaltar des Hamburger Künstlers Meister Bertram und die Bilder der beiden wichtigsten Vertreter der norddeutschen Romantik, Caspar David Friedrich und Philipp Otto Runge. Ein wahrer Augenschmaus ist die Sammlung der Klassischen Moderne mit Werken von Max Liebermann, Pablo Picasso, Franz Marc, Emil Nolde und Max Beckmann.

Hinunter zur Moderne
Die Galerie der Gegenwart, den 1997 eingeweihten Kubus mit weißer Sandsteinfassade, erreichen Sie auch über einen

In dem kubischen Bau der Galerie der Gegenwart dominiert aktuelle Kunst.

unterirdischen Gang vom Altbau aus. Eine Treppe führt nach unten, über den Besuchern läuft das elektronische Wort-Fließband »Ceiling Snake« der Künstlerin Jenny Holzer. Viele Kunstschaffende haben ihre Werke eigens für den Neubau entworfen. So Bogomir Ecker, der eine »Tropfsteinmaschine« installierte, die sich über alle Stockwerke erstreckt. Ilya Kabakov schuf die Rauminstallation »Healing with Paintings«, zwei kleine Krankenzimmer, in denen Gemälde hängen und Stücke von Bach und Mozart gespielt werden.

Über die Arbeit einer Kunstsammlung informiert das Transparente Museum: Wie wird gesammelt? Wie bewahrt? Wie vermittelt? Hochkarätige Sonderausstellungen locken außerdem zahlreiche Besucher in die Hansestadt. Die Webseite informiert über Programmformate und Führungen.

KLEINE PAUSE:

Das **The Cube** in der Galerie der Gegenwart bietet einen schönen Blick auf die Binnenalster. Das historische **Café & Restaurant Das Liebermann** in der Säulenhalle begeistert ein Hamburger Stammpublikum (Tel. 040 30 37 51 96, Di–So 10–18 Uhr).

✢ 197 F4
🚉 S/U Hauptbahnhof
✉ Glockengießerwall
☎ 040 428 13 12 00

⊕ www.hamburger-kunsthalle.de
🕓 Di–So 10–18, Do bis 21 Uhr
🎫 16 €, Do ab 17 Uhr reduziert und an jedem 1. Do im Monat ab 18 Uhr frei

㉔ MARKK

Was?	Eine der größten ethnologischen Sammlungen Europas
Warum?	Der Maskenraum – ungewöhnlich und bezaubernd
Wann?	Sonntags um 11 Uhr gibt es interessante Führungen
Wie lange?	Eine Stunde, besser zwei
Was noch?	Der Totempfahl vor dem Eingang rechts
Resümee	Völkerkunde war gestern, Weltbürgertum ist heute

Ein prachtvoller roter Klinkerbau, ein Haus für Kunst und Kultur aus der ganzen Welt. Doch längst steht nicht mehr nur unser westlicher Blick auf andere Länder im Fokus, sondern Austausch, kritische Reflexion, sinnliche Inspiration für alle Seiten – eine zeitgemäße Ethnologie.

Das MARKK (Museum am Rothenbaum, Kulturen und Künste der Welt), das bis 2018 als Museum für Völkerkunde bekannt war, steht – wie die gesamte ethnografische Museumsszene – vor einer grundlegenden Neuausrichtung. Dazu gehört, die Beziehung der Kulturen in den Mittelpunkt zu stellen, sich stärker mit den Herkunftsgesellschaf-

Das Museumsgebäude an der Rothenbaumchaussee ist ein Beispiel für späte Jugendstilarchitektur.

ten der Exponate auseinanderzusetzen und sich mit der eigenen Vergangenheit zu beschäftigen.

Weltkulturenmuseum
Das Museum blickt auf eine lange Geschichte zurück. Eine erste »culturgeschichtliche Sammlung« gab es an dieser Stelle bereits 1879 – damals umfasste sie noch 1834 Exponate. Heute verwahren die Archive des großen roten Klinkerbaus an der Rothenbaumchaussee Hunderttausende Objekte und historische Fotografien.

Masken von den Inseln des Südpazifiks

Hightech trifft auf Tradition
»Uri Korea – Ruhe in Beschleunigung« lautet der Titel einer Dauerausstellung über Südkorea. Nirgendwo sonst wuchs die Wirtschaft schneller als hier. Was macht das mit den Menschen, mit den Traditionen, mit der Kultur? Viele schöne kleine Beispiele mitten aus dem Alltagsleben dieses spannenden Landes geben Antworten.

Nicht versäumen sollten Sie das Maori-Versammlungshaus und den Maskensaal. Fast lebendig wirken die historischen Masken und Gestalten aus der Südsee.

Die strukturelle Neuausrichtung von Sammlung und Haus soll in den nächsten Jahren durch große Umbauten noch deutlicher sichtbar werden.

KLEINE PAUSE
Das überdachte Restaurant **»Okzident«** im Innenhof können Sie auch ohne Museumskarte besuchen: Das lohnt sich, weil Sie dabei das imposante Treppenhaus passieren.

✢ 202 C5
🚇 U1 Hallerstraße
✉ Rothenbaumchaussee 64
☎ 040 428 87 90

🌐 https://markk-hamburg.de
🕙 Di–So 10–18, Do bis 21 Uhr
💰 9,50 €

Magischer Moment

Candlelight-Therme

Ach, ist das schön: Die Kerzen erleuchten das Bad stimmungsvoll, leichte klassische Musik erklingt und das Wasser ist mit 34 °C kuschelig warm. Zwischen Oktober und April findet jeden Freitag ab 20 Uhr im historischen Holthusenbad in Eppendorf der Themenabend »Candlelight-Therme« statt. Einem entspannten, romantischen Abend steht nichts im Wege. Erleben Sie eine große Bade- und Wellness-Landschaft mit Wellenbad und Außenbecken. *Holthusenbad, Goernestr. 1, www.baederland.de, Eintritt Therme ab 7,20 €, Sauna 21,30 €*

Nach Lust und Laune!

25 Literaturhaus

Hamburg ist *die* Literaturhauptstadt Deutschlands. Täglich gibt es Lesungen in Theatern, Literaturcafés, Bücherhallen oder natürlich in Buchhandlungen (www.literaturinhamburg.de). Das Zentrum des literarischen Lebens bildet das Literaturhaus am Schwanenwik mit seinem charismatischen Leiter Rainer Moritz. Etwa 150 Buchevents pro Jahr organisiert das Haus und fördert auch den Nachwuchs. Die leiblichen Genüsse kommen hier nicht zu kurz: Im herrlichen Gartensaal gibt es ein wunderbares Lesecafé. Das Frühstück ist legendär.

- 203 E5
- Bus 6, 17 Mundsburger Brücke
- Schwanenwik 38
- 040 22 70 20 11
- www.literaturhaus-hamburg.de
- abhängig von den Events, Café Mi–So 9.30–18 Uhr

26 Grindelviertel

Über 40 000 Studenten zählt die Hansestadt. Studentisches Zentrum ist das Grindelviertel, wo auch das Uni-Hauptgebäude, ein Kuppelbau aus dem Jahr 1911, steht.

Vor dem Krieg lebten am Grindel fast die Hälfte aller Hamburger Juden. Auf dem Joseph-Carlbach-Platz zeichnet ein Steinmosaik die Dachkonstruktion der 1938 zerstörten Hauptsynagoge nach. Nun wird ein Wiederaufbau diskutiert. Überall im Viertel stoßen Sie auf Spuren der deportierten und ermordeten Juden. Achten Sie auf die Stolpersteine: Messingquader, vor den Wohnhäusern in den Gehsteig eingelassen, nennen die Namen der einstigen Bewohner. Themenführungen zur jüdischen Geschichte veranstaltet Stattreisen e.V. (Tel. 040 87 08 01 00, www.stattreisen-hamburg.de).

Die dominanten Grindelhochhäuser entstanden 1946 bis 1956 im Auftrag der britischen Besatzungsbehörden: die erste Hochhaussiedlung in ganz Deutschland. Die zwölf Häuser waren sehr modern, denn sie verfügten u. a. über Fahrstühle, Müllschlucker und große Fenster.

- 202 B/C5 Bus 4, 5 Grindelhof

Das Hauptgebäude der Hamburger Universität an der Edmund-Siemens-Allee

27 Eppendorf

Eppendorf ist speziell, das merken Sie schon bei Ihrem ersten kleinen Spaziergang über den Eppendorfer Baum oder die Eppendorfer Landstraße. Neu-Hamburger, die danach streben, nicht als solche aufzufallen, nehmen jeden Mietpreis in Kauf, um hier zu wohnen. Wichtigste Voraussetzung für dieses Vorhaben ist nicht nur Geld, sondern der »richtige« Beruf (Arzt, Werber, Journalist). Adrett gekleidete Kinder und das passende Outfit (Ralph-Lauren-Shirt, Polohemd, beigefarbene Shorts, Slipper …) dürfen nicht fehlen.

Wenn Ihnen all die tollen kleinen Spezialgeschäfte und die wirklich netten Cafés zu viel werden, dann ab ins Holthusenbad (S. 76).

Das Wahrzeichen des Viertels sind übrigens die Schwäne, die im Eppendorfer Mühlenteich überwintern. Im April schwimmen sie auf die Alster zurück. Es sollen etwa 120 Schwäne sein.

✣ 198 A/B3/4
🚇 U3 Hoheluftbrücke, Eppendorfer Landstraße, Kellinghusenstraße

---

28 GEDOK – Koppel 66

Jede Menge fantastische Kunst und hochwertiges Handwerk unter einem Dach vereint die Koppel 66. Die Räumlichkeiten einer ehemaligen Maschinenfabrik beherbergen heute zwölf Ateliers und Werkstätten auf drei Stockwerken. Im Erdgeschoss sitzt die GEDOK (Verband der Gemeinschaften der Künstlerinnen und Kunstfördernden), das älteste und größte Netzwerk für Kunstschaffende in Europa.

Im urigen Café Koppel gibt es vegane und vegetarische Speisen aus Bio-Produkten, etwa leckere Kuchen. Im Sommer können Sie sich dem Trubel der Innenstadt im ruhigen Innenhof entziehen.

Koppel 66
✣ 203 E3 🚌 Bus 6, 17, 18 Gurlittstraße
✉ Eingang von der Langen Reihe und von der Koppel
🌐 www.koppel66.de

Die Adventsmesse in der Koppel 66 bietet Design und Kunsthandwerk.

Wohin zum ... Essen und Trinken?

Preise für ein Hauptgericht ohne Getränke:
€   unter 15 Euro
€€   15 bis 30 Euro
€€€   über 30 Euro

RESTAURANTS

Cornelia Poletto €€
Um hier zu speisen, nehmen Gäste lange Anfahrtswege auf sich. Cornelia Poletto genießt eben Promi-Status, obwohl inzwischen Robert Stechmann die (mediterrane) Küche leitet. Angeschlossen sind eine Kochschule und die nach Polettos Tochter benannte Bar »Paola's«, für den gepflegten Snack mit Absacker.

✜ 198 B3 ⊠ U1, 3 Kellinghusenstraße
✉ Eppendorfer Landstr. 80
☎ 040 480 21 59
⊕ www.cornelia-poletto.de
❶ Di–Sa 12–15 und 18–23 Uhr

Cox €€
Ob Business-Talk, Blind-Date oder Familienzusammenführung – das Cox passt zu allen Anlässen. Deswegen ist das rustikal-elegantes Lokal aus dem Viertel nicht wegzudenken. Spezialität: Wildgerichte.

✜ 203 E3 ⊠ Bus 6, 17, 18 Gurlittstraße
✉ Lange Reihe 68
☎ 040 24 94 22
⊕ www.restaurant-cox.de
❶ Di–Sa 12–14.30 und 18.30–23 Uhr

Das Dorf €€
Früher deutete nicht einmal ein Schild auf das Souterrain-Lokal hin. Mittlerweile ist es Zufluchtsort für diejenigen, die an der Langen Reihe nach Gemütlichkeit suchen, inkl. fein-deftiger Küche, gut gezapftem Bier und angenehm schummrigem Licht.

✜ 203 E3
⊠ Bus 6, 17, 18 Gurlittstraße
✉ Lange Reihe 39
☎ 040 24 56 14
⊕ www.restaurant-dorf.de
❶ tgl. ab 18 Uhr

Dim Sum Haus €€
Seit Generationen in Familienhand, berühmt über die Grenzen der Stadt hinaus. Die meisten Gäste kommen wegen der *dim sum*, der asiatischen Tapas, die mundgerecht drapiert in über 30 Varianten serviert werden. Aber auch Peking-Ente steht auf der Speisekarte.

✜ 203 D3 ⊠ S/U Hauptbahnhof
✉ Kirchenallee 37
☎ 040 280 23 12
⊕ www.restaurantchina.de
❶ Mo–Fr mittags und abends, Sa/So ab 13 Uhr

Pinakas €€
Der Grindelhof gehört zu den beliebten Kneipenstraßen Hamburgs. Das liegt eben auch an Georgios und seinem griechischen Lokal: Er kennt seine Gäste und die lieben ihn. Und lecker ist hier es auch noch.

✜ 202 B5 ⊠ U1 Hallerstraße
✉ Grindelhof 64
☎ 040 18 10 23 75
⊕ www.restaurant-pinakas.de
❶ Di–So ab 18 Uhr

ZEIK
Immer mehr Restaurants in Hamburg verschreiben sich der regionalen, saisonalen Küche. Maurizio Oster gehört auch dazu. Sein Fine-Dining-Restaurant in Winterhude agiert nach dem Motto: »In Hamburg daheim, in der Welt zu Hause«. Der Chefkoch hat einen Michelin-Stern erkocht und bleibt trotz seines Erfolges bodenständig.

✜ 199 D3 ⊠ U3 Sierichstraße
✉ Sierichstr. 112
☎ 040 466 535 31
⊕ https://zeik.de
❶ Di–So ab 18.30 Uhr

CAFÉS

Café Leonar
Hier ist das jüdische Leben am Grindel tatsächlich wieder auferstanden – neben leckeren Kaffeesorten und Kuchen (nach alten jüdischen Rezepten) gibt es vom Frühstücksbagel à la Kane Street, Brooklyn, New York bis zur abendlichen Mezze-Variation

Isemarkt: große Auswahl unter der Hochbahn

mit Granatapfelkernen auch Bücher und Magazine zum Schmökern. Ein wunderbarer Platz zum Sinnieren darüber, wie es hier früher einmal war!
✢ 202 B5 🚌 Bus 4, 5 Grindelhof
✉ Grindelhof 59
☎ 040 27 88 10 12
⊕ www.cafeleonar.de
🕐 Mo–Sa 9–22, So bis 18 Uhr

Luicella's
Avocado-Himbeer, Zitrone-Basilikum oder Franzbrötchen heißen die stets wechselnden Eissorten, für die nur feinste Zutaten verwendet werden. Kein Wunder, dass die Gäste deshalb auch lange Wege in Kauf nehmen, um sich bei Ex-Schwimmweltmeister Markus Deibler und der Eismacherin Luisa Mentele ein kleines bisschen Hüftgold anzulegen.
✢ 203 E3 🚌 Bus 6, 17, 18 AK St. Georg
✉ Lange Reihe 113 ⊕ https://luicellas.de
🕐 tgl. 11–21 Uhr

Näscherei
Das Café sieht aus wie ein Bild von Carl Larsson – romantisch, aber schlicht. In der Glasvitrine übertrumpfen sich die selbst gebackenen Kuchen gegenseitig, der Kaffee wird in riesigen Tassen serviert und das Brot duftet immer nach »gerade aus dem Ofen gekommen«.
✢ 203 E5 🚌 6, 17 Mundsburger Brücke
✉ Papenhuder Str. 30
☎ 040 22 69 35 35
🕐 Di–So 11–17 Uhr

Wohin zum … Einkaufen?

Eppendorf ist schick, St. Georg bunt, das Univiertel ein Mix aus beidem. In allen Ecken finden sich Geschäfte mit einer vielfältigen Auswahl an Mode, Accessoires, Literatur und allerlei Krimskrams. Besonders ist der Isemarkt in Eppendorf schon aufgrund seiner Länge – der Wochenmarkt erstreckt sich auf 600 m unter einer Hochbahnbrücke.

EPPENDORF

Das Buch
Harry Rowohlt war Stammgast, Günter Grass ebenso und auch heute noch ist die

Wahrscheinlichkeit hoch, in dem kleinen Laden, in dem sich die Bücher bis zur Decke stapeln, bekannte Schriftsteller zu treffen. Das liegt an den drei Inhaberinnen, die ein Gespür dafür haben, welches Buch zum Kunden passt. Der perfekte Laden, um neue Seiten zu entdecken.
✣ 198 B3 🚇 U3 Eppendorfer Baum
✉ Eppendorfer Landstr. 56
☎ 040 47 55 80
🌐 www.dasbuchineppendorf.de
🕒 Mo–Fr 10–18, Sa 10–16 Uhr

Kaufrausch
Wenn es ein Klassikergeschäft mit schönen Dingen gibt, dann ist es dieses Mini-Kaufhaus direkt an der U-Bahn-Station Eppendorfer Baum. Sieben kleine Läden verkaufen Bademode und Geschenke, Ledertäschchen und Schmuck. Und natürlich gibt's auch ein Café. Ein sympathischer Ort zum Verweilen.
✣ 198 B2 🚇 U3 Eppendorfer Baum
✉ Isestraße 74
🌐 www.kaufrausch-hamburg.de
🕒 Mo–Sa Café ab 9, Läden ab 11 Uhr

Schokovida
Wie es hier duftet! Feinste Schokoladen stellen Berit Windisch und Oliver Rohlf in ihrer Manufaktur her, verpacken sie in dickes Papier mit Retromotiven, geben ihnen Namen wie Elbstrand (mit Blaumohn), Heimathafen (mit Pfeffer) oder Fischkopp (mit Meersalz) – und haben damit das perfekte Souvenir für Naschkatzen in ihren Regalen.
✣ 198 B2 🚇 U3 Eppendorfer Baum
✉ Hegestr. 33
☎ 040 87 87 08 08 🌐 www.schokovida.de
🕒 Mo–Fr 10–18.30, Sa 10–16 Uhr

Vau & Vau
Rechts oder links? Am besten beides! Denn im Souterrain von Vanessa Ibing führt der Weg nach links zu klassischer, aber raffinierter Damenmode und der nach rechts zu handgenähten Heften, schwedischem Parfüm und Kleinmöbeln.
✣ 198 B2 🚇 U3 Eppendorfer Baum
✉ Hegestr. 44
☎ 040 41 30 53 60
🌐 www.vau-hh.de
🕒 Mo–Fr 11–18, Sa 11–17 Uhr

UNIVIERTEL

Goldschmiede Henryk Schneider
Henryk Schneider ist ein Meister seiner Kunst. Gern fertigt er Schmuck auf Wunsch, in den Glasvitrinen liegen aber auch schöne Stücke aus eigener Kreation. Und: außergewöhnliche Glasvasen.
✣ 202 C5 🚇 U1 Hallerstraße
✉ Hartungsstraße 18
☎ 040 41 02 683
🌐 https://henryk-schreiber.de
🕒 Mo–Fr 10–13 und 14–20, Sa 10–14 Uhr

Marlowe Nature
Fair-Fashion seit 1992 für Frauen und – direkt gegenüber – für Herren. In beiden Geschäften wird gut beraten. Es gibt schöne Stücke sorgfältig ausgewählter Marken.
✣ 198 A1 🚌 Bus 4,5, 15 Bezirksamt Eimsbüttel
✉ Beim Schlump 5
🌐 https://marlowe-nature.de
🕒 Mo–Sa ab 10 Uhr

ST. GEORG

Bücherei Dr. Wohlers
Hier schlägt ein bisschen das Herz des alten St. Georg. Die Inhaber kennen sich nicht nur

Bürgerlichkeit und Gay-Community vereint an der Langen Reihe in St. Georg

WOHIN ZUM ...

mit Büchern aus, sondern wissen auch, was gerade im Viertel los ist.
✛ 203 E3 🚌 Bus 6, 17, 18 Gurlittstraße
✉ Lange Reihe 80
☎ 040 24 77 15
⊕ www.dr-wohlers.de
❶ Mo–Sa ab 10 Uhr

Cordula Kühn – Designmanufactur
Etui, Handtasche, Collegemappe oder Aktentasche aus festem Sattlerleder und handgenäht. Halten ein Leben lang.
✛ 203 E4 🚌 Bus 6, 17, 18 Gurlittstraße
✉ Schmilinskystr. 25
☎ 040 24 87 58 16 ⊕ www.ckuit.de
❶ keine festen Zeiten, bitte anrufen

Everest Geschenkbasar
Hinter der schweren Glastür geht's nach Tibet. Glöckchen und Klangschalen, Statuen und zarter Schmuck – Rajib Joshi bringt immer wieder neues Handgefertigtes von seinen Reisen mit.
✛ 203 E3 🚌 Bus 6, 17, 18 Gurlittstraße
✉ Lange Reihe 48
☎ 040 24 67 24
⊕ https://everest-hh.de
❶ Mo–Sa 10–19 Uhr

Kaufhaus Hamburg
Alles echt hanseatisch: Bücher, Senf, Seife, Kunst, Schmuck, Fotografie und Kleinkram – alles, was hier verkauft wird, ist Made by Hamburgern. Nicht gerade billig, dafür aber auch keine Massenware.
✛ 203 E3 🚌 Bus 6, 17, 18 Gurlittstraße
✉ Lange Reihe 70
☎ 040 28 05 66 16
⊕ www.kaufhaus-hamburg.de
❶ Mo–Fr 11–19, Sa 10–19 Uhr

Kräuterhaus
Hamburgs größter Tee- und Gewürzladen versteckt sich in der Parallelstraße zur trubeligen Langen Reihe. Unscheinbar von außen, ein Erlebnis von innen. In riesigen Regalen lagern Holzfässchen und Metalldosen, befüllt mit Kräutern und Gewürzen aus aller Welt. Und wer sich bei den vielen Tees nicht entscheiden kann, bekommt einen eigenen gemischt.
✛ 203 E3 🚌 Bus 6, 17, 18 Gurlittstraße
✉ Koppel 34–36
☎ 040 24 00 00
⊕ https://kraeuterhaus.net
❶ Mo–Fr 10–18, Do bis 19, Sa 11–17 Uhr

Wohin zum ... Ausgehen?

BARS

Ciu
Am langen Tresen trinken Büroangestellte ein Feierabendbier, Hamburggäste kehren nach dem Shoppingbummel ein, Freundinnen treffen sich auf einen Cocktail. Und weil es hier stilvoll, aber unkompliziert zugeht, bleibt es oft bis tief in die Nacht proppenvoll in der schönen Bar mit Blick auf die Binnenalster, im Sommer auch draußen auf der Terrasse.
✛ 203 D3 🚇 U/S Hauptbahnhof
✉ Ballindamm 14/15
☎ 040 32 52 60 60
⊕ www.ciudiebar.de
❶ Mo–Sa ab 17 Uhr

Bar 1910
Die Hamburger Hotels verfügen über einige der besten Bars der Stadt. Diese hier existiert seit über 100 Jahren im prachtvollen Reichshof am Hauptbahnhof. In den Ledersesseln sitzend fühlt man sich in die Roaring Twentys zurückversetzt.
✛ 203 D3 H 🚇 U/S Hauptbahnhof
✉ Kirchenallee 34–36
☎ 040 370 25 90
⊕ www.reichshof-hotel-hamburg.de
❶ Di–Sa ab 20 Uhr

Neumanns
Am schönsten ist es, an einem lauen Sommerabend draußen zu sitzen, bei einem der vielen hervorragenden Weine. Dazu vielleicht Flammkuchen oder Sauerteigbrot? Bei Schietwetter geht's nach drinnen an die schlichten Holztische, an denen man leicht mit anderen Gästen ins Gespräch kommt.
✛ 203 E3 🚌 Bus 6, 17, 18 St. Georg
✉ Lange Reihe 101

Deutsches Schauspielhaus: üppig geschmückte Decken, Wände und Brüstungen

☎ 040 60 86 22 09
⊕ https://neumanns-bistro.de
🕐 tgl. ab 12 Uhr

THEATER

Deutsches Schauspielhaus
Nahezu 1200 Zuschauer finden in dem wunderschönen Saal Platz. Seit 2013 führt Intendantin Karin Beier das Haus mit sicherer Hand. Ihre Inszenierungen haben längst Kultcharakter.
✛ 203 E3 🚉 U/S Hauptbahnhof
✉ Kirchenallee 39
☎ 040 24 87 13
⊕ www.schauspielhaus.de

Hamburger Kammerspiele
In dem von Ida Ehre gegründeten, traditionsreichen Theater in der klassizistischen Villa lohnt es sich, schon eine Weile vor Programmbeginn zu kommen: Die Buddha-Bar wirkt zwar ein bisschen deplatziert, aber lassen Sie sich nicht abschrecken.
✛ 202 C5 🚉 U1 Hallerstraße
✉ Hartungstr. 9–11
☎ 040 413 34 40
⊕ https://hamburger-kammerspiele.de

Ohnsorg-Theater
Pflichtprogramm für alle, die einmal Plattdüütsch hören wollen. Das Programm reicht von Volksschwänken über Filmadaptionen bis hin zu ernsten Stücken.
✛ 203 D3 🚉 U/S Hauptbahnhof
✉ Heidi-Kabel-Platz 1
☎ 040 35 08 03 21
⊕ www.ohnsorg.de

KINOS

Abaton
Deutschlands erstes Programmkino gehört mit seinen 514 Plätzen in drei Sälen zu Hamburgs kleineren Kinos – und dennoch zu den führenden. Immer wieder sind bei Filmpremieren auch Filmschaffende zu Gast.
✛ 202 B5 🚌 Bus 4, 5 Grindelhof
✉ Allende-Platz 3
☎ 040 41 32 03 20
⊕ www.abaton.de

Holi
Der mit Pailletten besetzte und mit Hamburger Motiven bemalte Vorhang im 1951 eröffneten Kino steht unter Denkmalschutz und ist allein schon einen Blick wert. Das Programm ist aber nicht nostalgisch, sondern ausgesucht aktuell.
✛ 198 A1 🚉 U3 Hoheluftbrücke
✉ Schlankreye 69
☎ 040 422 30 40

Hafen, HafenCity und Speicherstadt

Der Hafen, das Wasser, die Schiffe. Dazu ein neues Stadtviertel und historische Backsteinspeicher.

Seiten 84–115

Die spiegelnde Fassade der Elbphilharmonie überragt sie alle: historische Bauten an der Deichstraße, die Alte Polizeiwache am Baumwall und Büroneubauten am Sandtorkai.

Erste Orientierung

Der Hafen ist Hamburgs Tor zur Welt. Hier stehen die beiden wichtigsten Wahrzeichen der Stadt: Elbphilharmonie und Michel. In Blicknähe die gewaltigen Backsteinspeicher der historischen Speicherstadt. Wenn es einen Ort gibt, den kein Hamburg-Tourist versäumen sollte, dann ist es dieser.

Was macht Hamburg so besonders? Es ist die Nähe zum Wasser, der direkte Weg zum Meer und damit in die Welt. So war es damals für die Auswanderer, die hier im Hafen auf ihre Schiffe für den Weg in die Neue Welt warteten, und so ist es heute für die Touristen, die Kapitäne, Reeder, Kaufleute und für jeden Hamburger.

Hamburgs Wahrzeichen ist neben der Elbphilharmonie immer auch noch der Michel. Hoch thront er auf dem Elbberg, von wo er den Kapitänen in früheren Zeiten den Weg zum Hafen wies. Von seinem Turm aus blickt man auf die Elbe, auf die historische Speicherstadt und nun auch auf die HafenCity. Wo einst Schuppen und Kräne zu sehen waren, gibt es nun Wohnungen und Büros für einige tausend Menschen – und eben die Elbphilharmonie. *Back to the roots* lautet die Devise. Denn hier am Wasser begann auch Hamburgs Geschichte. Die Veränderungen in der HafenCity sind so rasant, dass schon morgen nicht mehr stimmt, was heute noch gültig war. Deshalb ist dieser Ort zurzeit unglaublich spannend. Hier kann man jeden Tag andere Entdeckungen machen, die noch in keinem Reiseführer stehen.

TOP 10
① ★★ Landungsbrücken
② ★★ Elbphilharmonie
③ ★★ St. Michaelis
④ ★★ Speicherstadt

Nicht verpassen!
㉙ HafenCity

Nach Lust und Laune!
㉚ Deichstraße
㉛ Nikolaikirchturm
㉜ Maritimes Museum
㉝ Hafenmuseum
㉞ BallinStadt

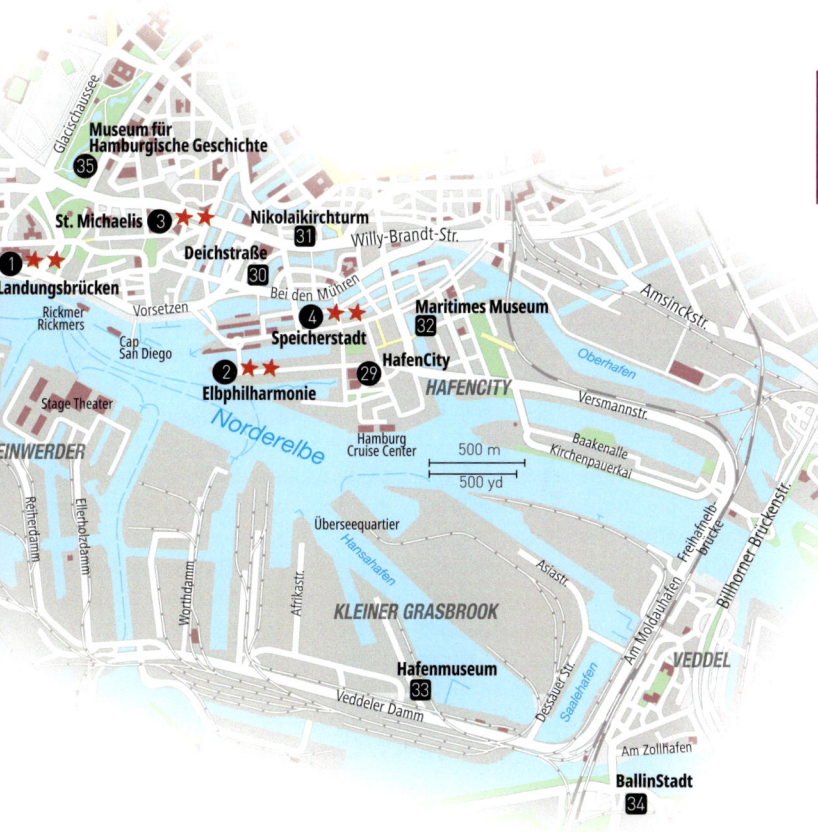

ERSTE ORIENTIERUNG

Mein Tag
mit Elphi

Sie ist Hamburgs neuer Star: Die Elbphilharmonie. Kein anderes Gebäude der Stadt wird häufiger fotografiert. Und deshalb führt Sie diese Tour an Punkte, an denen eines ganz besonders gut funktioniert: ein Selfie mit der Elphi.

9 Uhr: Durch ein Meisterwerk zum Fotostopp

Am Eingang zum Alten Elbtunnel (S. 93) steigen Sie eine gewundene Treppe 132 Stufen hinunter. Sie befinden sich unter der Elbe in einem Meisterwerk der Ingenieurbaukunst, dem ersten Flusstunnel Europas. Die zwei hell gekachelten, fotogenen Röhren führen etwa 430 m auf die andere Elbseite nach Steinwerder.

Steigen Sie aus dem Tunnel empor und machen Sie sich für den ersten Elphi-Selfie-Fotostopp bereit: Am Ufer, rechts gegenüber, glänzt sie in der Morgensonne.

10 Uhr: Fische, Schiffe, Elbe

Haben Sie den Weg zurück durch den Tunnel geschafft, ist es Zeit für einen ersten Imbiss. Stilecht sollte es ein Fischbrötchen sein. Frisch und lecker sind sie bei »Kapitän Schwarz«, dem Kiosk am Ausgang des Elbtunnels.

Danach geht es weiter an den ❶ ★★ Landungsbrücken (S. 92) vorbei auf der Elbpromenade zur HafenCity. Rechts von Ihnen Schlepper, Tanker, Hafenfähren – das pralle Leben. Nehmen Sie sich Zeit für die kurze Strecke und besichtigen Sie unterwegs die »Rickmer Rickmers« (S. 93) oder die »Cap San Diego« (S. 94). Ein Elphi-Fotomotiv folgt dem nächsten, denn nun steuern Sie direkt auf sie zu.

11 Uhr: Die Plaza lockt

An der U-Bahn-Haltestelle Baumwall biegen Sie rechts ab und

gelangen über die Niederbaumbrücke in die ㉙ HafenCity (S. 106). Das kleine gelbe Backsteinhäuschen (Alte Polizeiwache), an dem Sie vorbeikommen, ist als Drehort der Serie »Notruf Hafenkante« bekannt. Werfen Sie hier auf der Wilhelminen-Brücke einen Blick auf den Steinernen Orientteppich gegenüber, ein 27 m langes Mosaik.

Gehen Sie Richtung Wasser auf den Anleger Sandtorhöft. Sie stehen fast direkt am Fuße der Elphi. Was für eine Perspektive! Sie erblicken die Plaza – und auf diese Plattform wollen Sie jetzt auch. Sie sollten im Vorfeld für den Zeitraum ein Ticket (2 €) reserviert haben, um ohne Wartezeit nach oben zu gelangen. Die ❷ ★★ Elbphilharmonie (S. 96) er-

11 Uhr

17 Uhr

Die Glasfassade der Elbphilharmonie besteht aus 1100 gebogenen Elementen, je nach Lichteinfall ändert sich ihr Aussehen (links).

laubt durch ihre Fassade aus gebogenem Glas tolle Fotomotive.

13 Uhr: Kaffee mit Blick

Sie können unten am Wasser weiterlaufen oder weiter oben. Egal, wo Sie entlanggehen, gibt es viele Möglichkeiten zur Einkehr. Da, wo der Kaiserkai in den Großen Grasbrook mündet, liegt das Eiscafé Nice&Creamy, ein Nachbarschaftstreff: hausgemachte Köstlichkeiten und freundliche Gastgeber.

14 Uhr: Im Kaiserspeicher

Danach geht es weiter bis zum Magdeburger Hafen. Ein Abstecher ins 32 Maritime Museum (S. 110) bietet sich an. Ganz oben gibt es mal wieder Gelegenheit für ein Elphi-Selfie – eine ganz neue Perspektive.

15 Uhr: Kraft tanken

Noch viele Jahre wird in der HafenCity gebaut werden. Und auf den breiten Straßen herrscht leider viel Durchgangsverkehr. Tanken Sie Ruhe in der spirituellen Kapelle des Ökumenischen Forums an der Shanghaiallee. Mittags bimmelt die Glocke zur Andacht – ein ungewohnter Sound in dieser Gegend, nett ist das Café mit Terrasse.

17 Uhr: Öko-Apfel in der Markthalle

Gehen Sie nun durch den Lohsepark in den Oberhafen zur Hobenköök

Von den breiten Bänken im Baakenpark lässt sich der Sonnenuntergang mit Blick auf den Hafen wunderbar genießen.

18 Uhr

Auf 600 m² bietet die Hobenköök im Hamburger Oberhafen Lebensmittel von Produzenten aus der Region (oben).

(S. 91): Die Markthalle mit Restaurant bietet eine Stärkung und vor allem Produkte aus der Umgebung. Saisonal-regionale Genüsse seit 2018. Hier könnten Sie auch ein Mitbringsel erwerben. Werfen Sie einen Blick in die Gleishalle, manchmal finden dort Ausstellungen statt.

18 Uhr: Abschied in der Abendsonne

Jetzt ist es Zeit für ein Abschieds-Selfie am Baakenhafen. Einfach genial dieser Blick von den Bänken im Baakenpark oder von der Baakenbrücke weiter vorne auf Elphi, Schiffe und Hafen. In der Abendsonne glitzert es überall. Hier haben in den letzten Jahren einige Cafés und Bars eröffnet. Starten Sie doch mit einem Aperitif in den Abend!

Nice&Creamy
✝ 202 C1
✉ Großer Graasbrook 9
☎ 040 55 43 43 63
🕑 Mo–Fr 10–19, Sa/So ab 11 Uhr

Ökumenisches Forum
✝ 203 D1
✉ Shanghaiallee 12
☎ 040 369 00 27 80
🌐 www.oekumenisches-forum-hafencity.de
🕑 Kapelle tgl. offen, 15 Min. Andacht Mo, Mi, Fr, 13, Di, Do 18 Uhr

Hobenköök – Restaurant & Markthalle
✝ 203 D1
✉ Stockmeyerstr. 43
☎ 040 22 86 55 38
🌐 https://hobenkoeoek.de
🕑 Di–Sa ab 9 Uhr

MEIN TAG

❶ ★★ Landungsbrücken

Was?	Ein 700 m lange Pontonanlage
Warum?	Klassische Hafenrundfahrt mit den kleinen Barkassen, die auch in die Speicherstadt dürfen
Wann?	In den frühen Morgenstunden
Was noch?	Das Schlepperballett am Hafengeburtstag: Schiffe mit 5000 PS starken Motoren tanzen auf der Elbe
Was nehme ich mit?	Natürlich ein Fischbrötchen, was sonst!

Millionen Touristen kommen jährlich an die Landungsbrücken am Elbufer. Sie alle wissen warum: Hier schlägt das maritime Herz der Stadt. Auch die Hamburger selbst sind regelmäßig zu Gast an diesem Ort – nicht nur zum Sonntagsausflug.

Stadt und Hafen trennt die Norderelbe. Wer also in der Stadt wohnt und im Hafen arbeitet, muss die Elbe überqueren, ob nun über oder unter Wasser. Deswegen wurde der an dieser Stelle befindliche Anleger 1904–1910 durch eine 420 m lange Pontonbrücke zu den Landungsbrücken ausgebaut und nach den Kriegszerstörungen auf 700 m verlängert.

Bahnhof auf dem Wasser

Auch heute noch sind die Landungsbrücken, auf denen Sie je nach Wasserstand über bewegliche Brücken mal abwärts und mal aufwärts gelangen, vor allem ein Bahnhof auf dem Wasser. Am Morgen und Abend herrscht reger Fährbetrieb zu den Containerterminals. Dazwischen starten Barkassen und Fähren für die Hafenrundfahrten, Linienschiffe der HADAG und andere Ausflugsschiffe, etwa der Katamaran nach Helgoland. Schlendern Sie die Landungsbrücken entlang, oder noch besser: Machen Sie in einem der vielen kleinen Imbisse oder netten Restaurants eine Pause und bewundern Sie die punktgenauen Anlegemanöver der Kapitäne. Die verschiedenen Brücken sind nummeriert, und zwar von links Brücke 1 (bei der »Rickmer Rickmers«) bis nach rechts, Brücke 10. Gegenüber sehen Sie die beiden Musicalbauten;

Die St. Pauli Landungsbrücken (ganz links), wo u. a. auch die »Rickmer Rickmers« (links) vertäut ist, entstanden bis 1910. Der Alte Elbtunnel (oben) führt zu den Werften und dem Hafengebiet am südlichen Elbufer.

in einem läuft der Dauerbrenner »König der Löwen« (S. 20). Das Panorama ist großartig.

Meisterwerk der Ingenieurskunst

Fast zeitgleich mit den Landungsbrücken entstand der Alte Elbtunnel, ein für damalige Verhältnisse sensationeller Bau. Über 20 m tief unter dem Elbspiegel wurden die beiden Röhren durch den Sand getrieben. An beiden Enden errichteten die Architekten (die monatelang Vorbilder in England und den USA studiert hatten) Kuppelbauten mit großen Fahrstühlen, die fast ein Jahrhundert lang auch Autos beförderten. Der Tunnel ist für Privatwagen gesperrt, nur noch Rettungsfahrzeuge dürfen hier motorisiert fahren. Die vielen Fußgänger und Radler freut's!

Museale Schiffsbaukunst

Gleich an der Brücke 1 liegt das wunderschöne Segelschiff »Rickmer Rickmers«, 1896 von der gleichnamigen Reederei in Bremerhaven erbaut. Jahrzehntelang tat der Frachtsegler seinen Dienst in aller Welt, bis Portugal ihn unter dem Namen

»Sagres« als Kadettenschiff in Dienst nahm. 1983 sollte das Schiff abgewrackt werden. Zum Glück holte der Hamburger Verein »Windjammer für Hamburg« die »Rickmer Rickmers« – oder das, was noch von ihr übrig war – an die Elbe und restaurierte sie von Grund auf. Heute ist das Schiff ein anschauliches Museum aus Zeiten der »Kauffahrtei« (Seehandel).

Wie ein weißer Schwan liegt die »Cap San Diego« an der Überseebrücke. 20 Jahre schipperte der Dampfer über die Meere, dann kaufte der Hamburger Senat 1986 das kurz vor der Verschrottung stehende Schiff, um es »als bleibendes Zeugnis deutscher Schiffbaukunst«, als Museumsschiff, zu restaurieren. Auf dem Schiff mit originaler 1950er-Jahre-Einrichtung können Sie auch übernachten.

Schöner Flanieren

Jahrelang wurde die breite Promenade neu gestaltet. Jetzt kann man nicht nur schöner, sondern auch sicherer flanieren: Die Renovierung galt vor allem dem Flutschutz – und dieser wird in Richtung Innenstadt auch noch weiter aus- und aufgebaut.

Prächtiger Schiffskorso beim alljährlichen Hafengeburtstag Anfang Mai

KLEINE PAUSE
Im City-Sporthafen liegt **Das Feuerschiff** (ehemals im Einsatz auf der Nordsee als schwimmender Leuchtturm) mit Restaurant, Bar und einigen Hotelzimmern. Ein genialer Ort zum Schauen und Schmausen (www.das-feuerschiff.de, tgl. ab 9 Uhr).

✝ 202 A/B 1/2
🚇 S1, 3; U3 Landungsbrücken

Alter Elbtunnel
⊕ www.hamburg.de/alter-elbtunnel
🕐 für Radfahrer und Fußgänger tgl. rund um die Uhr
💰 frei

Rickmer Rickmers
✉ Brücke 1 ☎ 040 319 59 59
⊕ www.rickmer-rickmers.de
🕐 tgl. 10–18 Uhr 💰 6 €

Cap San Diego
✉ Überseebrücke ☎ 040 36 42 09
⊕ www.capsandiego.de
🕐 tgl. 10–18 Uhr 💰 9,50 €

Jazz-Zauber

Golden leuchten die Werftkräne im Abendlicht, Discokugeln senden glitzernde Punkte in den Himmel, auf der Bühne jamt Gregory Porter: Elbjazz-Zeit im Hamburger Hafen. Kein anderes Festival kreiert so zauberhafte Musikmomente in der Stadt. Barkassen schippern die Gäste zwischen Landungsbrücken, HafenCity und Werft hin und her.

Jedes Jahr an einem Wochenende Ende Mai/ Anfang Juni. Early-Bird-Tickets sind schnell ausverkauft, Karten für zwei Tage ab 139 €, www.elbjazz.de

❷ ★★ Elbphilharmonie

Was?	Hamburgs neues Wahrzeichen
Warum?	Ein Konzerthaus mit Hotel, Apartments, Restaurants – aufgesetzt auf einen alten Kakaospeicher
Wann?	Spät abends ist die Plaza oft menschenleer, der Blick ins nächtliche Hamburg fantastisch
Was noch?	Das Video mit musizierenden Fensterputzern in luftiger Höhe: auf YouTube, Stichwort WindowWaltz
Resümee	Über Hamburgs Zauberberg wird noch viel zu reden sein

Täglich Konzerte, fast immer ausverkauft, und seit der Eröffnung des Hauses 2016 waren Millionen von Menschen oben auf der Plaza. Die besten Künstlerinnen und Künstler der Welt geben sich die Klinke in die Hand. Superlative über Superlative. Die Elbphilharmonie ist Hamburgs Star.

Die Anfänge des Hauses steckten voller Probleme. 2007 beschloss die Hamburger Bürgerschaft den Bau, der fast zehn Jahre dauern sollte und richtig teuer wurde. Ursprünglich angesetzt waren 80 Mio. Euro. Die Kosten stiegen schließlich auf über 800 Mio. Euro. Monatelang standen die Bauarbeiten still. Man stritt und versöhnte sich wieder ...

An Weinterrassen erinnern die Zuschauerebenen in der Elbphilharmonie.

Ein schwingender Saal auf altem Speicher

1875 entstand der Kaispeicher A, das damals größte Lagerhaus des Hafens in der neuen Speicherstadt. Bis in die 1990er-Jahre lagerten hier Kakao, Tabak und Tee. Dann standen die Räume leer und wurden für Partys genutzt, bis ein Hamburger Ehepaar, Jana Marko und Alexander Gérard, die Idee eines Konzerthauses hoch auf dem Speicher entwickelten. Das renommierte Schweizer Architekturbüro Herzog & de Meuron zeichnete für die Initiatoren einen ersten Entwurf – der Rest ist Geschichte.

Plaza mit Aussicht

Der ehemalige Kaispeicher mit der geschwungenen Dachlandschaft, dessen Fassade aus 1100 gebogenen Glaselementen besteht, beheimatet zwei Konzertsäle – den Großen und den Kleinen Saal –, ein Hotel und 45 Luxus-Apartments. Die Terrasse zwischen Alt- und Neubau ist als Plaza bekannt. Sie bietet eine 360-Grad-Aussicht auf die Stadt und ist öffentlich zugänglich. Die 82 m lange Rolltreppe »The Tube« befördert die Besucher durchs Gebäude in 37 m Höhe.

Durch die sogenannte Weinberg-Architektur des Großen Saals sitzt kein Zuschauer weiter als 30 m vom Orchester entfernt, der Saal schwebt quasi im Gebäude, die Orgel ist in die Sitzreihen des Saals gebaut und besteht aus 7765 Pfeifen – das alles garantiert eine hervorragende Akustik. Beim Eröffnungskonzert am 11. Januar 2017 konnten sich die Zuschauer, darunter hochrangige Gäste aus Kultur und Politik, von dieser erstmals überzeugen.

Hamburgs spektakulärer Kulturtempel in der HafenCity: die Elbphilharmonie am Platz der Deutschen Einheit

Über-Akustik

Allerdings gibt es Kritik am Superbau: Die Treppen im Hauptsaal seien zu steil und dank der ausgefeilten Akustik wird jedes Blättern im Programmheft zur Raschelkatastrophe …

KLEINE PAUSE
Eine ganz eigene Perspektive auf das Konzerthaus bietet das Restaurant **Stricker's Kehr Wieder Spitze** (Am Sandtorkai 77, www.kehr-wieder-spitze.de, tgl. ab 12 Uhr). Nehmen Sie am besten in einem Strandkorb auf der Terrasse Platz.

✝ 202 B/C1
🚇 U3 Baumwall/Elbphilharmonie
✉ Platz der Deutschen Einheit
☎ 040 35 76 66-0

🌐 www.elbphilharmonie.de
🕙 Plaza tgl. 10–23 Uhr, letzter Einlass 23.20 Uhr
🎫 Zeitfenstertickets: 2 €

 ★★ St. Michaelis

Was?	Neben der Elphi Hamburgs wichtigstes Wahrzeichen
Warum?	Schönste nordische Barockkirche
Wann?	Täglich bläst der Türmer einen Choral
Wann noch?	Spätabends zum »Nachtmichel«
Was nehme ich mit?	Mini-Michel als Buchstütze für daheim

Der 132 m hohe Turm der evangelischen Hauptkirche St. Michaelis überragt fast die gesamte Innenstadt und prägt so mit die Silhouette. Die Hamburger lieben ihren »Michel«. Geht es dem Michel schlecht, dann eilen die Hamburger herbei. Das war früher so – und ist auch heute nicht anders.

Dreimal Feuer von oben

Zweimal musste das Gotteshaus komplett neu aufgebaut werden. Das erste Mal kam das Feuer von oben. Am 10. März 1750 traf ein »erschrecklicher Blitz« den Turm der 1648–1661 erbauten Kirche. St. Michaelis konnte nicht gelöscht werden. Nach den Plänen von Johann Leonhard Prey und Ernst Georg Sonnin entstand bis 1762 an derselben Stelle ein prachtvoller Barockbau. Erst 1786 war der kupferverkleidete Turm fertig, der mit seinen 132 m Höhe für Seefahrer weithin sichtbar war.

Der Michel, so wurde zunächst der Turm und dann die ganze Kirche genannt, wurde zu Hamburgs Wahrzeichen. Doch wieder kam das Feuer. Am 3. Juli 1906 brannte die Kirche erneut lichterloh, diesmal infolge von Bauarbeiten. Schon einen Tag später beschloss die Bürgerschaft den Wiederaufbau – an selber Stelle, in gleicher Gestalt. Im Bombenhagel des Zweiten Weltkriegs fiel ein Großteil der Kirche erneut in Schutt und Asche und wurde 1952 wieder aufgebaut.

Als 2020 die Besucherzahlen wegen Corona einbrachen, bildete sich sofort ein Bürgerbündnis: Rettet den Michel!

Barocke Pracht

Hell und licht präsentiert sich die Kirche innen mit einer blendend weißen Holzempore und hübsch geschwungenen Bänken, dazwischen glänzen Gold und Marmor. Trotz der

Pracht (der Bau gilt als schönste nordische Barockkirche) wirkt der Kirchenraum maßvoll und nicht protzig.

Ausblick nach 452 Stufen

Besichtigen Sie nicht nur das Kirchenschiff, sondern auch die Krypta, eine der größten und besterhaltenen barocken Grabanlagen in Europa. Hier finden Sie u. a. das Grab von Carl Philipp Emanuel Bach, dem zweiten Sohn von Johann Sebastian Bach. Als Nachfolger Telemanns war er 1768–1788 städtischer Musikdirektor.

Im großzügig gestalteten Besucherzentrum rechts vom Haupteingang gibt es nicht nur alle Infos, sondern auch schöne Michel-Souvenirs. 452 Stufen führen bis zur Aussichtsplattform des Turmes, für müde Beine gibt es bis kurz unter die Spitze einen Fahrstuhl. Ein fantastischer Ausblick erwartet Sie. Ist es gerade 10 Uhr morgens? Dann hören Sie die Türmer mit ihrer Trompete einen Choral aus den Turmfenstern über die Stadt blasen. Eine schöne Tradition (weitere Zeiten s.u.)

Gegenüber vom Michel befindet sich der Eingang zu den Krameramtsstuben, die zum Museum für Hamburgische Geschichte gehören (S. 134).

Um zur Aussichtsplattform des »Michel« zu gelangen, muss man mehr als 450 Stufen erklimmen – oder man nimmt den Fahrstuhl.

KLEINE PAUSE

Im Portugiesenviertel (Ditmar-Koel-Straße) gibt es Fisch, *galão* und *pastel de nata,* etwa im »Nau« (https://nau.hamburg). In derselben Straße stehen vier nordische Seemannskirchen, wie die dänische Benedikte-Kirche (www.skandinavien-in-hamburg.de), die auch über Cafés verfügen.

✢ 202 B2
🚌 Bus 16, 17 Michaeliskirche
✉ Englische Planke 1 A
☎ 040 37 67 80
🌐 www.st-michaelis.de
www.nachtmichel.de

🕘 Kirche, Turm tgl. ab ca. 9 Uhr bis in den frühen Abend, bei Gottesdiensten und anderen Events geschl.; Bläser Mo–Sa 10 und 21, So 12 Uhr; Nachtmichel: vgl. Website
💶 Krypta und Turm Kombiticket 10 €

Der berühmte »Michel«

Schon immer sahen die heimkehrenden Seeleute von ihrer Stadt zuerst den »Michel«. Heute besuchen jährlich über eine Million Touristen das alte Wahrzeichen Hamburgs.

❶ <u>Altar:</u> Der beeindruckende Altar von 1910 zieht sofort die Blicke des Betrachters auf sich.

❷ <u>Kanzel:</u> Als geschwungener Kelch aus Marmor steht die Kanzel frei im Raum. Otto Lessing schuf sie 1910 in Anlehnung an die Form des Vorgängers.

❸ <u>Taufbecken:</u> Das marmorne Taufbecken stifteten in Italien lebende Hamburger Kaufleute.

❹ <u>Große Orgel:</u> Die größte der drei Orgeln besteht aus 6697 Pfeifen, 86 klingenden Registern und fünf Manualen.

❺ <u>Aussichtsplattform:</u> Auf 106 m Höhe gelangt man über mehr als 400 Stufen oder mit dem Fahrstuhl.

❻ <u>Turmuhr:</u> Zifferblätter mit 8 m Durchmesser: die größte Turmuhr Deutschlands!

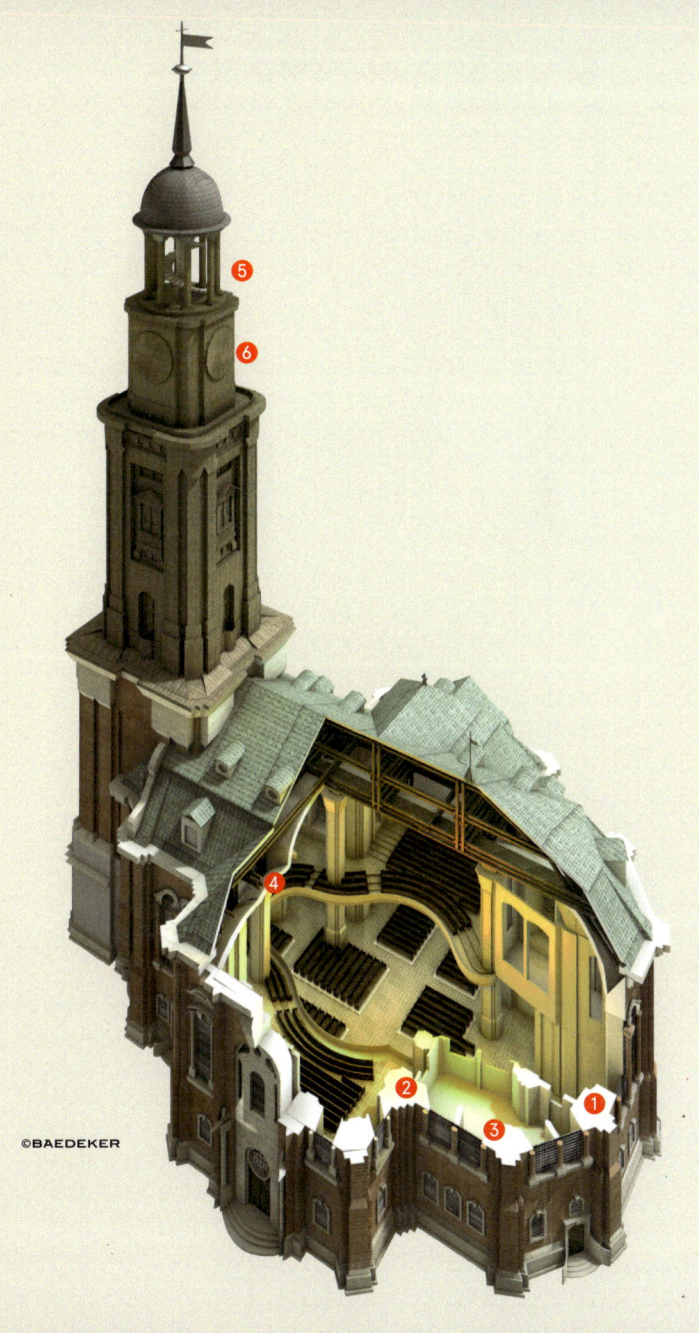

❹ ★★ Speicherstadt

Was?	Weltgrößter historischer Lagerhauskomplex
Warum?	Rundgang durch lebendige Geschichte
Wann?	Werktags, wenn das Viertel lebt
Was noch?	Nachts sind die Speicher beleuchtet – wunderschön!
Was nehme ich mit?	Den Duft von frisch gemahlenem Kaffee, der durch die Straßen zieht

Einst war die Speicherstadt ein zollfreies Gebiet. Hohe Zäune begrenzten sie, an den Zufahrten standen Wärterhäuschen. Doch die Relikte dieser Zeit verschwinden mehr und mehr, alles wird schicker und moderner. Nur der Kern der Speicherstadt, die alten Speicher, blieben, wie sie sind, schließlich sind sie UNESCO-Weltkulturerbe.

1881 hatte Hamburg auf massiven Druck des Reichskanzlers Bismarck die Zollanschluss-Verträge unterschrieben. Die Stadt konnte nicht einerseits Teil des Deutschen Reichs sein, andererseits ihren jahrhundertealten Status als Zollausland und Freihandelszone behalten. Als Ausgleich erhielt sie den Freihafen als zollfreie Zone. Am 29. Oktober 1888 wurde dieser von Kaiser Wilhelm II. mit großem Brimborium eingeweiht. Fortan entwickelte sich der Hafen als eigener, von der City unabhängiger Industriestandort. Die Zollfreiheit des Freihafens war ein entscheidender Grund für den enormen wirtschaftlichen Aufschwung, den Hamburg um die vorletzte Jahrhundertwende erlebte.

Fleete für Speicher

Der Bau der Speicherstadt kostete Ende des 19. Jhs. nicht nur viel Geld, er verlangte auch große Opfer. 24 000 Menschen hatten dort gelebt, wo sich heute die neogotischen Fassaden der Speicher reihen. Sie alle mussten dem Projekt weichen und wurden zwangsumgesiedelt. Während in der City die ersten Kontorhäuser hochgezogen wurden (S. 46), bauten verschiedene Architektenteams in mehreren Abschnitten die gesamte Speicherstadt zwischen Kehrwiederspitze und Altem Wandrahm. Fleete (schiffbarer Kanal) wurden neu ge-

Die Bootsfahrt durch die Speicherstadt ist ein beliebter Klassiker.

zogen, sodass alle Speicher von der Straßen- und Wasserseite beladen werden konnten. Im Inneren gab es meist nichts weiter als Lagerböden, getrennt durch Feuerschutzwände. Nach den Zerstörungen des Zweiten Weltkriegs prägte der Hamburger Architekt Werner Kallmorgen den Wiederaufbau: zum einen durch Rekonstruktionen, zum anderen durch funktionale Neubauten.

Geschichte live erleben

Lassen Sie ihr Auto stehen und entdecken Sie den Zauber dieses Ortes zu Fuß. Werktags kann man den alten Charme der Speicherstadt noch erkennen. Da werden Orient-Teppiche mit Aufzügen nach oben gehievt, Spediteure und Reeder fachsimpeln über den Weltmarkt und dicke Laster rumpeln über das Pflaster.

Das Speicherstadtmuseum gab es schon hier, als von einer HafenCity (S. 106) noch nicht einmal die Rede war. Die jahrzehntealte Sammlung ist liebevoll in authentischer Lagerhausatmosphäre zusammengestellt. Es gibt ein kleines Café und engagierte Mitarbeiter, die sich freuen, wenn Sie Fragen zur Geschichte der Speicherstadt stellen.

Um Empathie und Inklusion geht es im Dialoghaus: Wie erleben taube, blinde und sehr alte Menschen ihre Umwelt? Das können Sie hier erfahren, geführt werden Sie von Menschen, die gehörlos oder sehbehindert sind. Eine tolle Einrichtung, die Vorurteile und Barrieren überwinden will.

Wunderwelt im Kleinen

Schon weit mehr als 22 Millionen Menschen haben das Miniatur Wunderland besucht. Dabei war es anfangs nur eine verrückte Idee der Brüder Frederik und Gerrit Braun. 2001 wurde aus ihrem Traum Realität – und das Wunderland nach und nach die größte Modelleisenbahnanlage der Welt. Und sie wächst und wächst: Mittlerweile sind zwei Speicher (verbunden mit einer Brücke über das Fleet) belegt. Für 2024 ist die Eröffnung des Themengebiets »Monaco« mit Formel-1-Rennen geplant. Danach steht der südamerikanische Regenwald auf dem Plan.

Das Miniatur Wunderland hat über 4300 Häuser, 1100 Züge und 16 000 km Gleise verbaut.

Gewürze, Prototypen und Teppiche

Zwischen den Speichern verstecken sich viele wunderbare Museen, so das Zollmuseum, das Gewürzmuseum Spicy's, das Automuseum Prototyp und sogar ein afghanisches Teppichmuseum – alles fußläufig voneinander entfernt.

Unvergesslich ist eine Fahrt durch die Fleeten mit einer Barkasse (Tel. 040 609 297 65) oder ein Spaziergang zur Dämmerung, wenn die Backsteinbauten kunstvoll beleuchtet sind.

KLEINE PAUSE

Das **Fleetschlösschen** war mal Feuerwache, Toilettenhäuschen, Kaffeeklappe. Heute gibt es hier Fish 'n' Chips von Daniel Wischer direkt am Wasser (Brooktorkai 17, Tel. 040 30 39 32 10, http://fleetschloesschen.de, tgl. ab 10.30 Uhr).

✛ 202 B/C1
🚇 U3 Baumwall/Elbphilharmonie, U3 Rödingsmarkt, U1 Meßberg
🚌 Bus 6 St. Annen, Auf dem Sande

Speicherstadtmuseum
✉ Sandtorkai 36
☎ 040 32 11 91
⊕ www.speicherstadtmuseum.de
🕐 Mo–Fr 10–17, Sa/So bis 18, Nov.–Feb. Di–So 10–17 Uhr
💰 5 €

Dialoghaus in der Speicherstadt
✉ Alter Wandrahm 4
☎ 040 309 63 40
⊕ www.dialog-in-hamburg.de
🕐 tgl. 10–17 Uhr 💰 ab 22 €

Miniatur Wunderland
✉ Kehrwieder 2 ☎ 040 300 68 00
⊕ www.miniatur-wunderland.de
🕐 tgl., in der Regel 9–18, Sa/So bis 20 Uhr, in den Ferien und Fei länger
💰 20 €

Nordlicht an der Speicherwand

Wenn es dunkel wird, sieht man es: grün fluoreszierendes Polarlicht über dem weiß schimmernden Eismeer! Grönland liegt in Hamburg, konkret im Miniatur Wunderland (S. 105). Nur wenige Minuten dauert die künstliche Nacht im Speicher, dann ist es wieder hell. Wenn Sie sich vor den Mini-Landschaften nicht drängeln wollen, buchen Sie eine der Abendveranstaltungen, zum Beispiel die »Kulinarische Weltreise«. Da ist es lange nicht so voll und es gibt Aquavit und Lachs zum Nordlicht. Fantastisch!

㉙ HafenCity

Was?	Eines der größten innerstädtischen Bauprojekte Europas
Warum?	Modernes Viertel mit Wohnungen für ca. 16 000 Menschen, 45 000 Arbeitsplätzen, eine bebaubare Fläche von 157 ha
Was nicht vergessen?	Eine Windjacke, es zieht hier immer wegen der Fallwinde in den Häuserschluchten und von der Elbe her
Was nicht?	Unbedacht Parken bei Hochwassergefahr
Was nehme ich mit?	Neubewohner der HafenCity sind begeistert von ihrem Viertel. Würden Sie gerne hier wohnen?

Mit der HafenCity holen sich die Hamburger ihren Hafen zurück in die Stadt. Nur 800 m sind es von hier zu Alster und Rathaus. City, Speicherstadt und HafenCity wachsen zusammen. Der nächste Schritt ist dann der »Sprung über die Elbe«.

Am Anfang dachten die meisten Hamburger nur: »So ein Quatsch!« Die Pläne hörten sich zu verrückt an: neuer Wohnraum für Zehntausende Menschen, dazu neue Arbeitsplätze, Parks und Straßen auf den alten Hafenkais, also dort, wo Ende der 1990er-Jahre noch Baracken herumstanden und Stückgutfrachter be- und entladen wurden.

1997 hatte der damalige Bürgermeister Henning Voscherau die Pläne für eine Neunutzung des Hafens und den Bau der HafenCity präsentiert. Die Zahlen blieben abstrakt, bis die ersten Bewohner einzogen. Mittlerweile gibt es Schulen, eine Universität, Grünanlagen und Geschäfte. An lauen Sommerabenden strömen Hamburger und Touristen hierher, fast wöchentlich eröffnen neue Cafés und Lokale. Kein Zweifel, die HafenCity füllt sich mit Leben.

Trotzdem wirkt vieles immer noch ein wenig kalt – liegt es an der Architektur? Kritiker jedenfalls bemängeln die Einfallslosigkeit, vor allem der vielen Bürobauten.

Temporäres Info-Center

Jahrelang befand sich das HafenCity-Infocenter im historischen Kesselhaus in der Speicherstadt. Ende 2023 zog es in den kleinen Pavillon Osaka 9 an der Promenade des Magde-

Der Sandtorkaihafen ist heute Wohnquartier mit Traditionsschiffhafen.

Der »Spiegel« hat seinen Hauptsitz 2011 an die Ericusspitze in der HafenCity verlegt.

2018 wurde der Baakenpark in der HafenCity eröffnet; Blickfang der 16 000 m² großen Anlage ist der 15 m hohe »Himmelsberg«.

Für den Hafen-City-Überblick: View Point

burger Hafens. Dort bleibt es, bis der Neubau am Dalmannkai Ende 2025/Anfang 2026 fertig ist.

Von hier aus ist es nur ein Sprung bis zum Kaiserkai und der Elbphilharmonie (S. 96). Rechts von der »Elphie« führt eine Zugbrücke zum Sandtorkai und zur U-Bahn Station. Die geht immer dann hoch, wenn eines der schönen alten Schiffe den Traditionsschiffhafen verlässt.

Weiter Richtung Elbe fällt auf, dass alle Gebäude extra hoch platziert sind. Die HafenCity liegt außerhalb der deichgeschützten Innenstadt. Bei Hochwasser müssen alle Bewohner über Brücken evakuiert werden können.

Entwicklung von West nach Ost

Der Blick ist das Wichtigste in der HafenCity. Kein Wunder also, dass die Wohnungen am Strandkai zu den teuersten in ganz Hamburg zählen. Dahinter entsteht das riesige neue Einkaufszentrum Westfield. Ein Zankapfel, denn die Hamburger fürchten um ihre Geschäfte in der City. Die Megamall mit mehr als 200 Geschäften auf drei Ebenen zielt eher auf Touristen ab und soll im Frühjahr 2024 eröffnen.

Die Entwicklung der HafenCity erfolgt von West nach Ost, mitten im Zentrum liegt der Magdeburger Hafen. Dahin führt die kleine Koreabrücke, an deren Fuß eine Statue von Klaus Störtebeker steht. Die Klinkerbauten schräg gegenüber, etwa der mächtige Kaispeicher B, in dem sich heute das Maritime Museum (S. 110) befindet, sollen nach dem Willen der Stadtplaner die historische Speicherstadt ergänzen. Das gelingt mal mehr und mal weniger gut. Wie so vieles in der HafenCity wirkt etwa der meterhohe Arkadengang schlicht überproportioniert. Fallen Ihnen Windräder auf einem Dach auf? Es handelt sich um die Deutschlandzentrale von Greenpeace, das Foyer ist offen für Besucher.

Großes Miteinander

Im Lohsepark, der grünen Lunge der HafenCity, treffen sich die Anwohner zum Grillen, zur Apfelernte und zu Sommerfesten. Auf manche Besucher mögen die Wohnbauten klotzig wirken, die HafenCity-Bewohner selbst sind zumeist begeistert von ihrem Viertel. Hier wohnen viele junge Familien – Baugemeinschaften und Genossenschaften sorgen für relativ günstigen Wohnraum. Und gerade weil hier alle neu sind, gibt es ein großes Miteinander in Initiativen und Vereinen.

Im Lohsepark liegt auch die offizielle Hamburger Gedenkstätte für die in der Nazizeit deportierten Juden. Die Freiluftanlage erinnert an die Gleise des Hannoverschen Bahnhofs, der hier einst stand. Hier oder in der kleinen Kapelle des Ökumenischen Forums an der Shanghaiallee kann man der Opfer gedenken.

Himmelsberg und Wolkenkratzer

Am Ende der Baakenhafenbrücke sehen Sie den orangefarbenen View Point schon von Weitem. Vom 13 m hohen Turm haben Sie einen guten Überblick über die letzten Bauabschnitte der HafenCity in Richtung Osten.

Ein echter Hingucker ist der künstliche Himmelsberg im Baakenpark. Rund 3000 Wohnungen entstehen drumherum, es gibt Geschäfte, Wasserpromenaden mit Cafés, Kitas, eine Schule (ab 2024) und andere Einrichtungen. Ganz am Ende liegen die Elbbrücken mit ihrer stylischen U- und S-Bahn-Station. Dort soll sich in wenigen Jahren auch Hamburgs erster echter Wolkenkratzer mit einer öffentlichen Aussichtsplattform auf 220 m in die Höhe schrauben.

KLEINE PAUSE

Die **Yokohama Coffee Bar** liegt direkt am Lohsepark und ist ein echter Nachbarschaftstreff. Leckerer Kaffee und Snacks (Yokohamastr. 10, tgl. spätestens ab 9 Uhr).

✣ 202/203 B–E1
🚇 U4 Überseequartier, HafenCity/Universität
🚌 Bus 111 Shanghaiallee
⊕ www.hafencity.com

Info-Center im Osaka-9-Pavillon
✣ 197 E1
🚌 Bus 111 Osakaallee
✉ Osakaallee 9
⊙ Öffnungszeiten bei Redaktionsschluss noch ungeklärt

Nach Lust und Laune!

30 Deichstraße

Der Name des in Haus Nummer 25 beheimateten Restaurants sagt alles: »Zum Brandanfang«. Hier brach am 5. Mai 1842 der Große Brand aus, der in wenigen Tagen fast die gesamte mittelalterliche Innenstadt und damit viele Kostbarkeiten zerstörte. 1972 gründete sich der Verein »Rettet die Deichstraße« und machte seinem Namen alle Ehre. Schließlich finden sich in der Deichstraße die wenigen Fachwerkhäuser, die Brand, Krieg oder städtische Abrissprogramme überstanden haben.

Hübsch ist es hier, aber viele Hamburger fühlen sich in der putzigen Straße trotzdem ein wenig fremd, als wäre man in Dinkelsbühl. Mit Touristen jedoch geht man gern hierher, isst gut und erzählt dann von der schrecklichen Feuersbrunst, die dazu geführt hat, dass Städteplaner wie Gottfried Semper und Alexis de Chateauneuf ein vollkommen neues Hamburg schaffen konnten – z. B. den Rathausmarkt und den Ballindamm.

✣ 202 C2
🚇 U3 Baumwall/Elbphilharmonie

31 Nikolaikirchturm

Schon im 12. Jh. stand an dieser Stelle eine erste Kapelle. Nach dem Brand von 1842 wurde die Kirche von dem englischen Architekten George Gilbert Scott im Stil einer romantisch-mittelalterlichen Kathedrale wieder aufgebaut. Im Zweiten Weltkrieg brannte die riesige Kirche aus. Nur der 147 m hohe Turm hielt den Bombenangriffen stand. Er ist heute das zentrale Hamburger Kriegsmahnmal. Wer wissen will, was Hamburg im Zweiten Weltkrieg erlitten hat, sollte die großartige Ausstellung unter der Kirche besuchen oder zumindest mit dem gläsernen Fahrstuhl hoch auf den Turm fahren: Diese Bilder vergisst niemand!

✣ 202 C2
🚇 U3 Rödingsmarkt
✉ Willy-Brandt-Str. 60
☎ 040 37 11 25
🌐 www.mahnmal-st-nikolai.de
🕐 Mi–Mo 10–18 Uhr
💶 6 € inkl. Fahrstuhltour

32 Maritimes Museum

Wussten Sie, dass es Modellschiffe aus getrockneten Nelken gibt? Oder aus Bernstein? Das Museum bietet jedoch weit mehr als diese hübschen kleinen Kuriositäten. Gestiftet wurde die weltgrößte

Mittelalterliche Fassaden an der Deichstraße

Internationales Maritimes Museum im Kaiserspeicher B

Privatsammlung zur Geschichte der Seefahrt von Peter Tamm, einst Chef des Springer-Verlags; die Renovierung des prachtvollen Speichers spendierte die Stadt. Was Sie sehen: Schiffe, Schiffe, Schiffe – vom Minimodell bis zum Original ist alles dabei.

✝ 203 D1
🚌 Bus 6 St. Annen
✉ Koreastr. 1
☎ 040 30 09 23 00
🌐 www.imm-hamburg.de
🕐 tgl. 10-18 Uhr 💰 15 €

33 Hafenmuseum

Jahrzehntelang lag das Hafenmuseum im Dornröschenschlaf: Alte Pötte, Bagger, Schuppen, alles liebevoll verwaltet von vielen ehrenamtlich werkelnden Freunden der Schifffahrt. Doch nun ist die »Peking« da, Hamburgs zweiter historischer Großsegler. Das Hafenmuseum soll und wird wachsen, auch zum Grasbrook hin, wo in einigen Jahren ein moderner Neubau die Geschichte des Hafens erzählen soll. Doch ob schon Aufbruch oder noch Schlummerdasein – dieser Ort am Hansahöft auf der Südseite der Elbe gehört zu den spannendsten Ausflugszielen innerhalb der Stadt.

Die schönste Anfahrt erfolgt mit einem Schiff der Maritimen Circle Linie. Diese Hop-on-Hop-off-Hafenrundfahrt macht an insgesamt acht Stationen im Hafen Halt. Abfahrt an den Landungsbrücken (Brücke 10, www.maritime-circle-line.de).

✝ 202 südlich C1
🚌 U/S Veddel, von dort Bus 256 oder zu Fuß (1,2 km)
✉ Aureliastraße, Schuppen 52
☎ 040 73 09 11 84
🌐 www.hafenmuseum-hamburg.de
🕐 Mo, Mi-Fr 10-17, Sa/So bis 18 Uhr, Nov.–März Winterpause
💰 6,50 €

34 BallinStadt

1,9 Mio. Menschen starteten zwischen 1891 und 1914 von Hamburg aus in die Neue Welt. In den original wiederaufgebauten Backsteinbaracken wird die Geschichte lebendig nacherzählt. Wer will, kann sogar online nach den eigenen Vorfahren suchen.

✝ 203 südlich F1
🚌 S3 Hamburg-Veddel
✉ Veddeler Bogen 2
☎ 040 319 79 16-0
🌐 www.ballinstadt.de
🕐 tgl. 10-18, Nov.–März bis 16.30 Uhr
💰 13 €

NACH LUST UND LAUNE!

Wohin zum ... Essen und Trinken?

Preise für ein Hauptgericht ohne Getränke:
€ unter 15 Euro
€€ 15 bis 30 Euro
€€€ über 30 Euro

RESTAURANTS

Al Lido €–€€
Netter, »normaler« Italiener am Kaiserkai. Auch prima für Gruppen. Gern von Nachbarn frequentiert, die zum Feierabend und am Wochenende einkehren. Schöne Terrasse.
✝ 196 C2 ✉ Am Kaiserkai 13
☎ 040 23 88 25 75
⊕ www.allido-hamburg.de
◐ Di–Fr ab 11.30, Sa/So ab 14.30 Uhr

Brook €€
Wenn Sie Glück haben, erwischen Sie im noblen Brook einen Platz mit Blick auf die Speicherstadt. Designfans werden sich in dem kühlen Ambiente, das durch Kerzenschein aufgelockert wird, wohlfühlen. Und auch die Geschmacksnerven werden nicht enttäuscht. Das freundliche Personal serviert kunstvoll angerichtete Crossover-Gerichte.
✝ 197 D2 ✉ Bus 6 Brandstwiete
✉ Bei den Mühren 91
☎ 040 37 50 31 28
⊕ www.restaurant-brook.de
◐ Di–Sa 12–15 und 18–22.30 Uhr

Carls Brasserie und Bistro €–€€
Großstädtisch und elegant – fast fühlt man sich wie in Sydney: Die Fassade der Elbphilharmonie erhebt sich direkt vor den Seitenfenstern. Im Bistro vorne gibt es Snacks, unten im Souterrain oft Familienfeiern.
✝ 196 C1 ✉ Bus 111 Elbphilharmonie
✉ Am Kaiserkai 69 ☎ 040 300 32 24 00
⊕ https://carls-brasserie.de ◐ tgl. ab 12 Uhr

Deichgraf €€
Die einen nennen es gediegen, andere bieder, doch eines steht außer Frage: Die bürgerliche Küche, z. B. Scholle Finkenwerder Art mit Speck und Bratkartoffeln, ist in diesem Haus in der historischen Deichstraße hervorragend.
✝ 196 C2 ✉ U3 Baumwall/Elbphilharmonie
✉ Deichstr. 23 ☎ 040 36 42 08
⊕ www.deichgraf-hamburg.de
◐ Di–Sa ab 12 Uhr

Oberhafen-Kantine €–€€
Ausflug in die Vergangenheit: Das windschiefe Häuschen sieht aus wie vor beinahe 100 Jahren, als es als Kantine für Hafen-

Bau mit Schlagseite: Oberhafen-Kantine

arbeiter gebaut wurde. Auf der Karte stehen »Rundstück warm« und Labskaus. Beliebt in der Nachbarschaft ist das »Abendbrot« an langer Tafel. Bei Hochwasser ist geschlossen, sonst gäbe es nasse Füße.
✝ 197 F1 ✉ U1 Meßberg
✉ Stockmeyerstr. 39
☎ 040 32 52 74 14
⊕ www.oberhafenkantine-hamburg.de
◐ Mi–So ab 12 Uhr

The Table €€€
Ein langer Tisch, ein Menü, ein köstlicher Abend: Wenn Hamburgs einziger Drei-

Das Restaurant Schoppenhauer residiert in einem Fachwerkhaus aus dem Jahr 1633.

Sterne-Koch Kevin Fehling mit seinem Team am Herd steht, haben alle 20 Gäste freien Blick auf außergewöhnliche Kochkunst. Auch Sommelier David Eitel gehört zur Spitzenklasse. Selbstredend sehr teuer. Online bis zu drei Monate im Voraus reservierbar.
- 203 D1 Bus 111 Koreastraße
- Shanghaiallee 15
- 040 22 86 74 22
- https://thetable-hamburg.de
- Di–Sa ab 19 Uhr

Ta Vegan House €
Mitten im Portugiesenviertel, zwischen Grillfisch und Fleischspießen, hat sich das hochklassige vegane Haus etabliert; im Sommer sitzt man hübsch auf der Straßenterrasse. Hier gibt's vietnamesische Küche von bester Qualität, reservieren ist ratsam.
- 202 A2 S1, 3; U3 Landungsbrücken
- Reimarusstr. 13
- 0174 828 58 14
- www.taveganhouse.com
- tgl. ab 11.30 Uhr

Ti Breizh €€
Rustikal bretonisch geht es zu in dem kleinen Kontorhaus, in dem auf zwei Etagen Crêpes, Galettes und Cidre aus Steingutbechern serviert werden. Souvenir gefällig? Fischer-Mode und Feinkost gibt's ebenso.
- 196 C2 U3 Baumwall/Elbphilharmonie
- Deichstr. 39
- 040 37 51 78 15 www.tibreizh.de
- tgl. ab 12 Uhr

Weinrestaurant Schoppenhauer €€
In der nahen Deichstraße tummeln sich die Touristen, im versteckt liegenden Schoppenhauer treffen sich Hamburger, die in dem 400 Jahre alten Speicher gerne Familienfeste feiern. Die Speisen sind bürgerlich, die Weinkarte ist lang.
- 197 D2 Bus 4, 6 Brandstwiete
- Reimerstwiete 20
- 040 37 15 10
- www.restaurant-schoppenhauer.de
- Mo–Sa ab 17, So ab 18 Uhr

CAFÉS

Le Jardin Cafe Flower €
Blumenladen mit Café und Terrasse direkt am Baakenhafen. Es gibt auch leckere Cocktails, kleine Speisen. Die ganze Familie packt mit an, sympathisch und freundlich.
- 203 E1 U4 Hafenctiy Universität
- Versmannstr. 16
- https://le-jardin.net tgl. ab 10 Uhr

Wasserschloss
Im meistfotografierten Haus der Speicherstadt hat man im Café-Restaurant ein Faible für feinen Tee. Wer immer schon einmal wissen wollte, wie echter Matcha schmeckt: Auch der wird fachmännisch und mit Liebe zubereitet.
☩ 203 D2 🚇 U1 Meßberg
✉ Dienerreihe 4
☎ 040 558 98 26 40
🌐 www.wasserschloss.de
🕐 tgl. ab 10 Uhr

Wohin zum … Einkaufen?

Andronaco
Fußläufig zur Elbphilharmonie liegt Italien – oder zumindest das, was das Lebensgefühl, ausmacht. Gelato, Vino, Käse, Pasta, Biscotti – im Grande Mercato gibt es italienische Spezialitäten. Wer nicht selbst kochen will, bestellt sich eine Pizza aus dem Holzofen.
☩ 202 C1 🚌 Bus 111, 6 Am Sandtorkai
✉ Am Sandtorkai 44
☎ 040 76 79 43 90
🌐 www.andronaco.info
🕐 Mo-Sa 11.30-21 Uhr

Frank Bürmann gestaltet Kleidung, Taschen und andere Alltagsgegenstände unter dem Label The Art of Hamburg.

The Art of Hamburg
Am Hafen war Hamburg noch nie schnieke – und deswegen sehen die »Maschinistinnen«-T-Shirts auch tatsächlich aus wie ölverschmiert. Sind sie natürlich nicht, sondern allesamt von Hand mit Farbe bearbeitet, so wie auch die Halstücher, Taschen und anderen Kleinigkeiten. Anker, Hammaburg, Fisch und Schiff prangen auf allem – und jedes Stück ist ein Unikat von Künstler Frank Bürmann.
☩ 202 B2 🚇 U/S Landungsbrücken
✉ Ditmar-Koel-Str. 19
☎ 040 41 42 44 19
🌐 https://the-art-of-hamburg.de
🕐 Mo-Sa 11-19 Uhr

Feinkunst Krüger
Seit über 30 Jahren fördert die kleine Galerie junge Kunstschaffende. Viele von ihnen hatten hier ihre erste Einzelausstellung und konnten sich später erfolgreich auf dem Kunstmarkt etablieren.
☩ 202 B2 🚌 Bus 3, 112 J.-Brahms-Platz
✉ Kohlhöfen 8
☎ 040 31 79 21 58
🌐 www.feinkunst-krueger.de
🕐 Do-Sa ab 12 Uhr

Simone Overberg
Filigran sind die Schmuckstücke, die Simone Overberg entwirft. Ihre besondere Leidenschaft fürs Meer können viele der Ringe und Ketten nicht verbergen. Wer mag, belegt einen Goldschmiedekurs.
☩ 202 B2 🚇 S1, 3; U3 Landungsbrücken
✉ Ditmar Koel-Str. 22
☎ 0176 23 92 46 31
🌐 www.simone-overberg.de
🕐 Di-Fr 12.30-19, Sa 12-16 Uhr

Wohin zum … Ausgehen?

BARS UND CLUBS

Club 20457
Ihren Namen hat die Bar nach der Postleitzahl der Hafencity, 20457. Doch eigentlich müsste sie »Toni« heißen, denn keiner ist bekannter im Viertel als der ehemalige Bänker, heutige Barbesitzer, Veranstalter und Ideengeber Antonio, kurz Toni, Fabrizi.

Immer in Begleitung seines Hundes, immer mit guter Laune.
✝ 203 D1 🚇 U4 Überseequartier
✉ Osakaallee 8
☎ 0176 30 78 23 72 ⊕ www.club20457.com
🕐 Mo–Fr ab 18, Sa ab 20 Uhr

StrandPauli
Der Beachclub an der Hafenstraße hält sich wacker. Schöne Stelle mit direktem Blick auf Containerpötte und Hafenbetrieb. Im Winter gibt's Glühwein in der Holzhütte, im Sommer Caipi mit Sandstrand. Gute Stimmung garantiert.
✝ 201 F1 🚇 S1, 3; U3 Landungsbrücken
✉ Hafenstr. 89
⊕ www.strandpauli.de
🕐 im Sommer tgl. ab ca. 11 Uhr; im Winter geänderte Zeiten; witterungsabhängig

The Boilerman
Schicke Bar im alten Hafenamt im Überseequartier mit ebenso hippen Restaurant (und Hotel) im selben Haus. Spezialisiert auf Drinks mit Rum.
🚌 Bus 111 Osakaallee
✉ Osakaallee 12/Eingang Überseeboulevard
☎ 040 55 55 75 440
⊕ www.boilerman-hafenamt.de
🕐 tgl. ab 17 Uhr

20up
Tolle Drinks und ein großartiger Blick – die Bar gab es schon, als die Elphi noch im Bau war. Und schon damals war sie immer gut besucht. Das erste Hamburger Hochhaus von Stararchitekt David Chipperfield.
✝ 202 A2 🚇 S1, 3; U3 Landungsbrücken
✉ Bernhard-Nocht-Str. 97
☎ 040 31 11 97 04 70
⊕ www.empire-riverside.de
🕐 tgl. ab 18 Uhr

KABARETT

Das Theaterschiff
Europas einziges hochseetüchtiges Theaterschiff, 2020 komplett renoviert, schaukelt sanft im Nikolaifleet. Sein Markenzeichen: musikalisch-satirisches Entertainment (Kabarett und literarische Abende).
✝ 201 C2 🚇 U3 Rödingsmarkt
✉ Holzbrücke 2
☎ 040 69 65 05 60
⊕ www.theaterschiff.de
🕐 19.30 Uhr (Spielplan online)

Spektakuläre Aussicht aus 90 m Höhe: Bar »20up« des Empire Riverside Hotels

WOHIN ZUM ...

Berühmte Leuchtreklame des Musikclubs in der Großen Freiheit 36 in St. Pauli

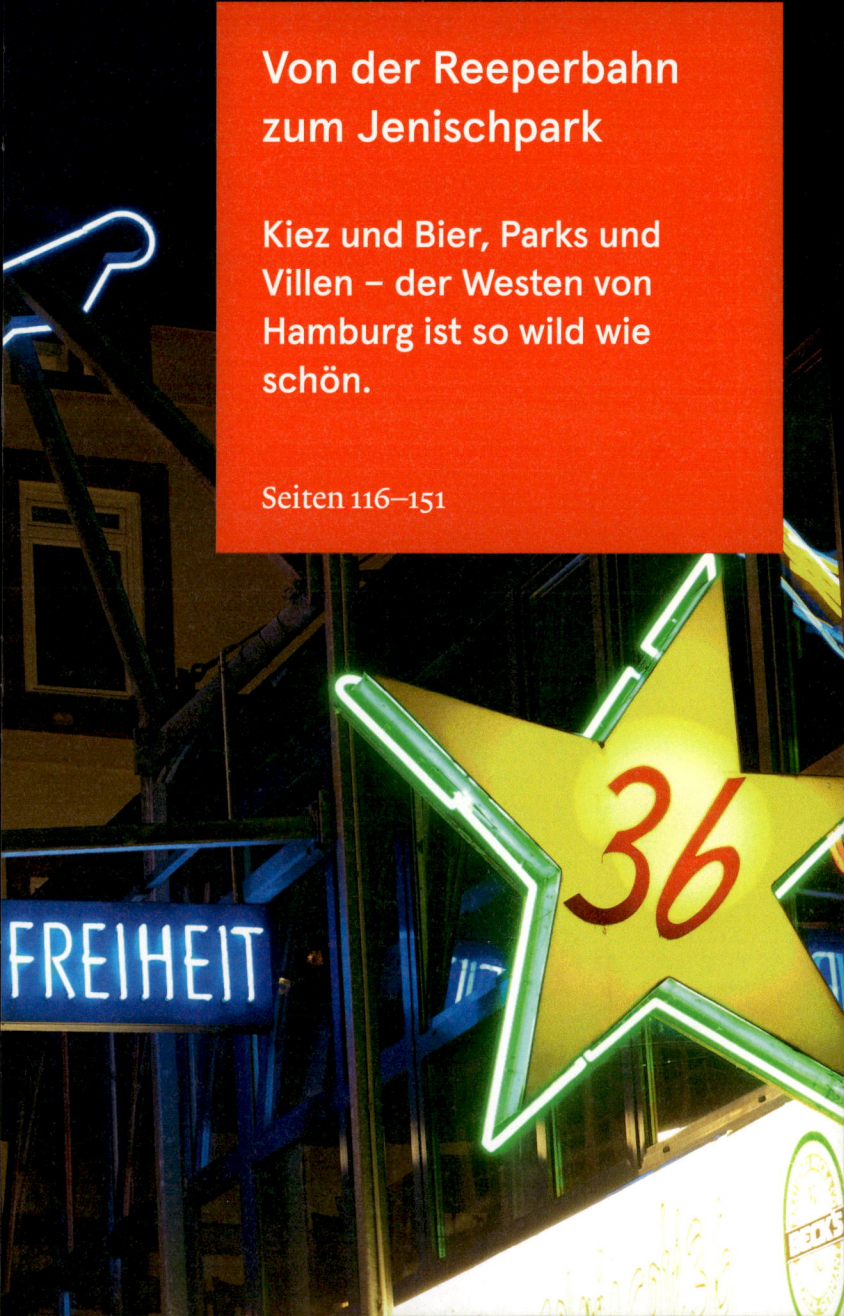

Von der Reeperbahn zum Jenischpark

Kiez und Bier, Parks und Villen – der Westen von Hamburg ist so wild wie schön.

Seiten 116–151

Erste Orientierung

Hamburg ist eine Stadt mit vielen Gesichtern: Es gibt quirlige Viertel wie St. Pauli mit der Amüsiermeile Reeperbahn. Und es gibt feine, ruhige Wohngegenden. Was die unterschiedlichen Orte verbindet? Die Elbe.

So ist es eben: Ein Großteil aller Hamburg-Touristen denkt zuallererst an die Reeperbahn, an Hamburgs »sündige Meile«, den Dreh- und Angelpunkt des Hamburger Nachtlebens im Viertel St. Pauli. Und natürlich sollte man sie gesehen haben. Von dort aus ist die Große Elbstraße nur einen Sprung entfernt. Sie führt auf direktem Weg nach Övelgönne, ins ehemalige Fischerdorf mit seinen wunderschönen alten Fachwerkhäusern und seiner einmaligen Lage direkt am Wasser – ohne Zugang für Autos. Der Jenischpark, in Hamburgs Westen gelegen, gehört zu den schönsten Ausflugszielen in der Stadt. Hierher radeln die Besucher aus dem Zentrum für ein Picknick mit Elbblick, um ihren Hund auszuführen oder um die Enten im kleinen Wildbach zu zählen. Ein zauberhafter Ort.

TOP 10
- ❼ ★★ Reeperbahn
- ❿ ★★ Övelgönne

Nicht verpassen!
- ㉟ Museum für Hamburgische Geschichte
- ㊱ Große Elbstraße
- ㊲ Elbchaussee

Nach Lust und Laune!
- ㊳ Altonaer Museum
- ㊴ Loki-Schmidt-Garten
- ㊵ Ottensen
- ㊶ Jüdischer Friedhof Königstraße
- ㊷ U-434

Mein Tag am Strand

Strandtag? Genau. Heute lernen Sie eine von Hamburgs schönsten Seiten kennen. Klar, Sonne wäre dafür schon von Vorteil. Aber selbst bei Schmuddelwetter hat das Elbufer seinen Reiz.

15 Uhr: Strand-Feelin
18 Uhr: Lagerfeuer mit Gitarre
17 Uhr: Sr im Strand

🕙 10 Uhr: Fischbrötchenfrühstück

Stilecht den Tag beginnen? Das geht am besten mit einem Fischbrötchen und einem Kaffee an den ❶ ★★ Landungsbrücken (S. 92). So gestärkt geht es dann erst mal aufs Wasser.

🕙 11 Uhr: Den Überblick gewinnen

Mit der Schiffslinie 62 fahren Sie von den Landungsbrücken bis zum Dockland (S. 136). So heißt nicht nur der Anleger, sondern auch das Haus mit der für Besucher frei zugänglichen Dachtreppe. Erklimmen Sie die 45 m. Oben schweift der Blick über die Skyline der Stadt.

Wieder unten angekommen, spazieren Sie gemütlich entlang der ❸⓺ Großen Elbstraße (S. 135) in Richtung ❿ ★★ Övelgönne (S. 130).

🕙 12 Uhr: Alte Pötte

Etwa zwanzig wunderschöne alte Traditionsschiffe liegen im

14.30 Uhr: Alter Schwede

13 Uhr: Treffpunkt mit Tradition

11 Uhr: Den Überblick gewinnen

11 Uhr

12 Uhr

10 Uhr

Start

13 Uhr

12 Uhr: Alte Pötte

10 Uhr: Fischbrötchenfrühstück

Museumshafen Övelgönne (S. 131). Auf vielen Schiffen kann man mitfahren. Vor allem beim alljährlichen Hafengeburtstag.

13 Uhr: Treffpunkt mit Tradition

Nirgendwo lässt sich eine kleine Mittagsrast besser einlegen als in der Strandperle (S. 132). Holen Sie sich eine Fischfrikadelle, dazu ein Alsterwasser und genießen Sie die Atmosphäre am Elbstrand mit Blick auf die Containerbrücken, am besten in einem der Liegestühle.

14.30 Uhr: Alter Schwede

Verlassen Sie hier kurz den Strand und laufen entlang der hübschen Häuserzeile direkt am Elb-

Die Strandperle ist ein berühmter Treffpunkt am Elbstrand (rechts oben). Das futuristische Bürogebäude Dockland ragt wie ein Schiffsbug über die Elbe (unten).

13 Uhr

11 Uhr

14.30 Uhr

Hinter dem Elbstrand liegen die Kapitänshäuser von Övelgönne.

ufer (S. 130). Hier sollen noch heute Kapitäne wohnen. Biegen Sie am Ende des Weges wieder Richtung Wasser. Am Ufer sehen Sie einen riesigen Findling. Der Alte Schwede hat ein Gewicht von 217 t und einen Umfang von 19,7 m bei einer Höhe von 4 m. Er wurde 1999 bei Ausbaggerarbeiten in der Elbe gefunden und ist der älteste je in Deutschland entdeckte Großfindling.

15 Uhr: Strand-Feeling

Bleiben Sie einfach ein paar Stunden am Strand sitzen und genießen Sie das Urlaubsgefühl. Viele Hamburger kommen in heißen Sommermonaten zum Baden hierher. Die Wasserqualität ist gut, doch Experten warnen vor dem Sog und dem Schwall der Bugwellen. Die Fahrrinne der großen Pötte ist nur wenige Meter entfernt. Bleiben Sie lieber am Ufer.

17 Uhr: Snack im Strandkorb

Sie hören Motorenlärm direkt über sich? Dann landet vermutlich gerade wieder ein Flugzeug bei Airbus am anderen Elbufer. Flugzeuge gab es hier auch schon früher. 1925 wurde Deutschlands erste Wasserfluglinie zwischen Hamburg und Dresden genau hier gegründet.

`15 Uhr`

Am Nordufer der Elbe lassen sich nicht nur Sommertage wundervoll verbringen: Man sitzt auf dem breiten Sandstrand, sieht die Pötte vorbeiziehen und beobachtet das Treiben ringsum.

Das historische Firmengebäude steht noch und ist zu einem schönen Ausflugstreff ausgebaut worden: In der Brücke 10 im Strandhaus stehen Strandkörbe auf der Terrasse bereit. Genau das richtige Ambiente für einen Snack.

18 Uhr: Lagerfeuer mit Gitarre

Die beste Idee bei gutem Wetter: am Strand bleiben. An lauen Sommerabenden flackern hier (leider nicht nur an offiziell zugelassenen Feuerstellen) Lagerfeuer. Gitarrenklänge wehen herüber. Wo sind Sie noch mal? Mitten in Hamburg? Kann nicht sein.

Es sind nur 1,5 km bis zum Anleger Teufelsbrück. Von dort fahren Busse zurück ins Zentrum.

Der beschriebene Fußmarsch bis Teufelsbrück ist insgesamt nicht einmal 8 km lang. Ginge also auch alles viel schneller. Aber Sie sind ja hoffentlich im Urlaub und haben Zeit!

Die Fähren von und nach den Landungsbrücken fahren je nach Jahreszeit ca. alle 20 Min. Beim HVV-Ticket (oder dem Deutschland-Ticket) eingeschlossen.

Brücke 10 im Strandhaus
✛ 200 westl. A1 ✉ Övelgönner Hohlweg 12
☎ 040 85 35 23 51
⊕ www.bruecke10-im-strandhaus.de
🕐 tgl. ab 10, im Sommer bis 20, im Winter bis 18 Uhr

MEIN TAG

❼ ★★ Reeperbahn

Was?	Hamburgs sündigste Meile
Warum?	Weil man sich nirgendwo besser vergnügen kann
Wann und wie lange?	Ab dem Nachmittag bis in den frühen Morgen, tagsüber ist es hier eher unschön
Was noch?	Panik City – wie singt Udo in Multimedia?
Was nehme ich mit?	Möglichst keinen Kater

Eigentlich ist die Reeperbahn keine Sehenswürdigkeit, auf die eine Stadt stolz sein kann. Doch wenn die Dunkelheit und die Gäste Einzug halten, erwacht die zentrale Straße des Vergnügungsviertels St. Pauli zum Leben. Dann wirken die Pornoläden nicht mehr so erbärmlich, dann mischen sich kulturell Interessierte unter die Schaulustigen und Party-Gruppen. Da vergisst man glatt, dass käufliche Liebe die Reeperbahn einst berühmt gemacht hat.

Schon früh ging es auf der Reeperbahn um ein Gewerbe: Seit 1626 arbeiteten hier die Reepschläger, die aus langen, in Bahnen gespannten Hanfseilen, den sogenannten Reepen, feste Schiffstaue drehten. Um 1805 entstanden am Spielbudenplatz dann die ersten Vergnügungspavillons. Die Reeperbahn lag in einem Niemandsland zwischen Hamburg und Altona. Hierher zogen, freiwillig oder unfreiwillig, Pestkranke, Arme und »unehrliche Leute«.

Letztere nutzten einen Freiraum, den es innerhalb der Stadtmauern nicht gab: Sie eröffneten zwielichtige Kneipen und Spielcasinos und handelten schon bald mit der käuflichen Liebe. Die Matrosen des nahegelegenen Hafens sorgten für die entsprechende Nachfrage. St. Pauli wurde zu »St. Liederlich«.

Von sündig zu trashig

Diese Entwicklung wurde auch durch die Eingemeindung des gesamten Gebiets im 19./20. Jh. nicht gestoppt. Eher das Gegenteil war der Fall. Nun zog es auch die »braven Bürger« in die Tanzcafés, Amüsierlokale und Kinos auf dem Kiez –

der eigentlich aus Berlin stammende Begriff für Stadtviertel hatte sich längst für die Reeperbahn eingebürgert. Der Zweite Weltkrieg zerstörte viele Gebäude. Erst in den 1960er-Jahren kam der alte Schwung zurück. Etablissements wie das bekannte »Café Keese«, das »Eros-Center« und das »Palais d'Amour« setzten neue Akzente. Die Shows wurden wilder, frecher, aber auch härter.

Im Viertel um die Reeperbahn locken Clubs mit Livemusik – hier die Prinzenbar.

Matrosen kommen heute kaum noch, stattdessen stürmen Touristen und viel Hamburger Jungvolk die Reeperbahn. An warmen Sommerabenden ist es mittlerweile unerträglich voll und leider auch sehr trashig.

A Hard Days Night

Berühmt ist die Straße Große Freiheit, die kurz hinter dem Nobistor links von der Reeperbahn abgeht. Die Amüsiermeile trägt ihren Namen wegen der Religions- und Gewerbefreiheit, die für Altona seit dem 17. Jh. galt. »Große Freiheit Nr. 7« (1944) nannte Regisseur Helmut Käutner seinen Film über den singenden Seemann Hannes Kröger, gespielt von Hans Albers. Neben dem Hit »La Paloma« sang der Blonde Hans »Auf der Reeperbahn nachts um halb eins«. Zehn Jahre später folgte mit ebendiesem Titel sein zweiter Film über St. Pauli.

Der Star-Club (Große Freiheit 39) war über Jahrzehnte Europas wichtigste Adresse für alle Rockfans. Hier traten die Beatles regelmäßig auf, aber auch Chuck Berry, Fats Domino, Ray Charles und Little Richard. 1983 zerstörte ein Feuer das Haus, in dem zuletzt eine Sexshow stattfand.

Der Beatles-Platz auf der Reeperbahn (Ecke Große Freiheit) zeigt, welche Bedeutung die Stadt für die »Pilzköpfe« hatte. Sie starteten 1960 im »Indra« ihre Karriere. Auf dem Platz stehen fünf Silhouetten-Skulpturen mit Instrumenten auf einer Vinyl-Schallplatte. Für alle wahren Fans bietet die charismatische Hamburger Musikerin Stefanie Hempel eine musikalische Tour auf den Spuren der vier Jungs durchs Viertel an – auch Einzelführungen sind möglich (www.hempels-musictour.de).

Die Herbertstraße (zwischen David- und Gerhardstraße) ist eine ca. 100 m lange, durch zwei Torwände geschlossene Bordellgasse. Hier stellen sich Sexarbeiterinnen in den »Koberfenstern« (S. 28) zur Schau und arbeiten, so jedenfalls lautet die Vorgabe, selbstständig und ohne Zuhälter. Frauen und Kindern wird der Zutritt verwehrt.

Großstadtrevier

Eines der schönsten Gebäude auf der Reeperbahn ist die Davidwache am Spielbudenplatz 31. Krimi-Autor Jürgen Roland machte sie in den 1960er-Jahren mit dem Film »Polizeirevier Davidwache« bundesweit bekannt. Erbaut wurde sie 1913/14 von Fritz Schumacher in der Form eines althamburgischen Backsteinhauses, das mit seinen Giebeln und Erkern die »bürgerliche Ordnung« symbolisiert. Das Gebäude ist auch Vorbild für die Polizeiwache der bekannten Fernsehserie »Großstadtrevier«.

Kultur auf dem Kiez

Das St. Pauli Theater auf der Reeperbahn (neben der Davidwache) ist Hamburgs ältestes Privattheater. Schon 1841 hob sich hier, damals hieß es noch Urania Theater, zum ersten Mal der Vorhang. Nach dem Krieg stürmte Freddy Quinn mit »Der Junge von St. Pauli« von hier aus die Hitparaden. Direkt nebenan gründete Corny Littmann am 8. 8. 1988 um 8.08 Uhr mit dem Schmidt Theater und einige Jahre später

Die Davidwache ist Hamburgs bekannteste Polizeiwache.

Der Spielbudenplatz ist ein beliebter Treffpunkt und Veranstaltungsort. Im Hintergrund stehen die »Tanzenden Türme«.

Der Beatles-Platz erinnert an die Jungs aus Liverpool: Ihren ersten Auftritt hatten sie 1960 im »Indra«, zum Sprungbrett ihrer Karriere wurde 1962 der »Star-Club« in der Großen Freiheit.

Im Schmidts Tivoli am Spielbudenplatz läuft seit 2003 das St.-Pauli-Musical »Heiße Ecke«.

mit Schmidts Tivoli die mit Abstand erfolgreichsten Kabarettbühnen der Stadt. Wie kein anderer hat der umtriebige Entertainer und ehemalige Präsident des Fußballclubs FC St. Pauli dazu beigetragen, die Reeperbahn zu neuem, kulturell inhaltsreichem Leben zu erwecken. Seit Jahren laufen Dauerbrenner wie »Caveman«, der »Hamburger Comedy-Slam« oder das Kiezmusical »Heiße Ecke«.

Udo-Lindenberg-Fans können auf den wichtigsten Stationen im Leben des Hamburger Rockers wandeln – und zwar in der multimedialen Erlebniswelt Panik City im Klubhaus St. Pauli.

Vor der Tür liegt der merkwürdig lang gestreckte Spielbudenplatz. Ursprünglich war er durch zwei Schiebebühnen eingerahmt. Eine brannte 2015 ab und nun gibt es nur noch eine Bühne.

Ein Tipp ist der St. Pauli Nachtmarkt (Mi abends ab 20 Uhr). Auf dem Wochen- und Gourmetmarkt gibt es hochwertige Lebensmittel aus der Region. Foodtrucks bieten Leckereien und im Sommer lockt ein großer Biergarten. Legendär ist der Weihnachtsmarkt mit seinen so gar nicht jugendfrei gestylten Adventskerzen.

Besuchen Sie auch das Panoptikum. Sicher, mit Madame Tussauds in London kann man das Wachsfigurenkabinett an der Reeperbahn nicht vergleichen. Aber mit über 120 Figuren (von Karl Lagerfeld über Olivia Jones bis Otto Waalkes) ist es die größte deutsche Sammlung und das Gebäude im Stil der 1950er-Jahre strahlt einen ganz eigenen Charme aus. Kurz bevor die Reeperbahn in Richtung Innenstadt endet, steht das Operettenhaus. Hier startete mit »Cats« Hamburgs Karriere als Musical-Hauptstadt. Schräg gegenüber steht das liebenswerte Imperial-Theater: Hier gibt es vor allem Krimis.

Neues Wohnen und Festivals auf dem Kiez

Wie geht es auf St. Pauli weiter? Folgt die Gentrifizierung durch immer schickere Wohnungen und durch langweilige Kettenläden? Oder kann sich der alte Kiez mit seiner bunten Bewohnerschaft und preiswertem Wohnraum wehren? Wer weiß. Die Corona-Pandemie hat den Stadtteil, vor allem die Reeperbahn, zumindest hart getroffen hat. Sicher ist nur: St. Pauli ist stark, so schnell bekommt man es nicht unter.

Schwungvoll ist das jährlich im September stattfindende Reeperbahn Festival: Alle Clubs sind geöffnet, ein Live-Act jagt den anderen – ob im hippen Mojo Club (S. 150) oder im alternativen Molotow.

KLEINE PAUSE
Mit dem Namen **Zwick** verbindet man in Hamburg Livemusik, Bier, Bratkartoffeln, Stimmung – nichts für Zartbesaitete (Millerntorplatz 1, Tel. 040 31 79 21 16, tgl. ab 11.30 Uhr). Das Stammhaus steht im feinen Pöseldorf.

✣ 201 E/F 1/2
🚇 S1, 3 Reeperbahn, U3 St. Pauli

St.-Pauli-Theater
✉ Spielbudenplatz 29/30
☎ 040 47 11 06 66
🌐 www.st-pauli-theater.de

Schmidt Theater, Schmidts Tivoli
✉ Spielbudenplatz 25–28
☎ 040 31 77 88 99
🌐 www.tivoli.de

Panik City
✉ Spielbudenplatz 21/22
☎ 040 64 66 55 00
🌐 www.panikcity.de
🕐 mehrere Touren tgl. (90 Min.)
💶 Touren ab 24,50 €

Panoptikum
✉ Spielbudenplatz 3
☎ 040 31 03 17 🌐 www.panoptikum.de
🕐 So–Fr 10–20, Sa bis 22 Uhr 💶 8,90 €

Operettenhaus
✉ Spielbudenplatz 1
☎ 01805 44 44 🌐 www.stage.de

Imperial Theater
✉ Reeperbahn 5 ☎ 040 31 31 14
🌐 www.imperial-theater.de

Molotow
✉ Nobistor 14
🌐 www.molotowclub.com

Reeperbahn Festival
🌐 www.reeperbahnfestival.com

❿ ★★ Övelgönne

Was?	Häuserzeile direkt am Elbufer mit alten Kapitäns- und Lotsenhäusern
Warum?	Spaziergang am Strand und Besuch des Museumshafens
Wann?	An einem nebeligen Morgen – da ist hier niemand
Wie lange?	Einmal kurz durchs Dorf: 20 Minuten
Was nicht?	Das ist kein Museum, sondern Wohnort, bleiben Sie diskret
Resümee	Wer sich hier nicht in Hamburg verliebt, der macht es nie!

So leer ist es in Övelgönne selten – normalerweise drängeln sich hier an schönen Sommertagen die Spaziergänger.

Woher der Name für das kleine Fischerdorf am Elbufer stammt, ist nicht erwiesen. Möglich ist die Ableitung aus dem plattdeutschen Wort »gönne«. Das heißt »das Jenseitige« und diente als Bezeichnung für das gegenüberliegende Elbufer. Möglich ist auch eine Ableitung von »übel gegönntes« Land, was sich damals auf Grenzstreitigkeiten bezog. Heute gibt es keinen Zweifel: Jeder, der hier wohnt, hat das große Los gezogen.

Övelgönne besteht aus einer Häuserzeile direkt am Elbufer. Sie ist nur wenige hundert Meter lang. In einigen der schönen Fachwerk- und Steinbauten wohnen noch heute Kapitäne oder Nachkommen der Fischerfamilien in der Urenkel-Generation. Zwischen den Häusern und den zur Elbe hin gelagerten Vorgärten führt ein öffentlicher Fußweg. Bei Ihrem Spaziergang durch Övelgönne marschieren Sie quasi durch die Privatsphäre der Anwohner. Diskretion ist angesagt.

Schwieriges Fahrwasser

Bereits im 16. und 17. Jh. siedelten in Övelgönne die ersten Fischer und verdienten ihr Geld schon

bald mit Fährdiensten über die
Elbe. Direkt vor ihrer Haustür
befanden sich im Elbwasser
heimtückische Sandbänke. Aus-
laufende Schiffe aus dem Hamburger Hafen ankerten vor Övelgönne, warteten, bis die Flut kam,
und manövrierten sich dann vor-
sichtig und mithilfe der Övelgönner Lotsen durch das schwie-
rige Fahrwasser in die Nordsee.
1745 gründeten sie eine Bruder-
schaft. Im Giebelhaus mit der
Hausnummer 13 trafen sie sich zu ihren regelmäßigen
Sitzungen.

Hamburg-Feeling beim Sonnenbaden an der Strandperle in Övelgönne.

Die Sommerfrischler kommen
Im 19. Jh. wurde das Elbufer zwischen Neumühlen und
Blankenese zu einem beliebten Ziel der Sommerfrischler.
Mit Pferd und Wagen machte man sich aus dem Stadtzent-
rum auf den Weg über holprige Wege, genoss den Tag am
Strand und im Wasser. Es gab Ausflugslokale und später
auch Strandkörbe. Eigentlich genau wie heute. Nur, dass
heute Blechkarossen die Straßen verstopfen und noch kein
Strandkorbvermieter hier sein Geschäft eröffnet hat. Bei
Sonne können Sie froh sein, wenn sie am Strand oder in den
Cafés noch einen Stehplatz erwischen.

Feuerschiffe und Dampfschlepper
Ein wahres Juwel für Schiffsfreunde ist der Museumshafen
Övelgönne, den es seit 1977 gibt und der ausschließlich von
der ehrenamtlichen Arbeit und finanziellen Unterstützung
seiner Helfer und Freunde lebt. Die einzelnen Schiffe (z. B.
das Feuerschiff »ELBE 3«, die Dampfschlepper »Tiger« und
»Claus D.« oder der Finkenwerder Hochseekutter »Präsident Freiherr von Maltzahn«) sind alle noch fahrtüchtig und
regelmäßig unterwegs. Wenn Sie jemanden auf dem Schiff
werkeln sehen: hingehen und ausfragen. Man freut sich
über jeden Besuch (und auch über Spenden). Hafenlotsen
führen nach Anmeldung über das Gelände.

Blick von der Elbe auf Övelgönne

Donners Schloss

Direkt unter dem Fähranleger Neumühlen liegen die vier Tunnelröhren des Neuen Elbtunnels, dessen gewaltige Lüftungsschächte das Ufer verschandeln. Die Nationalsozialisten wollten an dieser Stelle übrigens eine gewaltige Hängebrücke im Stil der Golden Gate Bridge über die Elbe errichten, dazu ein 250 m hohes sogenanntes Gauhochhaus – nichts geworden, Gott sei Dank.

Besonders prachtvoll war das 1856 für die Familie des Altonaer Kaufmanns Conrad Hinrich Donner errichtete Donnerschloss. Das große neugotische Landhaus, oberhalb am Elbhang gelegen, wurde im Zweiten Weltkrieg zerstört. Heute erinnern nur noch ein paar Steinmauern und ein Brunnen im Donners Park an den einstigen Herrensitz.

KLEINE PAUSE

Die **Strandperle** (Övelgönne 60, www.strandperle-hamburg.de, Sommer tgl. ab 10 Uhr, Winter geschl.) ist Hamburgs schönster Strandtreff. Hier treffen sich alle: Studenten, Reeder, Promis, Hausfrauen, Hunde …

✢200 A1
🚌 Bus 113 Neumühlen

Museumshafen Övelgönne
⊕ www.museumshafen-oevelgoenne.de
🕐 keine festen Öffnungszeiten ✦ frei

㉟ Museum für Hamburgische Geschichte

Was?	Eines der größten stadthistorischen Museen Europas
Warum?	Hamburg hat eine große Vergangenheit
Wann?	Momentan wird grundrenoviert (im Vorfeld checken)
Wie lange?	Ein paar Stunden
Was nehme ich mit?	Die Vorfreude auf die Wiedereröffnung

Der Brand von 1842 und der Zweite Weltkrieg haben vom alten Hamburg nicht viel übrig gelassen, gerade deshalb ist dieses wunderschöne Museum, das die Geschichte der Stadt von den Anfängen bis heute zeigt, so wichtig.

Fast zehn Jahre lang dauerte der Bau des von Fritz Schumacher geplanten Backsteingebäudes. 1922 fand die Einweihung statt. Die Sammlung war zu dem Zeitpunkt bereits über 100 Jahre alt, da man in Hamburg Mitte des 19. Jhs. angefangen hatte, Zeugnisse der Stadtgeschichte zusammenzutragen. Im Zweiten Weltkrieg schwer beschädigt, konnte das Museum jedoch in alter Pracht wieder aufgebaut werden. Es zählt heute zu den größten stadthistorischen Museen Europas.

Das Museum am Holstenwall informiert über die wechselvolle Geschichte der Hansestadt.

Robin Hood der Meere?

War Klaus Störtebeker lediglich ein Piratenlump? Oder ein hehrer Kämpfer gegen die ausbeuterischen Methoden hanseatischer Kaufleute? Sicher ist, dass er im 14. Jh. mit seinen Vitalienbrüdern von Gotland aus die Ostsee beherrschte. 1878 entdeckte man bei Bauarbeiten an der Speicherstadt einen Schädel, den man ihm zuschreibt. Der Schädel gehört zu den ältesten Exponaten des Museums.

Der Ausstellungsbereich des Museums vor der Umgestaltung

Das Museum baut um
Nach mehr als 100 Jahren wird das Haus seit Februar 2023 grundsaniert und ist deshalb weitestgehend geschlossen. Einige Einrichtungen wie die Bibliothek, die Gastronomie, der Museumsshop und Sonderausstellungen sind noch geöffnet. Es gelten andere Eintrittspreise. Ab Mitte 2024 schließt das Museum für einige Zeit komplett. Insgesamt 26 Mio. Euro sind für die Umbauarbeiten eingeplant.

So wohnten die Witwen
Falls das Museum geschlossen sein sollte, können Sie Hamburgs Geschichte auch an einem anderen Ort nachspüren. Die Krameramtsstuben liegen nur zehn Minuten entfernt, direkt am Michel (S. 98). Es handelt sich um die letzte geschlossene Hofbebauung aus dem 17. Jh. In den Wohnungen der Fachwerkhäuser lebten Witwen der Mitglieder des Krameramts. Eine der winzigen Kramer-Witwen-Wohnungen mit Mobiliar aus dem 19. Jh. kann besichtigt werden.

KLEINE PAUSE
Die **Krameramtsstuben** bieten Labskaus und Pannfisch im historischen Ambiente der gleichnamigen Gasse (Tel. 040 36 58 00, www.krameramtsstuben.de, Di–So ab 12 Uhr).

☩ 201 F2 🚇 U3 St. Pauli
✉ Holstenwall 24
☎ 040 428 13 21 00
🌐 www.hamburgmuseum.de
🕐 im Vorfeld prüfen
💰 reduziert wg. Teilschließung

Kramer-Witwen-Wohnung
✉ Krayenkamp 10
☎ 040 37 50 19 88
🕐 April–Okt. Mo, Mi–Fr 10–17, Sa/So 10–18, Di geschl., Nov.–März Sa/So 10–17 Uhr 💰 2,50 €

㊱ Große Elbstraße

Was?	Die Straße beginnt am Alten Fischmarkt endet kurz vor dem Museumshafen Övelgönne (2,6 km)
Warum?	Früher Autostrich, nun Büros und Wohnungen am Elbrand
Was noch?	Besuch des Fischmarkts
Was nehme ich mit?	Ein Hering am Morgen vertreibt Kater und Sorgen

Der besondere Reiz dieser Straße liegt in ihrer Mischung aus Alt und Neu. Da hat der Werber sein Büro im Haus neben dem Fischgroßhändler, hundert Meter weiter wird ein alter Speicher zum hippen Restaurant umgebaut.

Früher wurde auf dem Platz vor der alten Fischmarkthalle tatsächlich nur Fisch gehandelt, heute steht der Fischmarkt für einen riesigen Großmarkt im Freien, jeden Sonntag in der Früh. Zehntausende Menschen drängen sich dann durch die schmalen Gänge. Bananen- und Aalverkäufer unterbieten sich gegenseitig mit ihren Preisen und bringen derbe Sprüche. Zwischen Rollmops, Gemüse und Grünpflanzen kann es schon mal passieren, dass Ihnen ein Marktbesucher – pardon – vor die Füße kotzt. Kurz gesagt: Das ist nichts für Zartbesaitete. Wenn Sie dorthin wollen, dann machen Sie das am besten nach einer durchfeierten Nacht. Todmüde und leicht angetrunken ist der Rummel auszuhalten. In der alten Fischauktionshalle gibt es bis zum Mittag Brunch und Live-Jazz.

Frischer Fisch vom Fischmarkt – wer kann da widerstehen?

Schiffsbug mit Aussicht

Dort, wo die Van-der-Smissen-Straße zur Elbe hin abzweigt, liegen die Fischmarkthallen. Über 60 Unternehmen aus der Fischwirtschaft sind hier angesiedelt. Sie handeln mit hochwertigem Fisch und Seafood (in der Woche von 23 bis 8 Uhr). Kunden sind Fischhändler und Luxusrestaurants, die hier aus ganz Deutschland ihre Krabben, Edelfische und Muscheln bestellen. Sie als Otto-Normalkunde können in einem Supermarkt gegenüber auch gut Fisch und Fischsalate einkaufen.

Allerdings: Handel und Gewerbe sind längst in der Defensive. Das ganze Elbufer ist mittlerweile mit neuen Büro- und Wohntürmen zugepflastert. Es soll Neu-Bewohner geben, die sich schon über den Fischgestank beschwert haben. Da kann man nur den Kopf schütteln, denn mit den Händlern verlässt auch die schöne Stimmung den Ort.

Spektakulär ist das Dockland am Holzhafen. Hamburgs renommiertes Architekturbüro BRT Architekten Bothe Richter Teherani orientierte sich u. a. an der markanten Villa Casa Malaparte auf Capri. Es entstand ein sechsgeschossiges Gebäude, das einem Schiffsbug ähnelt. Die Dachterrasse kann über eine Außentreppe bestiegen werden. Und spätestens als King Charles III. im März 2023 hier mit großer Entourage eine Fähre zur Hafenrundfahrt betrat, wurde die Silhouette des Hauses weltweit bekannt.

Eine Außentreppe führt auf das sechsstöckige Dockland, von dessen Dachterrasse sich ein wunderbarer Blick bietet.

Von der Wolltuchmanufaktur zum Gemeinwohl

Dort, wo Övelgönne endet, beginnt der Ort und die gleichnamige Straße Neumühlen. Die in einer Zeile aufgereihten Häuser liegen hinter dem Deich, der noch heute Schutz vor Hochwasser bietet. 1793 erwarb der Hamburger Kaufmann und Fabrikant Johann Daniel Lawaetz das gesamte Gelände zwischen Neumühlen und Elbchaussee. Wie sein Zeitgenosse Baron Voght war er den Ideen der Aufklärung verbunden.

Über dem Eingang der von ihm in Neumühlen gegründeten Wolltuchmanufaktur standen die Worte »Tempel der Tätigkeit«. Lawaetz wollte keine Almosen verteilen, sondern die Armut durch »Gelegenheit und Mittel«, sprich Hilfe zur Selbsthilfe, bekämpfen. Die heute nach ihm benannte Stiftung residiert in dem historischen Lawaetz-Haus (Neumühlen 16–20), eine Institution, die viel bewegt.

Schräg gegenüber fällt der hohe Klinkerbau Augustinum mit einer Glaskuppel auf. Er galt einst als größtes Kühlhaus Europas; gelagert wurden vor allem Fisch und Fleisch. Nachdem das Gebäude Anfang der 1990er komplett wiedererrichtet werden musste, residieren hier Senioren, allerdings nur ziemlich Gutbetuchte. »Klunker-Bunker« nennt man den Bau in der Nachbarschaft.

Auf dem Hamburger Fischmarkt herrscht sonntagvormittags großes Gedränge.

KLEINE PAUSE
Seit 1879 handelt **Hummer Pedersen** (Große Elbstr. 152, Tel. 040 522 99 39 26, www.hummer-pedersen.de, Mo–Mi 12–18, Do–Sa bis 22 Uhr) mit Edelfischen. Und die gibt es auch im modernen Bistro.

✢ 200–201 C/D1
🚌 Bus 112, 113 Neumühlen, Övelgönne
🌐 www.elbmeile.de

Hamburger Fischmarkt
✢ 201 E1 🚌 Bus 111 Fischmarkt
✉ Fischmarkt ● April–Okt. So 5–9.30 Uhr, Nov.–März So ab 7 Uhr

㊲ Elbchaussee

Was?	8,5 km lange Prachtstraße von Altona nach Blankenese
Warum?	Für viele Hamburger »die schönste Straße der Welt«
Wann nicht?	Mit dem Auto keinesfalls im Berufsverkehr oder an schönen Sommertagen: Stau, Stau, Stau
Was bald?	Mit dem Rad, die Radwege werden immer besser
Was noch?	Die Teufelsfigur unter den Kirschbäumen bei Teufelsbrück
Resümee	Wahrer Reichtum versteckt sich hinter hohen Hecken

Die Elbchaussee ist eine beeindruckende Straße. Gewaltige Villengrundstücke rechts und links, viele von ihnen durch dicke Hecken vor neugierigen Blicken geschützt. Dazu Parks und wunderschöne alte Bäume.

In den letzten Jahrzehnten hat der untadelige Ruf von Hamburgs schönster Chaussee gelitten. Es begann damit, dass einige der »Sahne-Grundstücke« von ihren Besitzern Ende der 1980er-Jahre an Immobilienfirmen verkauft wurden. Diese zogen ihre Luxuswohnungen gleich in ganzen Wohnblocks hoch. Und dann kam auch noch Airbus. Über wenig wurde in der Hansestadt so erbittert gestritten wie über die Zuschüttung des einstigen Naturschutzgebiets Mühlenberger Loch auf der Südseite der Elbe zugunsten des Flugzeugbauers. Mittlerweile stellt kaum noch jemand das Prestigeobjekt infrage.

Wenn Sie an die Flugzeuge näher heranwollen: Nehmen Sie vom Anleger Teufelsbrück die Fähre und fahren Sie rüber zum Rüschpark. Nebenan liegt das Airbus-Gelände, Sie haben die riesigen Flieger direkt vor Augen.

Landschaftsgarten mit Museen

»Ornametet farm« nannte Baron Johann Caspar Voght sein großes Parkprojekt Ende des 18. Jhs. Der 1752 geborene Sohn eines Hamburger Senators hatte in Nordamerika durch Handelsgeschäfte viel Geld verdient und investierte es nun in das Gelände rund um das Flüsschen Flottbek, damals noch weit draußen vor den Toren der Stadt Hamburg gelegen. Es entstanden ein Mustergut mit landwirtschaftlicher

Lehranstalt, ein Armenhaus und ein Landschaftspark nach englischem Vorbild, der heutige Jenischpark. Voght war die Leitfigur Hamburgs in Zeiten der Aufklärung. Als Anerkennung für seine sozialreformerischen Taten wurde er 1802 von Kaiser Franz II. zum Reichsfreiherren geadelt. Noch heute steht sein Landhaus in der Baron-Voght-Straße 63. Kunstgenuss bieten die drei Museen, die im Park liegen: das Jenisch Haus, das Ernst Barlach Haus und das Bargheer Museum.

Luxus und Komfort für Hamburgs damaligen Senator: das Jenisch Haus, das heute großbürgerliche Wohnkultur ausstellt

Klassizistisches Landhaus

Das Jenisch Haus , 1831–34 im Auftrag von Senator Martin Johann Jenisch gebaut, ist heute ein Museum. Preußens oberster Baumeister Karl Friedrich Schinkel hatte die ursprünglichen Baupläne überarbeitet. Es entstand ein hochherrschaftlicher Villenlandsitz in einer Größe und Pracht, wie es die Hamburger bis dahin nicht gesehen hatten. Im Jenisch Haus erwarten Sie heute eine historische Ausstellung zur großbürgerlichen Wohnkultur sowie Wechselausstellungen.

Barlachs expressiver Realismus

Expressionismus in Vollendung: Skulptur im Barlach Haus

Der Bildhauer, Grafiker und Dichter Ernst Barlach wurde 1870 in Wedel/Holstein geboren und gilt heute als einer der wichtigsten deutschen Vertreter des Expressionismus. Früh wurde er von den Nationalsozialisten verfolgt. Noch zu Lebzeiten förderte ihn der Hamburger Mäzen Hermann F. Reemtsma und beauftragte ihn 1934 mit dem »Fries der Lauschenden«, dem heutigen Hauptwerk des 1960 von Reemtsma gestifteten Museums. Der weiße, schlichte Bau des Hamburger Architekten Werner Kallmorgen mit seinen hellen Räumen besticht durch seine unaufdringliche Schönheit.

Bargheer – ein Hamburger der Moderne

Erst seit 2017 widmet sich ein Museum dem großartigen Hamburger Maler Eduard Bargheer (1901–1979). In den wunderschön schlicht gestalteten Räumen war einst das Gartenbauamt untergebracht. Es zeigt den Nachlass des Künstlers und veranstaltet Vorträge, Konzerte und Malkurse.

KLEINE PAUSE

Die **Lindenterrasse** des Luxushotels »Louis C. Jacob« ist dank des Ölgemäldes von Max Liebermann weltberühmt und auch heute noch ein grandioser Platz für eine Pause mit Blick auf die Elbe (Elbchaussee 401, Tel. 040 82 25 50, www.hotel-jacob.de, tgl. ab 12 Uhr, wetterabhängig).

✢ 200 A/B1
🚌 Bus 111, 112 Teufelsbrück; 115 Marxenweg

Jenischpark
🌐 www.jenischparkverein.de

Jenisch Haus
✉ Baron-Voght-Str. 50
☎ 040 82 87 90
🌐 www.jenisch-haus.de
🕐 tgl. außer Di 11–18 Uhr
🎫 9 €

Ernst Barlach Haus
✉ Baron-Voght-Str. 50 A
☎ 040 82 60 85
🌐 www.barlach-haus.de
🕐 Di–So 11–18 Uhr
🎫 7 €

Bargheer Museum
✉ Hochrad 75
☎ 040 89 80 70 97
🌐 www.eduard-bargheer-museum.de
🕐 Di–So 11–17 Uhr
🎫 7 € (Kombikarte erhältlich)

Magischer Moment

Kunst und Natur im Jenischpark

Es ist ein zauberhafter Flecken Erde: uralte Bäume, kleine Brücken, ein wilder Bach, ein Landhaus, drei Kunstmuseen – und der Blick! »Amicis et qvieti« (den Freunden und der Ruhe geweiht) ließ Baron Vogt als Motto an seiner »Eierhütte« (Abb. oben), einem ehemaligen und wieder aufgebauten Dichtertreffpunkt, anbringen. Heute genießen Hamburgerinnen und Hamburger hier die Ruhe, die Kunst und den fantastischen Blick auf die Elbe.
Kunst- und Architekturtouren mit Melanie Ucke, Tel. 0174-961 25 28, www.kultourfreu.de

Nach Lust und Laune!

⌖ 200 C1 🚉 S1, 3 Altona
✉ Museumstr. 23
☎ 040 4 28 13 50
🌐 www.altonaermuseum.de
🕐 Mo, Mi–Fr 10–17, Sa/So bis 18 Uhr
💰 8,50 €

38 Altonaer Museum

Das Altonaer Museum ist so etwas wie Hamburgs »gute Stube« und vielleicht gerade deshalb so beliebt. Das einst etwas betuliche Image des Hauses wandelt sich dank neuer und moderner Ausstellungskonzeptionen. Das Museum beherbergt die größte regionalgeschichtliche Sammlung Deutschlands. Unvergänglich schön sind die Galionsfiguren im Raum rechts neben dem Eingang, fast meint man, die Brandung hinter den Figuren rauschen zu hören. Achten Sie auch auf die Schiffsmodelle, die die Entwicklung des Fischfangs veranschaulichen. Zu den Außenstellen des Museums gehören das Jenisch Haus (S. 139) und das Heine Haus, das dem Onkel Heinrich Heines gehörte.

39 Loki-Schmidt-Garten

Seit 1979 gibt es den Neuen Botanischen Garten direkt am S-Bahnhof Klein Flottbek, der 2012 in Loki-Schmidt-Garten umbenannt wurde. Der Platz in der Innenstadt um den Alten Botanischen Garten an den Wallanlagen reichte nicht mehr aus; der Neue Garten erstreckt sich über ca. 25 ha. Ebenfalls auf dem Gelände befinden sich die Gebäude des Fachbereichs Biologie der Universität Hamburg. Es gibt Wasserbecken mit Fischen, einen Japan-, Heide-, Bauern- und Nutzgarten, viele, viele Pflanzen und

Die Vierländer Kate im Altonaer Museum

ein Café. In direkter Nachbarschaft liegen, interessant für Pferdefreunde, der Hamburger Poloplatz und der Derby-Park. Hier trifft sich einmal im Jahr die Reitelite zum Deutschen Springderby (jeweils im Mai).

✧ 200 westl. A3
🚉 S1 Klein Flottbek ✉ Ohnhorststraße (gegenüber der S-Bahn)
🌐 www.bghamburg.de ⏰ tgl. 9 Uhr bis 1 Std. vor Sonnenuntergang 🎟 frei

40 Ottensen

Ottensen war einst ein Industriestandort. Der zu Altona gehörende Stadtteil ist heute eine attraktive Wohngegend und ist recht vielschichtig. Es sind viele kleine Wohnstraßen erhalten, in denen früher die Arbeiter der hier ansässigen Industrie meist ärmlich hausten.
In Ottensen hat sich eine lebendige Kneipenszene entwickelt, es gibt zahlreiche, teilweise skurrile Geschäfte und nette Boutiquen. In der ehemaligen Schiffsschraubenfabrik Zeise finden Sie ein kleines Kino und das Restaurant »Eisenstein« (S. 144). Interessant sind die Versuche, auch dieses Viertel aufzuhübschen, z. B. mit protzigen Wohnvierteln wie dem Westend (Borselstraße/Völckersstraße).

✧ 200 B1 🚉 S1, 3 Altona

Zeise-Kino
✉ Friedensallee 9 ☎ 040 390 87 70

41 Jüdischer Friedhof Königstraße

Der jüdische Friedhof an der Königstraße gilt als eines der bedeutendsten jüdischen Kulturdenkmäler Deutschlands. Die ältesten Grabsteine stammen aus dem 17. Jh. Nach Hamburg, in das »Jerusalem des Nordens«, zog es damals vor allem die aus Spanien vertriebenen Sefarden. Sie kauften 1611 das Friedhofsgelände. Später wurde es dann mit dem nebenan liegenden Gräberfeld der Aschkenasen, also der aus Osteuropa stammenden Juden, vereint. Der Friedhof ist bewacht, es gibt ein kleines Besucherhaus direkt am Eingang.

✧ 201 D2 🚉 S1, 3 Königstraße
✉ Königstr. 10 A
🌐 www.denkmalstiftung.de
⏰ April–Sept. Di–Do 15–18, So 14–17, Okt.–März Di–Do, So 14–17 Uhr, und nach Vereinbarung (außer an gesetzlichen und jüdischen Feiertagen) 🎟 frei

42 U-434

U-434 gehört zu den größten nicht atomgetriebenen U-Booten der Welt. Der über 90 m lange Riese ist heute ein Museum und liegt an einem festen Steg am Fischmarkt. 84 sowjetische Seeleute dienten einst an Bord. Nichts für Personen mit Angst vor engen Räumen.

✧ 201 E1 🚉 Hadag-Fähren 61, 62, Anleger Fischmarkt; 🚌 Bus 111 Fischmarkt
✉ St. Pauli Fischmarkt 10
☎ 040 32 00 49 34 🌐 www.u-434.de
⏰ Mo–Sa 9–20, So 11–20 Uhr 🎟 9 €

Wohin zum ... Essen und Trinken?

Preise für ein Hauptgericht ohne Getränke:
€ unter 17 Euro
€€ 17 bis 30 Euro
€€€ über 30 Euro

RESTAURANTS

Atlas €€
Früher wurden in dem alten Fabrikgebäude auf dem Phoenixhof Schiffsteile zusammengeschweißt, heute wird in der Küche geschuftet. Beliebt in der Nachbarschaft ist der Lunch – und vor allem die große Terrasse!
✢ 200 C3
🚌 Bus 3 Schützenstraße (Mitte)
✉ Schützenstr. 9 A
☎ 040 85178 10
⊕ www.atlas.at
❶ Mo–Fr 11.30–15, Di–Sa 18–23 Uhr

Brasserie la Provence €€
Frankreich in Ottensen – das verbinden die Hamburger seit vielen Jahren mit diesem Haus. Auch unter neuer Leitung seit 2022 gilt: Vive La France! Von Moules Frites bis Apero ...
✢ 200 B2 🚆 S1, 3 Altona
✉ Eulenstr. 42
☎ 040 30 60 34 07
⊕ www.brasserielaprovence.org
❶ Di–Sa ab 18 Uhr

Country Kitchen €–€€
Die Country Kitchen ist sozusagen das (sehr) gehobene Vereinsrestaurant des Norddeutschen- und Flottbeker Reitervereins. Es richtet das Spring- und Dressurderby Hamburg aus, das alle Freunde des Profi-Reitsports kennen. Sie schauen beim Verzehr von Schnitzel und Co. direkt in die Dressurhalle, wo möglicherweise künftige Derbysieger ihre Runden drehen.
✢ 200 westl. A1 🚆 S1 Klein Flottbek
✉ Hemmingstedter Weg 2
☎ 040 85 19 77 78
⊕ www.countrykitchen.de
❶ Di–Sa 18–23, So 12–22 Uhr

Cuneo €€
Seit über 100 Jahren liegt die kultige italienische Trattoria in den Händen der Familie Cuneo. In dem stets rappelvollen Restaurant auf dem Kiez treffen sich Journalisten, Hamburger, die was auf sich halten, und Promis. Das beweisen die zahlreichen Fotografien an den Wänden – selbst Romy Schneider und Robert De Niro waren hier zu Gast.
✢ 201 E1 🚆 S1, 3 Reeperbahn
✉ Davidstr. 11
☎ 040 31 25 80
⊕ www.cuneo1905.de
❶ Mo–Sa ab 17 Uhr

Das Weiße Haus €€–€€€
Winzig schmiegt sich das kleine Haus, in dem einst Tim Mälzer kochte, an den Rand der Elbe. Im Sommer sitzt man schön auf der Terrasse. Ein Tipp ist das Menü »Vegane Elb-Gourmandie«.
✢ 200 B1 🚌 Bus 113 Neumühlen
✉ Neumühlen 50
☎ 040 390 90 16 ⊕ www.das-weisse-haus.de
❶ tgl. ab 17.30 Uhr

Eisenstein €–€€
In der ehemaligen Schiffsschraubenfabrik wird es am frühen Abend voll. Seit vielen Jahrzehnten fester Treffpunkt fröhlicher Runden und der perfekte Ort, um sich vor Beginn eines Kino-Films zu stärken. Besonders empfehlenswert: die kreativ belegten Pizzen.
✢ 200 B2 🚌 Bus 2 Hohenesch
✉ Friedensallee 9
☎ 040 390 46 06
⊕ www.restaurant-eisenstein.de
❶ Mo–Fr ab 12, Sa/So ab 16 Uhr

Filmhauskneipe €
Die Filmhauskneipe gibt es schon ewig. Solange sie existiert, lebt ein Stück vom alten Ottensen weiter. Hier herrscht klassische Kneipenatmosphäre: solide Preise und Gerichte.
✢ 200 B2 🚌 Bus 2 Hohenesch
✉ Friedensallee 7
☎ 040 39 90 80 25
⊕ www.filmhauskneipe.de
❶ Mo–Fr ab 12, Sa/So ab 16 Uhr

Fischereihafen Restaurant €€–€€€
Der Klassiker, wenn es in Hamburg um Fisch und Meeresfrüchte geht. Das Haus ist eine Institution, ebenso wie Besitzer Dirk Kowalke und Barmann Ricci (an der Oyster-Bar). Den frischen Fisch holt der Chef oft persönlich direkt gegenüber aus dem Großmarkt. So geht Hamburg.

Klassiker: Fischereihafen Restaurant

✛ 200 C1 🚍 Bus 111 Kreuzfahrtterminal
✉ Große Elbstr. 143
☎ 040 38 18 16
⊕ www.fischereihafenrestaurant.de
❶ tgl. ab 11.30 Uhr

Freudenhaus €€
Der Blick auf die Karte lässt schmunzeln. Die Fleischroulade heißt »Lilo Wanders«, es gibt das »Freudenferkel Olivia Jones« oder »Dicke Möpse« – alles Anspielungen auf den Kiez und das Schmidt Theater. Die Abende werden hier oft lang.

✛ 201 E2 🚍 S1, 3 Reeperbahn
✉ Hein-Hoyer-Str. 7–9
☎ 040 31 46 42
⊕ www.stpauli-freudenhaus.de
❶ Di–Sa ab 17 Uhr

hæbel €€€
Ein Michelin-Stern auf St. Pauli – das gab es 2023 zum ersten Mal. Fabio Haebel hat sich bis nach ganz oben gekocht und so den ehemaligen Nachtclub in eine Fine-Dining-Adresse mit 14 Plätzen gewandelt. Aus regionalen Produkten entstehen besondere Gerichte, die überraschen. Unabhängig davon gehört die Paul-Roosen-Straße zu den lebendigsten Ausgeh-Straßen der Stadt.

✛ 200 E2 🚍 S1, 3 Reeperbahn
✉ Paul-Roosen-Str. 31
☎ 01578 686 45 85
⊕ www.haebel.hamburg
❶ Di–Sa ab 18.30 Uhr

Jacobs €€€
Eines von Hamburgs Spitzenrestaurants in unübertrefflicher Lage mit Elbblick an der Elbchaussee. Gegenüber liegt Hamburgs schönste Hochzeitskirche. Im Sommer zieht es die Hochzeitsgesellschaften zum Empfang auf die legendäre Lindenterrasse, die schon der Maler Max Liebermann impressionistisch verewigt hat.

✛ 200 westl. A1
🚍 S1, S11 Klein Flottbek, dann Taxi
✉ Elbchaussee 404
☎ 040 82 25 54 06
⊕ www.hotel-jacob.de ❶ Di–Sa ab 18 Uhr

Kleine Brunnenstraße €€
Zugegeben, für vertrauliche Gespräche ist das nicht der richtige Ort. Zu eng stehen die Tische beieinander. Doch es ist freundlich hier; eingetaucht in warmes Licht. Das Altonaer Theater liegt um die Ecke – fragen Sie nach dem Theater-Menü (Sonderpreis und mit Vorstellungsbeginn abgestimmt).

✛ 200 B2 🚍 S1, 3 Altona
✉ Kleine Brunnenstr. 1
☎ 040 39 90 77 72
⊕ www.kleine-brunnenstrasse.de
❶ Di–Sa ab 17.30 Uhr

Lust auf Italien €–€€
Der Name ist Programm: Auf den langen Holzbänken, direkt am Altonaer Fischmarkt an der großen Elbstraße, fühlt man sich so wohl wie auf einer Piazza. Aus der Küche dringen italienische Wortfetzen. Hier zu sein, macht Spaß. Wenn kein Platz frei ist, gibt es direkt nebenan Alternativen.

✛ 200 C1 🚍 Bus 111 Große Elbstraße
✉ Große Elbstr. 133
☎ 040 38 28 11
⊕ www.lustaufitalien.de
❶ tgl. ab 12 Uhr

WOHIN ZUM …

Marta €€
Großmutters Küche – aber im 21. Jh., bodenständig und vor allem regional. Wenn hier Fisch auf den Tisch kommt, dann ist er wirklich frisch, denn Köche und Lieferanten kennen und schätzen sich. Ein bisschen wie bei guten Freunden zu Hause.
- 200 C2 S1, 3 Altona
- Spritzenplatz 4
- 040 35 62 14 00
- www.restaurant-marta.de
- Mi–Sa ab 18 Uhr

Quellental €€
Das alte Forsthaus beim Jenischpark liegt versteckt inmitten von Bäumen. Weil es schön so romantisch ist, werden hier oft Hochzeiten gefeiert – gern im lauschigen Kaminzimmer. Oder im hübschen Garten, wo im Sommer Kaffee und Kuchen besonders gut munden.
- 200 westl. A1
- S1, 11 Klein Flottbek
- Quellental 36
- 040 82 24 22 70
- www.quellental-restaurant.de
- Di–So ab 12 Uhr

Röperhof €€
Mitten in Othmarschen, direkt an der Einfahrt zum Elbtunnel, versteckt sich ein 200 Jahre altes Bauernhaus, das man hier nicht unbedingt erwarten würde. Weil man die Autos aber kaum hört, ist ein Besuch im Röperhof fast wie ein Ausflug aufs Land. Aus den früheren Stallungen ist eine loungige Bar mit Clubsesseln geworden, der Restaurantbereich verteilt sich auf mehrere kleine Separees.
- 200 westl. A2
- Bus 15 Agathe-Lasch-Weg
- Agathe-Lasch-Weg 2
- 040 88 11 2 00
- www.roeperhof-restaurant.de
- Mi–Sa ab 12, So ab 10 Uhr

Zum Elbblick €–€€
Die Scholle holt der Chef persönlich zu Fuß, täglich frisch vom Fischgroßhandel an der Elbe. Labskaus, Matjes und Rote Grütze fehlen auf der Karte auch nicht. Das wären schon Gründe genug, am Elbhang einzukehren, aber das Beste ist die traumhafte Terrasse.
- 201 D1 S1, 3 Königstraße
- Olbersweg 49
- 040 380 62 98 www.elbblick.net
- Di–Sa ab 18 Uhr

Zum Schellfischposten €
Aus Hamburgs ältester Seemannskneipe wird »Inas Nacht« übertragen, deswegen pilgern ihre Fans hierher (die Kneipe verkauft keine Karten!). Für 14 Zuschauer hat die Sendung Platz, alle anderen, auch der Shanty-Chor, sind »Zaungäste«. Es gibt kleine Snacks und natürlich ein kühles Bier.
- 201 D1 S1, 3 Königstraße
- Carsten-Rehder-Str. 62
- 040 38 34 22
- www.schellfischposten.de
- Mo–Sa 12–1, So 8–23 Uhr

Weinstube zur Traube €–€€
Hübsch, klein, alteingesessen – und seit 2022 mit jungem Team und neuem Programm frisch gestartet. Die Weinkarte ist hervorragend, sogar Spitzenweine gibt es glasweise! Der Verdauungsspaziergang führt im Anschluss zur schönen Christianskirche um die Ecke (Richtung Elbchaussee).
- 200 C1 S1, 31 Altona
- Karl-Theodor-Str. 4
- 040 66 97 71 72
- www.traube-hamburg.com
- Do–Mo ab 17 Uhr

CAFÉS/IMBISS

Engel
Das Engel ist ein veritables Restaurant, aber auch ein herrliches Café. Auf dem Anleger Teufelsbrück gelegen bietet sich eine fantastische Aussicht. Die Kuchen und Torten sind toll. Aber: Die Wellenbewegung des Wassers ist deutlich zu spüren, vor allem wenn die Elbfähren anlegen.
- 200 westl. A1 Bus 112, Teufelsbrück
- Anleger Teufelsbrück/Othmarschen
- 040 82 41 87
- www.restaurant-engel.de
- tgl. 13–22 Uhr

An der Glasfront des Restaurants »Engel« ziehen Schiffe vorbei.

Knuth
Ein schöner Platz ist das: drinnen an der großen Fensterfront und draußen auf den Bierbänken. Bei Rhabarberschorle, einer riesigen Frühstücksauswahl oder feinen Suppen und Pinkus-Bier lässt sich der Tag prima vertrödeln.
☩ 200 C2 ⊠ S1, 3 Altona ✉ Große Rainstr. 21
☎ 040 46 00 87 08 ⊕ www.dasknuth.com
❶ Mo–Sa ab 9, So 10–20 Uhr

Café Schmidt
Herzstück des Gastro-Imperiums »Schmidt & Schmidtchen« mit über zwölf Filialen in der Stadt. Hier gibt es noch eine Backstube, das hochprämierte Brot ist lecker. Kuchen, Kaffee und Kekse sowieso.
☩ 200 D1 ⊠ Bus 111 Große Elbstraße
✉ Große Elbstr. 212
☎ 040 413 06 71 00
⊕ www.schmidt-und-schmidtchen.de
❶ tgl. ab 10 Uhr

Wohin zum ... Einkaufen?

Alte Schmiede Ottensen
An diesem schönen Ort in einem Hinterhof in Ottensen kauft man regionale Spezialitäten. Wer sie gekonnt verarbeiten möchte, nimmt am Kochkurs teil. Hier lernen Sie, wie Hamburg isst. Das sympathische Team ist in der Stadt gut vernetzt.
☩ 200 C2 ⊠ S1, 3 Altona
✉ Bahrenfelder Str. 205 (Hinterhof)
☎ 040 32 09 19 67
⊕ www.alteschmiede-ottensen.de
❶ Markt Di–Sa 12–18 Uhr; Veranstaltungen und Kurse nach Angebot und Absprache

Bonscheladen
Den kleinen Laden gibt es schon sei vielen Jahren, er hat eine Fan-Gemeinde. Bei der Produktion der knallbunten Bonsche (Bonbons) können Sie zuschauen (Di–Fr 16.15, Sa 14.30 Uhr).
☩ 200 C2 ⊠ Bus 2 Hohenesch
☎ 040 41 54 75 67 ✉ Friedensallee 12
⊕ www.bonscheladen.de
❶ Mo geschl.

B. Sweet
Das Konzept scheint seltsam, aber es passt wunderbar: Feinste Schokoladen aus aller Welt, handgefertigte Pasteten, Macarons und Pralinen locken neben zarten Dessous und sportlich-eleganter Bademode. Es ist konsequent inkonsequent – und genau deswegen so charmant.
☩ 200 C2 ⊠ S1, 3 Altona
✉ Ottenser Hauptstr. 42
☎ 040 32 52 25 58
⊕ www.b-sweet.com
❶ Di–Fr 12–18.30, Sa 11–15 Uhr

Druckwerkstatt

Briefpapier, Notizblöcke, Stempel, Karten, Schachteln, Magnet-Schlüsselbretter, Kalender und Hamburgensien – viele günstige Kleinigkeiten und edle Schreibutensilien lagern in Schubladen und Regalen. Ein passendes Geschenk ist für jeden schnell gefunden – auch für sich selbst.
- 200 C2 S1, 3 Altona
- Ottenser Hauptstr. 44
- 040 398 63 60
- www.druckwerkstatt-ottensen.de
- Mo–Fr 10–19, Sa 11–18 Uhr

Stilwerk

Über 30 Geschäfte auf sechs Etagen und auf 11 000 m² im alten Mälzereigebäude aus dem Jahr 1907. Alles dreht sich hier ums Wohnen. Achtung: Ein Besuch verleitet Sie womöglich dazu, Ihre Wohnung umzuräumen. Denn ohne etwas mitzunehmen, verlässt kaum jemand den Design-Palast – und seien es nur viele Anregungen für die private Raumgestaltung.
- 201 D1 Bus 111 Sandberg
- Große Elbstr. 68
- 040 30 62 11 00
- https://stilwerk.com/de/hamburg
- Mo–Fr 10–19, Sa 10–18 Uhr

Tide

Ein besonderer Ort für eine kleine Pause. Gönnen Sie sich einen Bio-Kaffee mit Panino, Kuchen oder Tarte. Stöbern Sie danach in dem kleinen Laden, der Feinkost wie Risotto oder Olivenöle im Angebot hat. Aber das Augenmerk liegt vor allem auf dem Treibholz. Das Holz, das schon jahrelang im Meer herumschwamm, könnte jetzt als Brettchen eine gute Figur machen.
- 200 C1 S1, 3 Altona
- Rothestr. 53
- 040 41 11 14 99 www.tide.dk
- Mo–Fr 8–18, Sa/So ab 10 Uhr

Waterkant

In Hamburg muss man natürlich auf Wind und Regen gefasst sein. Für alle, die ihre wetterfeste Kleidung trotzdem vergessen haben, ist dieser Laden die perfekte Anlaufstelle. Von der Mütze bis zur Socke über Regenjacken, die nicht nur wasserdicht sind, sondern auch skandinavisch chic, findet sich hier alles.
- 200 B2 S1, 3 Altona
- Ottenser Hauptstr. 56
- 040 28 51 59 18
- www.waterkant.dk
- Mo–Fr 10–19, Sa 10–18 Uhr

Wohin zum ... Ausgehen?

OTTENSEN

Im Sommer führt kein Weg am Alma-Wartenberg-Platz vorbei. Dort treffen sich diejenigen, die sich für die Ausgehmeile Schulterblatt zu alt fühlen, die Anwohner des Viertels und Touristen, die einen Abend in entspannter, gut gelaunter Atmosphäre schätzen. Verhungern oder verdursten muss niemand im Herzen Ottensens, es reiht sich Bar an Restaurant, und die Getränke dürfen oft bis 23 Uhr draußen konsumiert werden. Dass leere Gläser und Flaschen zum richtigen Tresen zurückgebracht werden, ist Ehrensache.

Familieneck

Abgeschlossen wird nie vor 3 Uhr. Bis dahin ist viel Astra geflossen. Und Augustiner. Und

Exklusive Designwelt im »Stilwerk«

Was wäre der Kiez ohne das Schmidt Theater?

Caipirinha. Im Familieneck stehen Hipster und Werber, Schauspieler, Regisseure, Lebenskünstler und Banker um große Weinfässer, singen bisweilen zu David Bowie und Bob Dylan und gehen oft erst, wenn sie schwanken.

✝ 200 B2 🚇 S1, 3 Altona
✉ Friedensallee 2–4
☎ 040 98 23 78 96
🌐 www.familieneck.de
🕐 tgl. ab 16 Uhr

Gazoline
Hausgemachte Limonade, Whisky pur oder ein Cocktail? Die Bar wirkt wie ein Schlauch, schmal und langgezogen, und ist viel größer, als man es von der Straße aus erwarten würde. Nachmittags gibt es auch einen guten Kaffee. »Tankstelle von Ottensen« nennt sich der sympathische Laden gern.

✝ 200 C2
🚇 S1, 3 Altona
✉ Bahrenfelder Str. 132
☎ 040 37 42 90 28
🌐 www.gazoline-bar.de
🕐 Mo–Sa ab 12, So ab 15 Uhr

Rehbar
Grüne Wände, dunkles Holz und Rehbier auf der Karte bieten Forsthausromantik. Die Kundschaft ist bunt gemischt und die Musik laut. Selbst im Winter sind die Holzbänke vor dem Ecklokal besetzt. Dort sitzen dann, in Wolldecken gehüllt, diejenigen, die den Sternenhimmel über der Ottenser Einkaufsmeile sehen wollen. Typisch Hamburg: Solange es nicht regnet, kann man draußen sitzen.

✝ 200 B2 🚇 S1, 3 Altona
✉ Ottenser Hauptstr. 52
☎ 040 64 85 23 49 🕐 tgl. ab 10 Uhr

The Player
Relativ junger Stern an Hamburgs Partyhimmel – aber megacool! Interessanter Mix: exklusiv essen, daddeln auf dem Playground, dann Drinks und abtanzen. Und wer es mag, kann im angeschlossenen »New Work Club« arbeiten. Ein Rund-um-die-Uhr-Angebot.

✝ 200 C3 🚇 S1, 3 Altona
✉ Bahrenfelder Str. 322
☎ 040 537 99 62 50
🌐 www.player-hamburg.de
🕐 Di–Fr ab 12, Sa ab 17 Uhr

WOHIN ZUM …

ST. PAULI

Große Freiheit, Hans-Albers-Platz, Spielbudenplatz und Hamburger Berg – hier muss man hin, um ihn zu erleben, den Mythos St. Pauli. Auch wenn die Amüsiermeile sich wandelt, bleibt sie die quietschbunte Überraschungstüte der Stadt.

Mojo Club
Seit 1989 gehört das Mojo zu den angesagtesten Clubs der Stadt. Die Adresse hat sich nie verändert, die »Hülle« schon. Das alte Gebäude wurde abgerissen. Es machte Platz

Eingang zum unterirdischen »Mojo Club«

für die »Tanzenden Türme«. Dort befindet sich im Erdgeschoss das Jazz-Café. Der eigentliche Club dagegen liegt tief unter der Straße. Man betritt ihn durch zwei Bodenluken. Er ist geöffnet, wenn diese aufgeklappt sind. Im Café gibt es am Wochenende auch DJ-Live-Sessions.
- 201 F2 U3 St. Pauli
- Reeperbahn 1
- 040 319 19 99
- www.mojo.de
- Jazz-Café Do–Sa ab 18 Uhr und 1 Std. vor Konzertbeginn im Club

Olivias Show Club
In einem Hinterhof der Großen Freiheit hat Deutschlands bekannteste Travestiekünstlerin Olivia Jones ihre Cabaret-Bar eröffnet. Irgendwas ist hier immer los: entweder »Olivia Wilde Jungs« (strippende Kerle, nur für Frauen), »Porno-Karaoke-Bar« (Nachsynchronisieren von alten Sex-Filmen) oder ein Mitglied der »Jones«-Familie tritt auf, z. B. Lilo Wanders.
- 201 E2 S1, 3 Reeperbahn
- Große Freiheit 27
- 040 228 66 23 00 www.olivia-jones.de
- tägl. abends, je nach Veranstaltung

Roschinsky's
»Und jetzt noch in die Rutsche!« So nennen Hamburger die Bar, die sie gern besuchen, wenn sie zu später Stunde Lust darauf haben, in WG-Party-Atmosphäre zu tanzen. Der DJ nimmt Wünsche entgegen, oft drängen ganze Gruppen in das Lokal. Es ist Platz für jeden: ob High Heels oder Turnschuhe, Jeans oder Anzughose, mit lila Haaren oder grauen. Selbstredend sind St.-Pauli-Fans besonders herzlich willkommen.
- 201 F2 U3 St. Pauli
- Hamburger Berg 19
- 040 50 69 58 18 www.roschinskys.de
- Mo–Mi ab 21, Do–Sa ab 20 Uhr

Rosis Bar
Noch immer führt Rosi Sheridan McGinnity die legendäre Kiezkneipe, in der schon Tony Sheridan (Ex-Mann der Wirtin) und die Beatles am Tresen standen. Das Interieur sieht noch immer so aus wie damals, die Musik ist stilecht: Sixties Soul. Eng, heiß, laut und so herrlich nostalgisch!
- 201 F2 U3 St. Pauli
- Hamburger Berg 7
- tgl. ab 21 Uhr

Thai Oase
Jeden Abend drängen sich Sangesmutige auf der winzigen Bühne der stadtbekannten Karaoke-Bar – für gute Unterhaltung ist also immer gesorgt. Keine Sorge, die meisten, die das Mikrofon in der Hand halten, haben schon etliche Abende lang hier geübt. Und damit jeder, der möchte, mindestens einmal an der Reihe ist, hat die Bar freitags und samstags bis morgens um halb sieben Uhr geöffnet.
- 201 E2 S1, 3 Reeperbahn

✉ Große Freiheit 38–40
☎ 040 31 79 20 95
🕐 tgl. ab 20 Uhr

The Chug Club
Bettina »Betty« Kupsa und ihre viel prämierte Cocktailbar gehören zu Hamburgs schönsten Ausgehzielen am Abend. Sie hat sich auf Tequila und Mezcal spezialisiert. Unbedingt probieren: die rubinrote Lupita Margarita.
✚ 201 F1 🚇 U3 St. Pauli
✉ Taubenstr. 13
☎ 040 35 73 51 30
🌐 www.thechugclub.bar
🕐 tgl. ab 18 Uhr

Uebel & Gefährlich
Einer der besten Clubs der Stadt. Seit Ewigkeiten im Bunker an der Feldstraße beheimatet, mit Ballsaal und Turmzimmer. Und so wird es auch bleiben, wenn erst Hotel und Garten obendrauf (s. Bunker St. Pauli, S. 49, 54) fertig sind.
✚ 201 F3 🚇 U3 Feldstraße
✉ Feldstr. 66 ☎ 040 3179 36 10
🌐 www.uebelundgefaehrlich.com
🕐 tgl. ab 18 Uhr

Yakshi's Bar
Sie mögen es lieber chic? Dann ab in die Bar des Hotels »East«! Architekt Jordan Mozer hat Hamburg durch futuristisches Design und edles Mobiliar ein Hauch von New York City verliehen.
✚ 201 F2 🚇 U3 St. Pauli
✉ Simon-von-Utrecht-Str. 31
☎ 040 30 99 30
🌐 www.east-hamburg.de
🕐 tgl. ab 9 Uhr, auch zum Früh-Kaffee

THEATER/ KABARETT/ MUSIK

Altonaer Theater
»Wir spielen Bücher« lautet das Motto dieses sympathischen Privattheaters direkt neben dem Altonaer Museum.
✚ 200 C1 🚇 S1, 3 Altona
✉ Museumsstr. 17
☎ 040 38 25 38
🌐 www.altonaer-theater.de

Fabrik
Konzerte, Lesungen, Comedy, Theater, Flohmärkte und Ausstellungen – in der Fabrik ist fast jeden Abend Programm. Das aus der Gründerzeit stammende, nach einem Brand 1977 wieder aufgebaute Gebäude beeindruckt zudem durch seine Architektur
✚ 202 C3 🚌 Bus 115, 150 Barnerstraße
✉ Barnerstr. 36
☎ 040 39 10 70 🌐 www.fabrik.de

Konzert der Band »Calle 13« in der Fabrik

Schmidts Tivoli
Mittlerweile hat der Hausherr ein kleines Imperium geschaffen: Im Schmidt Theater, Schmidts Tivoli und im Schmidtchen gibt's täglich Comedy, Musical und Show.
✚ 201 F2 🚇 S1, 3 Reeperbahn
✉ Spielbudenplatz 22–28
☎ 040 31 77 880 🌐 www.tivoli.de

Thalia in der Gaußstraße
Erstaufführungen junger Autoren und experimentelles Theater haben in der zweiten Spielstätte des berühmten Thalia Theaters ihren Platz.
✚ 200 C3 🚌 Bus 2 Gaußstraße
✉ Gaußstr. 190
☎ 040 30 60 39 10
🌐 www.thalia-theater.de

Hamburg vom Wasser aus entdecken: mit einem Alsterschiff

Zwischen Winterhude und Ohlsdorf

Grün, grüner, am grünsten: Zwischen Stadtpark und Friedhof Ohlsdorf wird die City zum Park.

Seiten 152–169

Erste Orientierung

Hamburg ist eine der grünsten Städte Deutschlands. Im Norden tragen besonders der Ohlsdorfer Friedhof und der Stadtpark zu diesem Eindruck bei. Von Norden mäandert die Alster stadteinwärts, parallel zu den Straßen verlaufen schmale Kanäle. In Barmbek und Dulsberg wohnten und wohnen traditionell die Arbeiter der Stadt.

Der Ohlsdorfer Friedhof ist der größte Parkfriedhof der Welt. An den Gräbern und ihren Denkmälern lassen sich die Trends und Moden der Bestattungskultur verfolgen. Für viele Hamburger ist der Friedhof auch ein Ausflugsziel im Grünen. Hier und im nahe gelegenen Stadtpark finden die Großstädter Erholung und Ruhe.

Im Norden entstanden in der Weimarer Zeit auch die Wohnsiedlungen des Sozialen Wohnungsbaus. Wie sich die Arbeit auf unser Leben auswirkt, das zeigt das in Barmbek beheimatete Museum der Arbeit. Die City Nord ist eine moderne Geschäftsstadt, die heute Architekturfans anzieht. Im alsternahen Stadtteil Winterhude lebt es sich schick und nobel – mit den entsprechenden Restaurants, Läden und allem, was sonst noch dazugehört.

TOP 10
❾ ★★ Ohlsdorfer Friedhof

Nicht verpassen!
㊸ Stadtpark und Planetarium

Nach Lust und Laune!
㊹ Museum der Arbeit
㊺ Winterhude
㊻ City Nord

ERSTE ORIENTIERUNG

Mein Tag
auf den Spuren der Arbeitertradition

Im Norden der Stadt liegen die alten Arbeiterviertel, riesige Wohnblöcke aus Backstein. Ein großartiger Ort, um auf Spurensuche zu gehen, sind das Museum der Arbeit in Barmbek und die Jarrestadt in Winterhude. Hier durchziehen auch zahlreiche Kanäle die Viertel. Also: rauf aufs Wasser!

14 Uhr: Torte an Bord

10 Uhr: In der alten Gummifabrik

Im **44** Museum der Arbeit (S. 166) können Sie sich perfekt auf das Thema des heutigen Tages einstimmen: Hamburgs Arbeitertradition. In der ehemaligen Gummi-Waaren Compagnie stehen die alten Druckerpressen nicht nur zum Ansehen: Es gibt Workshops, ob zu Buchdruck oder zum Münzpressen.

Wer am Wochenende unterwegs ist, kann den Tag bereits um 9.30 Uhr mit einem kräftigem Frühstücksbüfett im Restaurant T. R. U. D. E. (www.trude-hh.de) starten.

11 Uhr: Anfänge des sozialen Wohnungsbaus

Von hier aus ist es nur ein Katzensprung (zu Fuß ca. 20 Min.) zur Jarrestadt: So sah sozialer Woh-

nungsbau Anfang des letzten Jahrhunderts aus – auch heute noch ganz schön modern. Verpassen Sie nicht einen Blick in die häufig großen Innenhöfe. An der Meerweinstr. 26–28 steht die von Fritz Schumacher 1930 erbaute Meerweinschule. »Licht und Luft in einem Glaspalast« für Kinder aus allen sozialen Schichten, jubelte damals die Hamburger Presse.

12 Uhr: Ab aufs Wasser

An der Straße Kaemmereruferliegt die Bootswerft Dornheim (S. 159). Mieten Sie sich ein Kanu (es gibt sogar eine Gondel, in der man sich chauffieren lassen kann) und paddeln Sie durch die Kanäle. Sehr umweltbewusst sind Sie mit dem »Greenkayak« unterwegs: Das Boot kostet nix, im Gegenzug sammeln Sie Müll aus dem Wasser.

10 Uhr

12 Uhr

Winterhude und Uhlenhorst sind ein Paradies für Paddler.

Am Wochenende beginnt der Tag mit einem kräftigen Frühstücksbüfett im Restaurant T. R. U. D. E. im Innenhof des Museums für Arbeit.

Überall sieht man alte Fabrikgebäude, die in Wohnungen umgewandelt wurden.

14 Uhr: Torte an Bord

Wenn Sie fleißig gepaddelt sind, haben Sie es jetzt schon bis nach 45 Winterhude (S. 166) geschafft. Ein kleiner Kanal geht links ab, parallel zum Mühlenkamp. Sehen Sie ein offenes Fenster in einem Haus? Das ist das Café Canale (S. 167): Hier können Sie sich das Stück Torte ins Boot reichen lassen.

17 Uhr: Kaffeepause

Spazieren Sie nach der Bootabgabe erneut nach Winterhude und werfen einen Blick auf die für Hamburg so typischen Terrassenhäuser: im Mühlenkamp 8–14. In den ca. 50 m² großen Wohnungen lebten einst Arbeiterfamilien. Heute ist der Mühlenkamp eine Shopping-Straße. Nette Cafés laden zu einem Päuschen ein.

18 Uhr: Tanz in der Maschinenfabrik

Der Abend endet stilgerecht: In der

Aus einer Maschinenfabrik entstand ein lebendiger Veranstaltungsort namens Kampnagel, der heute sechs Bühnen, ein Kino, mehrere Probenräume und ein Restaurant beherbergt.

Kampnagel-Fabrik stand der später in der DDR berühmt gewordene kommunistische Schriftsteller Willi Bredel (1901–1964) als junger Mann an der Drehbank.

Heute ist Kampnagel (S. 169) Hamburgs kreativstes Kulturzentrum. An fast jedem Tag im Jahr ist hier Programm, oft internationales Tanztheater, aber auch Kino. Zum Sommerfestival im August pilgern Hamburger Kulturfreunde seit Jahrzehnten. Im »Casino« gibt es kleine und große Leckereien bis spät in die Nacht.

Jarrestadt-Archiv
✣ 199 F3 ✉ Wiesendamm 123
🚇 S Barmbek, U Saarlandstraße
☎ 040 279 18 17
🌐 www.jarrestadt-archiv.de
🕐 nach Vereinbarung; fragen Sie nach Führungen. Wirklich interessant.

Bootswerft Dornheim
✣ 199 F3 ✉ Kaemmererufer 25
🚌 Bus 17 Großheidestraße
☎ 040 279 41 84
🌐 www.bootsvermietung-dornheim.de
⚓ Boot für 2 ab 13,50 €/Std.

❾ ★★ Ohlsdorfer Friedhof

Was?	Der größte Parkfriedhof der Welt und einer der schönsten Parks der Stadt
Warum?	Themenrundgänge auf den Spuren von Persönlichkeiten
Wie lange?	Als kleinen Eindruck eine 20-minütige Bus-Rundtour
Was noch?	Kleines Infozentrum mit Toureninfos am Haupteingang
Resümee	Die Erinnerung an unsere Toten stärkt uns für unser Leben

In Ohlsdorf fanden einige der berühmtesten Hamburgerinnen und Hamburger ihre letzte Ruhestätte. Besucher können schöne Grabmäler betrachten und sich in dem wunderbaren Park von der Großstadt erholen. Die Zahlen verdeutlichen die Größe des Friedhofs: Seit 1877 fanden 1,5 Millionen Beisetzungen statt, es gibt 160 000 Grabstätten, 15 Teiche, 26 Mausoleen und ein 17 km langes Wegenetz.

Ende des 19. Jhs. wurde es auf den kirchlichen Friedhöfen vor den Stadtwällen eng. Der neue Friedhof in Ohlsdorf löste nicht nur das Platzproblem. Sein Bau war ein Zeichen dafür, dass im Rahmen der fortschreitenden Säkularisierung die Kommune sich nunmehr um die Toten kümmern wollte. Den ganzen Friedhof zu erwandern, ist fast unmöglich – erst recht im Rahmen eines eintägigen Besuchs. Zwei Buslinien »erfahren« das Gesamtgelände. Das ganze Gelände ändert sich seit Jahren – weniger Beerdigungen, dafür mehr Bürgerpark.

Gräber für Dichter, Kaufleute und Bürger
Als erstes Ziel auf dem Friedhof bietet sich das ca. 250 m links vom Haupteingang liegende Forum Ohlsdorf mit dem Schumacher-Krematorium an. Oberbaudirektor Fritz Schumacher hat den Bestandsbau 1930–32 errichten lassen, 2011 sind mit dem Café Fritz (https://cafefritz-hamburg.de), Abschiedsräumen, Ausstellungsflächen, einem Kolumbarium und einer Krypta sowie Feierhallen moderne Anbauten hinzugekommen.

In der Nähe finden Sie ein schönes Beispiel für die Grabmalkultur Hamburger Kaufmannsfamilien (Nebenallee,

V 7). Die Familien Canel, Laeisz, Hanssen und Meerwein erbauten diesen Friedhof im Friedhof 1886–1917. Direkt gegenüber steht das Mahnmal für die Opfer des Nationalsozialismus. Düster ist das 1952 von dem Bildhauer Gerhard Marcks geschaffene Mahnmal, das an die Bombenopfer des Feuersturms von 1943 erinnert (bei Kapelle 13, Bp 66). Ein Stück weiter die Talstraße entlang erreichen Sie die Dichterecke. Sie finden dort z. B. das Grab von Wolfgang Borchert (AC 5).

Mausoleen entsprachen nicht dem Understatement der Hanseaten. Lediglich Patrizierfamilien wie die Barone von Schröder (bei Kapelle 7) oder reiche Familien wie der Erfinder der Tankschifffahrt, Anton Riedemann, pochten auf derart feudale Begräbnisstätten (bei Kapelle 8).

In Ohlsdorf liegen auch Hamburgs berühmteste Künstler wie Phillipp Otto Runge (unten): in dem weitläufigen Parkfriedhof kann man sich leicht verlaufen.

KLEINE PAUSE
Lohnend ist der kleine 15-minütige Fußmarsch ans Ufer der Alster. Dort liegt das Ausflugslokal **Zur Ratsmühle** (www.zur-ratsmühle.de, Mo–Fr ab 12, Sa/So ab 10 Uhr).

† 198 nordöstl. C5
🚆 S1 Ohlsdorf
✉ Haupteingang Fuhlsbüttler Straße, gegenüber S- und U-Bahnhof Ohlsdorf
☎ 040 59 38 80
🌐 www.friedhof-hamburg.de
🕐 April–Okt. 9–21, Nov.–März 9–18 Uhr
💶 frei

❶ Es gibt Themenführungen zu Literatur oder Stadtgeschichte, aber auch Radtouren und Events wie geführtes Waldbaden oder zu Themen wie Vogelkunde, Atmen und Achtsamkeit. Termine auf der Webseite.

㊷ Stadtpark und Planetarium

Was?	Freiluftvolkshaus und modernes Planetarium
Warum?	Erkundungstour durchs pralle Leben – zu Fuß, mit dem Rad oder mit dem Paddelboot
Wann?	Am Wochenende: Beachvolleyball, tobende Kinder, grillende Partyfreunde
Wie lange?	Einmal zu Fuß rund um die große Wiese dauert 40 Min.
Resümee	An kaum einem anderen Ort trifft man so viele entspannte Hamburgerinnen und Hamburger

Der Stadtpark war von Anbeginn mehr als nur eine Grünfläche mitten in der Stadt. Geplant als »Freiluftvolkshaus« hatte hier jede Kleinigkeit, von der Pflanze bis zur Parkbank, ihre eigene Bedeutung. Mittendrin liegt Europas modernstes Planetarium.

1901/02 kaufte die Stadt Hamburg Adolf Sierich ein ca. 180 ha großes Wald- und Jagdgelände an der Alster in Winterhude ab und schrieb dann einen Wettbewerb aus: Kein romantischer Garten, sondern ein Volkspark sollte entstehen, mit einem pädagogischen Ansatz für Besucher aus den Arbeitervierteln, die rundherum aus dem Boden schossen. Sportstätten gehörten dazu, Kultureinrichtungen und viel Kunst im freien Raum. Alfred Lichtwark (Kunsthallendirektor) und Justus Brinckmann (Gründer des Museums für Kunst und Gewerbe) waren an der Planung beteiligt. Hamburgs neuer Oberbaudirektor Fritz Schumacher begann 1910 mit der Umsetzung der Pläne, und 1914 wurde der Park schließlich eingeweiht.

Kicken, schwimmen, genießen

In der Mitte des Parks liegt der Stadtparksee. Dort stand bis zum Zweiten Weltkrieg die große Stadthalle für Hunderte von Ausflüglern mit einer riesigen Terrasse und mit Bootsanlegern. Wandern Sie rechts oder links um die große Wiese zu den Alten Rosengärten. Die Kriegszeit hatte den Park sehr gebeutelt. Es gab eine riesige Flakabwehrstellung, später dann Notunterkünfte und Gemüsebeete.

Heute ist der Stadtpark eine der »grünen Lungen« Hamburgs. Man trifft sich zum Tai-Chi und zum Grillfest, zum Kicken und zum Minigolfen, zum Planschen und zum Drachensteigen oder abends zum Konzert auf der Freilichtbühne (S. 165). Wasserfreunde lieben das Naturbad Stadtparksee mit Strand, Liegewiese und Biergarten. Auf immer mehr Interesse stoßen die Rugby-Turniere in der Arena an der Saarlandstraße (www.hamburg-rugby.de)

Beschaulich und nett: das Lesecafé am Rosengarten

Am besten vom Wasser aus

Als die Rolling Stones im Sommer 2017 in Hamburg ihre Welttournee starteten, stand die Bühne direkt vor dem Stadtparksee – und dort lagen einige schlaue Hamburger gemütlich in ihren Paddelbooten und genossen das Spektakel live und kostenlos, wenn auch nur von hinten. Paddeln ist eine tolle Art, den Stadtpark zu entdecken. Mieten Sie sich ein Boot und rudern Sie bis zum Jungfernstieg. Dauert zwar hin und her ein paar Stunden, aber bei gutem Wetter ist es ein einzigartiges Erlebnis. Boote gibt es aber leider nur im Sommer.

Das Sternentheater

Das Planetarium Hamburg schärft das Bewusstsein dafür, dass unser Planet nur ein Teil des unermesslichen Universums ist. Von der Plattform des einstigen Wasserturms hat

man in 40 m Höhe eine 360-Grad-Aussicht über ganz Hamburg. Innen, unter der 22 m hohen Kuppel des Sternensaals, reicht der Blick noch wesentlich weiter. Dank einer weltweit einmaligen 3D-Technik erkunden die Besucher die geheimnisvollsten Winkel des Weltalls. In einem Sessel liegend geht es auf eine Zeitreise, die einstmals mit dem sogenannten Big Bang begann.

Das abwechslungsreiche Programm für Jung und Alt beinhaltet Vorträge, Lesungen, Hörspiele, Livekonzerte und spektakuläre Musikshows. Der Weg lohnt aber für das Gebäude allein, ein Kunstwerk.

Das Planetarium Hamburg ist in einem ehemaligen Wasserturm im Stadtpark untergebracht.

KLEINE PAUSE
Im **Lesecafé am Rosengarten** (Abb. S. 163) trifft die Seele des alten Stadtparks auf frische Vibes. Die Betreiber veranstalten Lesungen, Konzerte, Barbecues – und lassen das Café länger geöffnet, wenn auf der Bühne nebenan gerockt wird (www.lesecafe-stadtpark.de, Di–So, Zeiten variieren).

✛ 199 D–F 3–4
🚇 U3 Borgweg, U1 Hudtwalckerstraße, S1 Alte Wöhr
🌐 www.hamburg.de/stadtpark

Sommerfreibad Stadtparksee
☎ 040 18 88 90
🌐 www.baederland.de
✉ Südring 5 B
🕐 nur im Sommer tgl. 11–20 Uhr
💰 3,80 €

Planetarium Hamburg
🚇 U1 Hudtwalckerstraße
✉ Linnering 1
☎ 040 428 86 52 10
🌐 www.planetarium-hamburg.de
🕐 Di–So, wechselnde Zeiten
💰 ab 12 €, Preise für Musikshows, Konzerte und Lesungen variieren

Bootsverleih im Sommer
✉ Auf der Liebesinsel oder beim Café Sommerterrassen
🌐 www.hamburgerstadtpark.de

Hand in Hand mit Jamie Cullum

Wahnsinn, einfach Wahnsinn, diese Bühne! So einfach, so idyllisch mitten im Stadtpark gelegen und doch so perfekt, dass all die großen Stars wieder und wieder kommen. Von Pink bis Herbert Grönemeyer, von Lady Gaga bis Deep Purple. Oben von der Bühne rocken sie den ganzen Park. Wer keine Karten mehr ergattern konnte, picknickt draußen vor der Hecke auf der Wiese. Hand in Hand mit Singer-Songwriter Jamie Cullum? Na ja – fast …
www.stadtparkopenair.de

Nach Lust und Laune!

44 Museum der Arbeit

Mit der Verarbeitung von Kautschuk zu Hartgummi waren in dieser ehemaligen Fabrik früher bis zu 1000 Personen beschäftigt. Im Zweiten Weltkrieg wurde ein Großteil

Früher Kautschuk-Fabrik, heute Museum

des Geländes zerstört. Heute ist es ein tolles Museum, sehr lebendig und aufschlussreich. Der Rundgang zeigt die Folgen der Industrialisierung auf Privat- und Arbeitsleben in Vergangenheit und Gegenwart. Mitmachen, Erleben, Selbermachen stehen im Vordergrund.

- 199 östl. F1 S1, U3 Barmbek
- Wiesendamm 3 ☎ 040 428 13 30
- www.museum-der-arbeit.de
- Mo 10–21, Mi–Fr bis 17, Sa/So bis 18 Uhr
- 8,50 €

45 Winterhude

Wer heute durch Winterhude schlendert, kann sich kaum vorstellen, dass hier früher vor allem Arbeiter wohnten. Zwar gibt es noch (z. B. abzweigend von der Gertigstraße) die Terrassen, also Hinterhöfe, mit kleinen Wohnungen, doch längst ist alles luxussaniert. Winterhude und (in der Verlängerung) Uhlenhorst gelten als begehrteste Wohnviertel der Stadt. Stadtpark und Alster liegen um die Ecke, bis ins Zentrum brauchen Sie mit dem Bus nicht einmal 15 Minuten. Schicke Läden, Bars und Restaurants sind selbstverständlich.

- 198/199 C/D 2/3
- U1 Hudtwalckerstraße, U3 Sierichstraße

46 City Nord

Als moderne Geschäftsstadt in den 1960er-Jahren nach Ideen des Oberbaudirektors Werner Hebebrandt erbaut. Entdecken Sie Klassiker wie das Vattenfall-Hochhaus von Arne Jacobsen (Überseering 12), spannende Neubauten wie das Polizeipräsidium (Hindenburgstraße) und das Oval Office (Ecke Kapstadtring/Überseering).

Ziemlich spektakulär: das Polizeipräsidium

- 199 D–F 4/5 U1 Alsterdorf, Sengelmannstraße (City Nord)
- https://city-nord.eu

Wohin zum ... Essen und Trinken?

Preise für ein Hauptgericht ohne Getränke:
€ unter 17 Euro
€€ 17 bis 30 Euro
€€€ über 30 Euro

RESTAURANTS

Edelsatt €
Hier gibt es Wildfleisch aus regionaler Aufzucht, das u. a. zu Burgern und Currywurst verarbeitet wird. Sonntags ist der Brunch zu empfehlen. In Summe ein ziemliches Alleinstellungsmerkmal in Hamburg.
✢ 199 D2 🚌 Bus 6, 17, 25 Gertigstraße
✉ Mühlenkamp 8
☎ 040 69 64 43 06
🌐 https://edelsatt.de
🕐 Mo ab 17, Sa ab 13, So ab 10 Uhr

Froindlichst €-€€
Vegan ist alles, was in dem wohnzimmerähnlichen Café-Restaurant auf die blank geputzten Holztische kommt, von der Avocado-Schoko-Torte bis zur Pizza, auf Wunsch auch glutenfrei.
✢ 199 E3 🚇 U3 Sierichstraße
✉ Barmbeker Str. 169
☎ 040 18 13 51 54
🌐 www.froindlichst.com
🕐 Mo–Fr 12–22, Sa/So ab 10 Uhr

Goldbeker €
Diese Kneipe gab es hier schon, als Winterhude noch nicht Schickimicki war. Natürlich ist hier längst auch alles renoviert, aber bodenständig geht's immer noch zu. Blanke Holztische und solides Bier vom Fass.
✢ 199 D3 🚌 Bus 6, 17, 25 Goldbekplatz
✉ Schinkelstr. 20
☎ 040 33 42 80 92
🌐 www.goldbeker-hamburg.de
🕐 tgl. ab 12 Uhr

Liman €€-€€€
Seadfood-Bar der gehobenen Klasse: große Fischplatte bis Austern. Abends schicke Drinks. Die Plätze vor der Tür mit Blick auf Winterhudes Flaniermeile sind ideal zum Sehen-und-gesehen-Werden.
✢ 199 D2 🚌 Bus 6, 17, 25 Gertigstraße
✉ Mühlenkamp 16
☎ 040 370 85 65 32
🌐 https://liman-fisch.com
🕐 tgl. ab 12 Uhr

Pasalo Bien €€
Temperamentvoll ist die Bewirtung und die Tische stehen angenehm weit auseinander, damit man sich bei Paella, Iberico-Schinken oder den leckeren Tapas nicht in die Quere kommt.
✢ 199 D3 🚇 U3 Borgweg
✉ Barmbeker Str. 70–72
☎ 040 87 60 34 66
🌐 www.pasalo-bien.de 🕐 tgl. ab 18 Uhr

Portomarin €€–€€€
2023 erneut von der Fachzeitschrift »Der Feinschmecker« zum besten Spanier Hamburgs gekürt. Die Produkte kommen aus Galicien – Portomarin ist der Name des Heimatortes von Patron Jesús.
✢ 199 D2 🚇 U3 Sierichstraße
✉ Dorotheenstr. 180
☎ 040 46 96 15 47 🌐 www.portomarin.de
🕐 Di–Sa 18–22.30 Uhr

Wolfs Junge €€€
Sebastian Junge ist ein fantastischer Koch und engagierter Lebensmittel-Aktivist. Bei ihm spielt nicht nur die Frage eine Rolle, wie etwas auf Tische und Teller kommt, sondern vor allem auch was. Regional, ökologisch und von allerbester Qualität – das sind seine Kriterien. Ein außergewöhnliches Haus, 2023 erneut zurecht mit dem grünen Michelin-Stern für Nachhaltigkeit ausgezeichnet.
✢ 199 E1 ✉ Zimmerstr. 30
☎ 040 20 96 51 57
🌐 www.wolfs-junge.de
🕐 Mi–Sa 12–14.30 und ab 18 Uhr

CAFÉS

Canale
Hier brauchen Sie während der Paddeltour nicht einmal das Boot zu verlassen. Sie klingeln vom Kanal aus an der Hauswand und

bestellen ein köstliches Stück Gugelhupf direkt in Ihr Boot.
† 199 D2 🚌 Bus 6, 17, 25 Gertigstraße
✉ Poelchaukamp 7 (Mühlenkampkanal)
☎ 040 270 01 01
🌐 www.cafecanale.de
🕐 Mo–Fr ab 9, Sa/So ab 10 Uhr

Eis&Innig
Hausgemachtes Eis ohne künstliche Aromen oder Farbstoffe. Die Zutaten stammen von Bio-Höfen und die Betreiber achten auf Müllreduktion. Gutes Konzept. Sehr leckeres Eis.
† 199 D2 🚌 Bus 17, 25 Gertigstraße
✉ Mühlenkamp 46
☎ 040 36 94 61 62 🌐 www.eisundinnig.eu
🕐 Sommer Mo–Fr ab 15, Sa/So ab 13.30 Uhr

Leinpfad
Das Café liegt auf einem Schiffsanleger am Leinpfad-Kanal. Vor Ihren Augen schippern Alsterdampfer, Schwäne und Entenfamilien. Das ist so hübsch anzusehen, dass Sie dabei fast ein Kuchenstück vor Ihnen vergessen könnten.
† 198 C4 🚇 U1 Hudtwalckerstraße
✉ Hudtwalckerstraße/Leinpfadkanal
☎ 040 46 48 56
🌐 www.cafe-leinpfad.de
🕐 Sommer Mo–Fr ab 12, Sa/So ab 10 Uhr

Public Coffee Roasters
Das Hamburger Team hat mehrere Filialen in Hamburg. Diese hier liegt in einer schönen alten Eisengießermanufaktur von 1899. Super Kaffee, leckere Snacks.
† 199 D2 🚌 Bus 6, 17, 25 Goldbekplatz
✉ Goldbekplatz 1
🌐 https://publiccoffeeroasters.com
🕐 tgl .außer Di ab 9 Uhr

Wohin zum … Einkaufen?

Die Lakritzerie
Süß, salzig, brandscharf oder mit Schokolade, aus Island, Dänemark, Italien oder Hamburg – wer in diesem Tante-Emma-Laden kein Lakritz findet, der mag wahrscheinlich einfach kein Süßholz.
† 199 D3 🚇 U3 Sierichstraße
✉ Barmbeker Str. 189
☎ 040 38 63 21 13 🌐 www.lakritzerie.com
🕐 Mo–Sa ab 10 Uhr

Trixi Gronau
Diese Papeterie einen Schreibwarenladen zu nennen, das wäre wirklich vermessen. Trixi Gronau verkauft schöne Dinge für den Alltag, Raumdüfte und Kerzen, Tischdekoration und Schmuck, Handtaschen und Portemonnaies, Füller und Tinten. Aber vor allem: die farbenfrohen Organizer mit Lederhülle, die einen über viele Jahre begleiten.
† 199 D2 🚌 Bus 6, 17, 25 Gertigstraße
✉ Poelchaukamp 23
☎ 040 279 67 96
🌐 www.trixi-gronau.de
🕐 Di–Fr ab 12, Sa 12–15 Uhr

Wohin zum … Ausgehen?

BARS/KNEIPEN/MUSIK

Berglund
Die Drinks werden in geeisten Kristallgläsern kredenzt, ein Wasser gehört zum Service. Überhaupt ist diese Bar, die in Hamburgs ehemals älteste Wirtschaft eingezogen ist, für viele Anwohner ein Grund dafür, nicht mehr in die allseits bekannten Ausgehviertel zu fahren – denn behaglich schick ist es auch hier in Winterhude.
† 199 E2 🚌 Bus 6 Gertigstraße
✉ Gertigstr. 14
☎ 040 60 43 02 08
🌐 http://berglund-bar.com
🕐 Di–So ab 18 Uhr

Landhaus Walter
Ein Haus mit Tradition. Nach langer Renovierung eröffnet es 2023 ganz neu. Das freut vor allem Freunde der Livemusik. Mit Biergarten.
† 199 D4/5 🚇 U3 Borgweg
✉ Otto-Wels-Str. 2

☎ 040 228 5848 70
🌐 https://landhaus-walter.de
🕐 bei Redaktionsschluss nicht bekannt

Sommerterrassen
Auf der Steintreppe vor dem schon tagsüber geöffneten Café am Wasser ist es an lauen Sommerabenden proppenvoll – das ist eben ein schöner Platz für ein Feierabend-Getränk. Der Blick auf den Goldbekkanal und der Sonnenuntergang über dem Stadtpark sind unschlagbare Argumente für einen Besuch.
✠ 199 E3 🚇 U3 Saarlandstraße
✉ Südring 44
☎ 040 270 62 74
🌐 www.sommerterrassen-hamburg.de
🕐 Sommer Mo–Fr ab 12, Sa/So ab 10 Uhr

THEATER/KINO

Ernst-Deutsch-Theater
Mit 743 Plätzen ist dieses Theater unter der engagierten Intendantin Isabella Vértes-Schütter die größte Privatbühne Deutschlands. Es gibt Lesungen und Konzerte.
✠ 203 F5 🚇 U3 Mundsburg
✉ Friedrich-Schütter-Platz 1
☎ 040 22 70 14 20
🌐 www.ernst-deutsch-theater.de

Kampnagel
Die ehemalige Kranfabrik ist heute ein Zentrum für zeitgenössische Künste mit Schwerpunkt Theater und Tanztheater. Regelmäßig finden Festivals statt, das wohl bekannteste ist das Internationale Sommerfestival. Zum Gelände gehört auch das Programmkino Alabama.
✠ 199 E2
🚌 Bus 173 Kampnagel
✉ Jarrestr. 20
☎ 040 270 94 90
🌐 www.kampnagel.de

Komödie Winterhuder Fährhaus
Das charmante, privat geführte Boulevardtheater an der Alster bringt hauptsächlich Komödien mit stets prominenter Besetzung auf die Bühne.
✠ 198 C4 🚇 U1 Hudtwalckerstraße
✉ Hudtwalckerstr. 13
☎ 040 48 06 80 80
🌐 www.komoedie-hamburg.de

Traumhaft schöne Lage: Auf dem Osterbekkanal am Mühlenkamp schippern Sie an netten gastronomischen Einrichtungen vorbei.

WOHIN ZUM ...

Lauschiges Plätzchen auf dem Ponton in Blankenese: Restaurant Op'n Bulln

Spaziergänge & Touren

Von ganz im Westen bis ganz in den Osten – an der Elbe liegen die schönsten Touren. Und Hagenbecks Tierpark passt immer dazu.

Seiten 170–183

Ein Tag an der Elbe: zu Fuß von Wedel bis Blankenese

Was?	Wanderung
Wann?	Ganzjährig, bei Wind aus Osten ist es anstrengender
Länge?	ca. 7 km
Dauer	3 Stunden bis zur Ganztagestour
Start	Schulauer Fährhaus/Willkommhöft, Wedel ✝ 200 westl. A1
Ziel	S-Bahnhof Blankenese ✝ 200 westl. A1

Blankenese – bei diesem Namen bekommen viele Hamburger verklärte Augen. Das Treppenviertel am Geesthang hat einen legendären Ruf. Sie entdecken das Nobelwohnviertel von seiner schönsten Seite aus: zu Fuß von Wedel kommend über das Falkensteiner Ufer, immer an der Elbe entlang.

1–2

Mit der S-Bahn (nur alle 20 Min.) geht es bis nach Wedel, von dort drei Stationen mit dem Bus 189. Steigen Sie an der Station Elbstraße aus und gehen Sie das kurze Stück bis zur Elbe zum Schulauer Fährhaus (www.schulauer-faehrhaus.de). Seit den 1950er-Jahren gehört zu dem Gasthaus auch die Schiffsbegrüßungsanlage Willkommhöft. Von hier startet der Fußmarsch entlang der Elbe. Sie können entweder direkt am Wasser laufen oder auf einem Wanderweg weiter oben. Schön ist beides.

Wittenbergener Leuchtturm am Elbstrand

2–3

Das große Heizkraftwerk mit dem neuen Businesspark müssen Sie eventuell noch umständlich umwandern – bei Redaktionsschluss war der offizielle Elbwanderweg noch gesperrt. Achten Sie auf die Jogging-Schilder und fragen Sie Spaziergänger. Grundsätzlich heißt die Richtung: Nach Osten, denn viel besser läuft es sich mit Westwind, also Rückenwind.

3–4

Nach gut einer Stunde gemächlicher Wanderung erreichen Sie den Wittenbergener Strand und den schönen Leuchtturm direkt am Wasser. Sogar einen offiziellen Badestrand mit DLRG-Wärterhäuschen gibt es hier. Im Sommer könnten Sie ins Wasser hüpfen. Ebenfalls ein Sommertipp: das Café vom Elbecamp.

Klare Formen und Proportionen: Das Landhaus Michaelsen liegt hoch über dem Elbufer.

Den traumhaft schön gelegenen Campingplatz nutzen auch Hamburger und Hamburgerinnen im Sommer gern einmal für einen Kurzausflug (S. 189).

4–5

Sie sind besonders fit? Dann bietet sich eine Exkursion zu einem Pionierwerk des Neuen Bauens an. Folgen Sie der Ausschilderung, es geht links das <u>Falkensteiner Ufer</u> steil hoch. Die Ausblicke auf die Elbe, die immer wieder durch die Bäume blinkt, sind wunderbar – die Ausblicke auf die prachtvollen Villen auch. Sie laufen durch den <u>Sven-Simon-Park</u>, der an Axel Springer jr. erinnert, den Sohn des bekannten Verlegers. Sven Simon war sein Pseudonym. Unter diesem arbeitete er erfolgreich als Fotograf und Journalist. Nach seinem Suizid vermachte sein Vater einen Großteil des Geländes in Familienbesitz am Falkenstein der Stadt Hamburg.

Wenn Sie oben ankommen, stehen Sie vor dem 1923 von Karl Schneider erbauten <u>Landhaus Michaelsen</u>. Wie eine Burg thront es über der Elbe. Unfassbar, dass diesem großartigen Anwesen 1970 der Abriss drohte. 1985 schloss die Sammlerin Elke Dröscher mit der Stadt Hamburg einen Vertrag, renovierte das Haus und zog mit ihrem <u>Puppenmuseum</u> (www.elke-droescher.de) ein: Über 60 Puppenstuben sind zu sehen. Nach dem Besuch geht es wieder bergab, zurück zum Elbufer.

5–6

Ob nun mit Abstecher oder ohne – irgendwann erreichen Sie den Blankeneser Strandweg. Links liegt das Treppenviertel, rechts der Strand. Das Blankeneser Treppenviertel ist einmalig: Steil rauf und runter geht es hier, vorbei an Kapitänshäusern und modernen Villen, protzigen Eigentumswohnanlagen und entzückenden Fachwerkhäusern.

Ein Weg führt über Rutsch, Elbterrasse und Schnudts Treppe auf den Süllberg. Dort erwarten Sie ein Restaurant mit einer riesigen Terrasse und fantastischer Fernsicht. Versuchen Sie, einen Blick in den historischen Ballsaal zu werfen. Dort haben mehrere Generationen von Blankenesern getanzt und gefeiert (https://suellberg-gastronomie.de).

Die Wegfindung im Treppenviertel ist schwierig. Wenn Sie sich verlaufen – und das tut hier jeder irgendwann –, dann gehen Sie einfach bergab. Sie landen zwangsläufig am Wasser.

6

»Die Blankeneser ... zeichnen sich durch ihre eigenen Sitten aus und bilden eine(n?) besonderen Stamm«, heißt es in einer historischen Beschreibung des weltberühmten Elbvorortes. Und tatsächlich herrscht hier auch heute noch eine ganz eigene Atmosphäre. Man geht ins »Dorf« zum Einkaufen, zeigt seinen immensen Reichtum eher dezent und engagiert sich zu Ostern für das legendäre Osterfeuer. Da werden Weihnachtsbäume gesammelt, man steht nachts Wache und klaut sich gegenseitig das Brennmaterial. Denn am Ende will jeder das größte Feuer entzünden.

Vom Strandweg aus, an dem sich ein Restaurant an das andere reiht, können Sie den Schnellbus 48 (die sogenannte Bergziege) bis zum S-Bahnhof Blankenese nehmen.

KLEINE PAUSE
Schuldts Kaffeegarten mitten im Treppenviertel ist ein Unikum. Seit 1877 wird Kaffee ausgeschenkt, dazu gibt es Kuchen und Torten (Süllbergterrasse 30, Tel. 040 86 24 11, www.kaffeegarten-schuldt.de, bei gutem Wetter im Sommer Do–So ab 13 Uhr, im Winter nur Sa/So).

Tierpark Hagenbeck

Was?	Spaziergang
Wann?	Eigentlich immer, bei Regen geht's ins Aquarium
Länge	Max. 6 km
Dauer	2–5 Stunden
Start/Ziel	Hagenbecks Tierpark ⊖ 201 nördl. D5

Hamburger gehen nicht in den »Zoo« und auch nicht in den »Tierpark«. Hamburger gehen zu Hagenbeck. Das war schon immer so, und das bleibt auch so. Weil Hamburg ohne Hagenbeck einfach nicht vorstellbar ist. Und es soll Hamburger geben, die jeden Tag hierherkommen.

1–2
Von der U-Bahn-Station Hagenbecks Tierpark (S. 11) sind es nur wenige Minuten bis zum Haupteingang. Dort bekommen Sie einen Plan, dem Sie alles Wissenswerte entnehmen können.

Gleich hinter dem Haupteingang liegt das Elefantengehege. In der Wildnis sind die Tiere ständig beschäftigt, denn ein Elefant braucht täglich drei bis vier Zentner Futter. Hier unterrichten die Tierpfleger auch die Elefanten. Schauen Sie dem Training zu. Seit 1992 kamen in der Hagenbeckschen Herde Asiatischer Elefanten viele gesunde Junge auf die Welt. Ein toller Zuchterfolg für die durch Ausrottung bedrohte Art. Gut zehn Jahre dauert es, bis Elefanten ausgewachsen sind.

2–3
Gleich folgt der zweite Höhepunkt: das innovative Orang-Utan-Haus. Es entstand in Abstimmung mit den Affenforschern der Orang-Utan Survival Foundation auf Borneo. Die durchsichtige Kuppel besteht aus einer UV-Licht-durchlässigen Folie, hat einen Durchmesser von 32 m, ist 16 m hoch und lässt sich bei schönem Wetter zur Hälfte öffnen. Die Besucher sind nur durch Gräben und Wasserflächen von den Tieren getrennt.

3-4

So wie heute das Orang-Utan-Haus eine Sensation ist, waren es zu früheren Zeiten die gitterlosen Freigehege für Tiger und Löwen. Tierparkgründer Carl Hagenbeck, 1844 als Sohn eines Fischgroßhändlers geboren, ließ sich die Bautechnik 1896 patentieren. In Versuchen mit trainierten Wildkatzen hatte er die Sprungweite der Tiere ermittelt und wusste daher, wie breit die Gräben sein mussten.

4-5

Das Eismeer ist weltweit einmalig. Königspinguine watscheln vorbei, Walross Odin drückt sich die Nase an der Glasscheibe platt, und die Eisbären kann man ganz in ihrem

Afrika-Panorama im Tierpark Hagenbeck

Element unter Wasser beobachten. Dazu gibt es viele Infos rund ums Eismeer. Toll! Übrigens: Sollten Sie meinen, der Eintritt sei zu teuer: Die gut 1400 Tiere verfuttern täglich mehrere Zehntausend Euro – und die müssen erst einmal erwirtschaftet werden.

5
Das früher als Eingang genutzte Jugendstiltor – es wurde 2022 grundrenoviert – war bei seiner Eröffnung 1907 eine Sensation und symbolisierte damals wie heute die Vermischung von Kunst und Natur bei Hagenbeck: Weitere Beispiele hierfür sind der thailändische Pavillon oder die Balkenhohl-Giraffe am Weg von der U-Bahn zum Tierpark.

KLEINE PAUSE
Auf dem gesamten Gelände verteilt gibt es **Imbisse** und **Restaurants.** Sie können aber auch ein Picknick mitbringen und sich einfach auf einer der vielen Bänke ausruhen.

 Tierpark Hagenbeck
✣ 201 nördl. D5
✉ Lokstedter Grenzstr. 2
☎ 040 53 00 33-0

⊕ www.hagenbeck.de
🕑 tgl. ab 9, im Sommer bis 18, im Winter bis 16.30 Uhr
🎟 29 €, Familienkarte 79 €

Sprung über die Elbe

Was?	Fahrradtour
Womit?	Rote Leihflitzer (www.stadtrad.hamburg.de)
Wann?	Besser am Wochenende, dann ist weniger Verkehr
Länge?	ca. 16 km
Dauer	6 Stunden
Start	HafenCity Universität ✛ 197 F1
Ziel	S- und U-Bahn Landungsbrücken ✛ 201 F1

Mit dieser Radtour über die Elbe werden Sie ein wenig zum Hamburg-Insider: Industriecharme, eine Oldtimer-Tankstelle, ein Kaffee auf einem Ponton und eine wunderschöne alte Wasserkunstanlage. Wenn Sie ganz kräftig in die Pedale treten wollen, dann können Sie durch den Alten Elbtunnel wieder zurück auf die andere Elbseite radeln. Ein echtes Hamburg-Abenteuer!

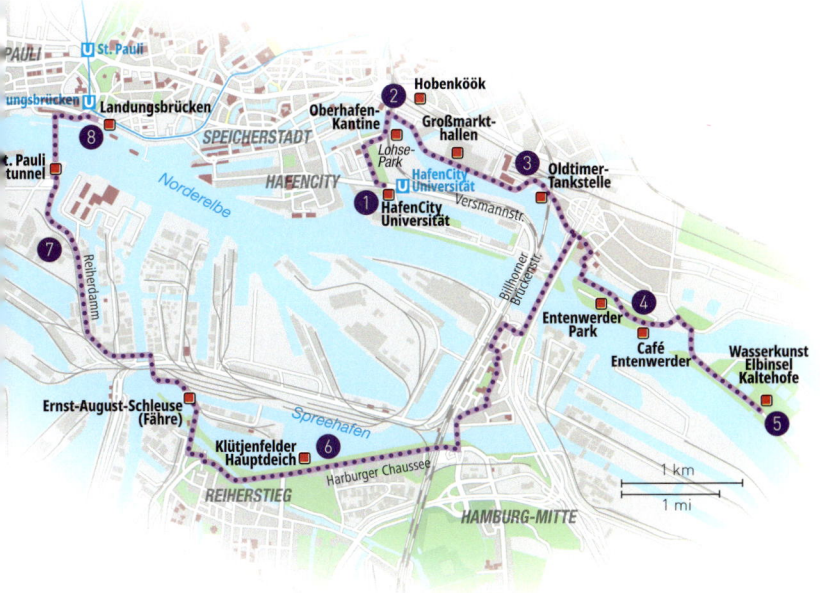

1–2

Start der Tour ist die Stadtrad-Station an der HafenCity Universität. Sie radeln durch den Park, am Ende rechts, dann links unter der Oberhafenbrücke durch. Machen Sie einen Abstecher ins Oberhafenquartier, derzeit Hamburgs kreativstes Viertel um alte Lagerhallen. Den Mittelpunkt des Geländes bildet die Hobenköök (Markthalle mit Restaurant S. 91). Außerdem gibt es ein paar Läden, eine Parcours-Halle, Galerien, Sportplätze (Fertigstellung 2024) und die alte Gleishalle, in der sie noch mal »nachschnuppern« können, wie das hier war, als noch Güterzüge rein- und rausfuhren.

2–3

Nach der Brücke gleich rechts hoch auf den tollen Radweg. Industriecharme pur. Links die Großmarkthallen, rechts Wasser, dahinter die Baukräne der östlichen HafenCity. Sie überqueren eine alte Schleuse. Kurz bevor sie unter zwei riesigen Brücken hindurchradeln, geht es links zur Oldtimer-Tankstelle Brandshof (S. 183), die zwei Autoschrauber originalgetreu im Stil der 1950er restauriert haben. Jeden Sonntag treffen sich hier Autofreaks mit ihren Oldtimern zur kleinen Roadshow – einige stilecht mit Haartolle und Glockenrock. Ein großartiger Ort, und einen guten Kaffee gibt es auch. Fahrzeit bis hierher? Max. 20 Min., ganz gemächlich.

Die originalgetreu restaurierte Tankstelle Brandshof aus dem Jahr 1953 wartet heute auch mit einem »Erfrischungsraum« auf.

Charmantes Ponton-Café und begehbare Skulptur: Entenwerder 1

3–4

Nun radeln Sie weiter auf dem Radweg, in einer schwungvollen Kurve unter der riesigen Autobahn durch. Sofort danach rechts und noch einmal rechts – achten Sie auf die Ausschilderung Entenwerder Park, das ist ihr Ziel. Es geht gemütlich ein kleines Stück durch den Park. Sehen Sie vorne am Wasser schon einen goldenen Container-Turm aufragen?

Das ist das Café Entenwerder 1 (S. 183). Da legen Sie eine wunderbare Pause mit leckeren Snacks ein. Setzen Sie sich auf einen farbenfrohen Stuhl mit Blick aufs Wasser und staunen Sie: Über den Goldenen Pavillon, in dem es auch Ausstellungen gibt; über das kreative Gesamtkonzept, das den ganzen Park Entenwerder aus dem Dornröschenschlaf holte, und über die unglaublich freundliche Bedienung, die selbst bei Massenandrang ihre Ruhe nicht verliert.

4–5

Ihre Tour führt Sie jetzt nach Kaltehofe, nur wenige Radelminuten vom Entenwerder Park entfernt. Auch dieser Ort ist ganz einzigartig: Schon im 19. Jh. entstand hier Hamburgs erste Wasseraufbereitungsanlage. Geblieben sind die historischen Wasserbecken, pittoreske Backstein-Filterhäuschen und ein wunderbarer kostenfreier Naturlehrpfad drumherum.

Neu entstanden sind das Café Kaltehofe und das Wasser-Forum, eine Art Museum zum Thema Hamburger Trinkwasser.

5–6

Nun müssen Sie wieder umkehren und ein kleines Stück zurückradeln. Sie fahren wieder unter den Elbbrücken durch, aber dann nicht in die HafenCity, sondern über die Elbbrücken und Veddel bis nach Wilhelmsburg. Der Radweg ist ausgeschildert.

Am Bahnhof Veddel vorbei führt Sie der Radweg unter der Bahnbrücke durch und gleich wieder rechts auf den Klütjenfelder Hauptdeich. Der Radweg soll hier weiter ausgebaut werden.

6–7

Der Spreehafen ist erst seit 2013 zugänglich, als der Zollzaun fiel. Sie können auf dem Deich oder der Deichinnenseite entlang der »Alster des Südens« radeln. Tafeln informieren über die Geschichte dieses Hafengeländes. Romantische Hausboote haben am Ufer festgemacht, die jedoch nur gewerblich genutzt werden dürfen. Bei der Ernst-August-Schleuse halten Sie sich rechts. Der Weg Richtung Steinwerder, inklusive der tollen Radwegbrücke an der Klütjenfelder Straße, ist ausgeschildert. Sie radeln knapp 2 km durchs Hafengelände mit seinen alten Gewerbehallen, Schienen und Containerstapeln direkt zum Eingang des Alten Elbtunnels (S. 93).

8

Es kann sein, dass Sie einige Minuten am Fahrstuhl warten müssen. Auf der nördlichen Elbseite wenden Sie sich nach rechts und fahren zur S- und U-Bahn-Station Landungsbrücken (S. 92). Dort liegt die nächste Stadtradstation. Nun haben Sie die Wahl: Restaurants gibt es zuhauf im nahen Portugiesenviertel, zum Relaxen locken die Beach Clubs bei den Landungsbrücken und gar nicht weit weg ist auch der Kiez.

KLEINE PAUSE

Die **Oberhafen-Kantine** (S. 112) befindet sich am Eingang zum coolen Oberhafenquartier – oben ruckeln ICEs, unten gibt es Burger.

Die **Oldtimer-Tankstelle** (Billhorner Röhrendamm 4, www.tankstelle-brandshof.de, tgl. ab morgens, aber zu wechselnden Zeiten) serviert Frühstück mit Spiegelei und Snacks wie Leberkäse und Pommes – und alles zu fairen Preisen.

Das **Café Entenwerder 1** (Entenwerder 1, auf dem Ponton, www.entenwerder.com, tgl. ab 10 Uhr) hat kleine Speisen und einen guten Cappuccino im Angebot.

Und in Kaltehofe gibt es auch ein Café mit Terrasse und Blick auf die Teiche und Vogelwelt.

Die Gegend rund um den Spreehafen wird in den nächsten Jahren umgestaltet.

WasserForum
✉ Billhorner Deich 2
🚌 580 Wasserkunst Kaltehofe
☎ 040 7 88 84 99 90
🌐 https://wasserkunst-hamburg.de

🕐 variieren, meist tgl. ab 10 Uhr
🎫 Gelände frei, Wasserforum mit wechselnden Themen-Führungen (ca. 6 €)

SPRUNG ÜBER DIE ELBE

Üppig illuminierte Auslaufparade der Ozeanriesen während der Cruise Days

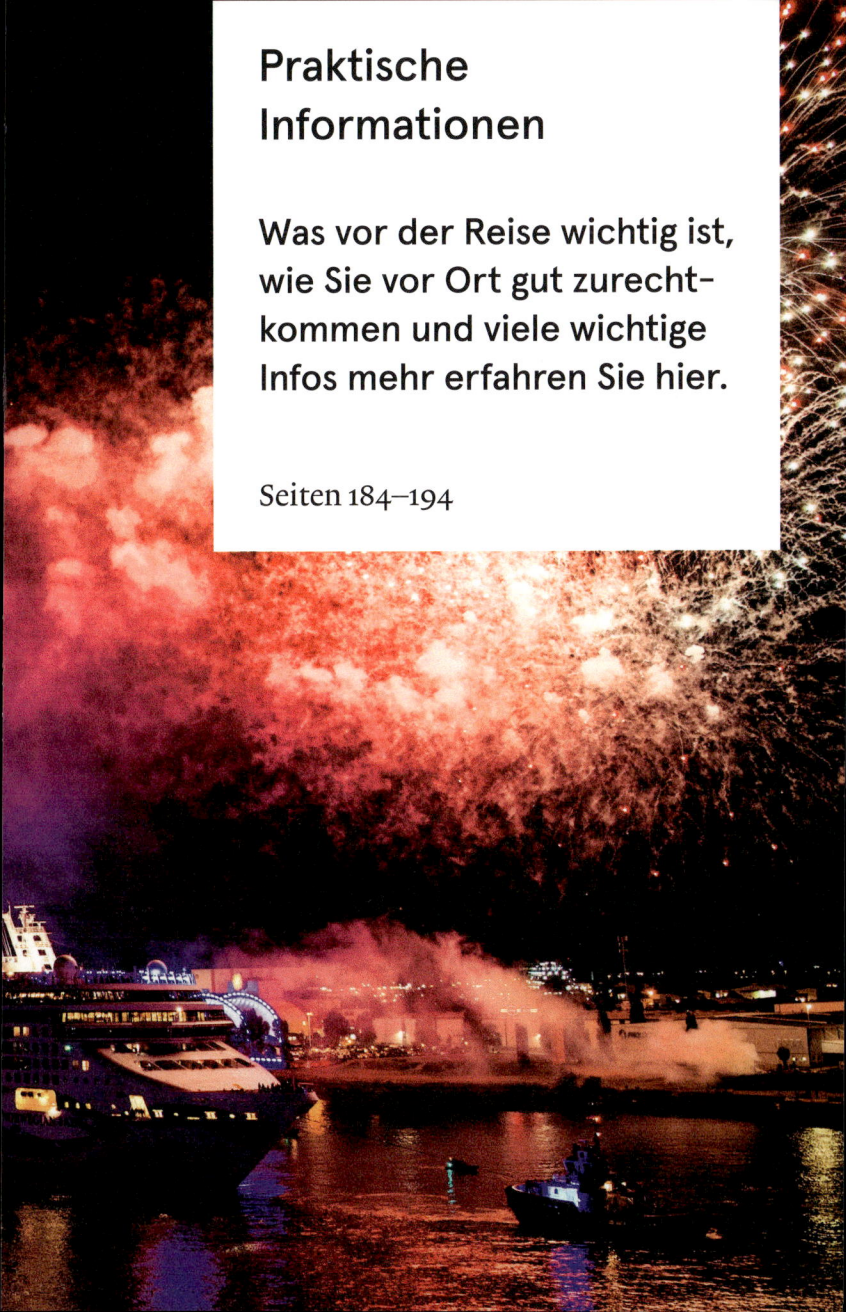

Praktische Informationen

Was vor der Reise wichtig ist, wie Sie vor Ort gut zurechtkommen und viele wichtige Infos mehr erfahren Sie hier.

Seiten 184–194

VOR DER REISE

Auskunft

Hamburg Tourismus GmbH
☎ 040 30 05 17 01
⊕ www.hamburg-tourism.de

Hamburg Information am Hauptbahnhof
✢ 203 D3
✉ Hauptausgang Kirchenallee
◐ tgl. 9–17 Uhr

Hamburg Airport
✉ Flughafen Fuhlsbüttel in der Airport Plaza (zw. Terminal 1 und 2)
◐ tgl. 9–17 Uhr

Tourist-Kontor am Hafen
✢ 201 F1
✉ Landungsbrücken, zw. Brücke 4 und 5
◐ tgl. 9–17 Uhr

Internet/App

www.hamburg-tourism.de: die offizielle Website der Tourist Information gibt einen Überblick über Sehenswertes, Hotels und Veranstaltungen – alle Angebote können dort auch gebucht werden
www.hamburg.de: die offizielle Internetpräsenz der Stadt; umfangreiche Verkehrsinformationen, egal ob Sie mit Pkw, öffentlichen Verkehrsmitteln oder Fahrrad unterwegs sind; ausgeklügelte Touren und Routenplaner für Radler
www.abendblatt.de: aktuelle Nachrichten aus der Stadt und dem Umland
www.szene-hamburg.de: das Stadtmagazin gibt Tipps zu aktuellen Veranstaltungen
www.clubkombinat.de: viele Veranstaltungstipps, aber nicht nur, sondern auch eine gute Info-Seite für alle, die wissen wollen, was in der alternativen Hamburger Clubszene so los ist.

Hamburg-Apps
Immer mit guten Tipps gefüllt wird die offizielle Hamburg-App (www.hamburg.de/app). Mit Nachrichten versorgt die NDR-Hamburg App 90,3 (in allen Stores).

Konsulate

Österreichisches Konsulat
✢ 197 F4
✉ Kurze Mühren 1, 20095 Hamburg
☎ 040 30 80 12 05
⊕ www.austria-hamburg.de

Schweizerische Botschaft
✉ Otto-von-Bismarck-Allee 4 A, 10557 Berlin
☎ 030 390 40 00
⊕ www.eda.admin.ch

Ermäßigungen
In vielen Museen und Sehenswürdigkeiten bekommen Kinder und Jugendliche, Auszubildende, Studierende, Gruppen (ab 10 Pers.), Arbeitslose, Sozialhilfeempfänger und Schwerbehinderte ermäßigte Eintrittskarten. In den von der Stadt geförderten öffentlichen Museen ist der Eintritt für Kinder und Jugendliche bis einschließlich 17 Jahren frei. Donnerstagabends ab 17.30 Uhr gilt in diesen Häusern auch oft ein Spartarif für alle.
  Nutzer der **HamburgCard** sparen bis zu 50 % bei über 150 touristischen Angeboten. Es gibt sie in verschiedenen Varianten: Die Tageskarte inklusive ÖPNV-Nutzung innerhalb der Stadt kostet 11,90 € (1 Pers. und 3 Kinder bis 14 J.), die Gruppenkarte (5 Pers.) 19,90 €. Wer zwei bis fünf Tage bucht, spart mehr. Die Card ist online erhältlich über www.hamburg-tourism.de und kann gleich zu Hause ausgedruckt oder digital gespeichert werden. Sie ist auch vor Ort erhältlich bei den Tourist Informationen, an HVV-Fahrkartenautomaten und -Servicestellen, in vielen Unterkünften und Reisebüros.

Feiertage
1. Jan.: Neujahr
März/April: Karfreitag, Ostermontag
1. Mai: Tag der Arbeit
Mai/Juni: Christi Himmelfahrt, Pfingstmontag
3. Okt.: Tag der Deutschen Einheit
31. Okt.: Reformationstag
24. Dez.: Heiligabend
25./26. Dez.: Weihnachten
31. Dez.: Silvester

Geld

Kreditkarten: werden in allen größeren Hotels, Restaurants und Geschäften akzeptiert
Sperrnummern: Unter der einheitlichen Sperrnotruf-Nummer +49 116 116 kann man in Deutschland Bank- und Kreditkarten, Online-Banking-Zugänge, Handykarten und die elektronische Identitätsfunktion des Personalausweises bei Verlust sperren lassen.
Für Österreich gilt die Telefonnummer: ☎ +43 1 204 88 00.
Die Schweiz hat keine einheitliche Notfallnummer.

Gesundheit

Mit der **Europäischen Krankenversicherungskarte** genießen EU-Bürger Krankenversicherungsschutz. Man sollte dennoch eine spezielle **Reisekrankenversicherung** abschließen, die z. B. die Kosten für einen Krankenrücktransport übernimmt und nicht viel kostet.

Ärztlicher Notdienst
☎ 11 61 17
Zahnärztlicher Notdienst
☎ 01805 05 05 18
Apothekennotdienst
☎ 0800 002 28 33
⊕ www.apothekerkammer-hamburg.de

In Kontakt bleiben

Post: Postämter sind in der Regel Mo–Fr 9–18 und Sa 9–13 Uhr geöffnet. Eine Übersicht der Filialen findet sich unter www.deutschepost.de.
WLAN und Internet: Die Zahl der Hotspots ist auch in Hamburg in den letzten Jahren stetig gewachsen. Mittlerweile können Sie in vielen Bus- und Bahnlinien, auf Bahnhöfen, an öffentlichen Plätzen, in den meisten Bars, Kneipen, Restaurants, Hotels oder Museen kostenlos surfen. Einen der schönsten Hotspots bietet die Zentralbücherei am Hühnerposten. Dort gibt es WLAN und Kaffee – und es herrscht himmlische Ruhe!

Notrufe
Allgemeiner Notruf: ☎ 112
Pannenhilfe: ☎ 089 20 20 40 00, www.adac.de

Reisedokumente

Trotz des Schengener Abkommens, wodurch Passkontrollen an den Grenzen entfallen, sind Urlauber aus Österreich und der Schweiz verpflichtet, weiterhin Reisepass oder Personalausweis mitzunehmen, da stichprobenartige Kontrollen an der Grenze durchgeführt werden.

Reisezeit

Eine Schönwetter-Garantie gibt es in Hamburg das ganze Jahr über nicht. Manche Hamburger behaupten sogar, es regne von Oktober bis Mai durchgehend. Entgegen der landläufigen Meinung ist Hamburg aber nicht die regenreichste Stadt Deutschlands, durchschnittlich fällt im Rheinland an mehr Tagen Regen im Jahr. Bei Bedarf gibt es günstige Regenschirme in jeder Drogerie.

Überhaupt lohnt ein Hamburg-Besuch immer. Im **Frühling** blüht es in den Parks, ab April sind die Temperaturen mild. Im Mai werden das Kirschblütenfest mit einem Feuerwerk über der Alster und der Hafengeburtstag zwischen Elbphilharmonie und Fischmarkt mit einer riesigen Sause begangen. Im **Sommer** verlagern immer mehr Hamburger das Leben nach draußen. Wenn die ersten Stürme über die Elbe fegen, beginnt die kulturelle **Herbst** mit der Theatersaison. Im **Winter,** v. a. im Januar und Februar, ist sogar auf dem Kiez Saure-Gurken-Zeit: die beste Zeit, um viele Dinge in der Stadt in Ruhe zu entdecken. Die kalten Tage können sich bis in den späten März hinziehen, deswegen sollte man dicke Klamotten einpacken.

Sicherheit

Trickdiebe haben leider immer Saison und sind vor allem an stark frequentierten Orten wie dem Hauptbahnhof und in Reeperbahnnähe unterwegs. Dort ist auch die Polizeipräsenz hoch. Achten Sie auf Ihre Wertsachen beim Geldabheben auf der Reeperbahn und lassen Sie sich in dieser Ecke lieber nicht auf Diskussionen ein.

Zollbestimmungen

Informationen unter www.zoll.de und www.ezv.admin.ch.

ANREISE

Hamburg ist überschaubar. Egal, ob Sie mit Flugzeug, Bahn oder Auto anreisen, der Weg ins Zentrum dauert nicht lange.

... mit dem Flugzeug
Der Flughafen Hamburg (www.hamburg-airport.de) liegt 12 km nördlich des Zentrums und wird von allen deutschen und vielen internationalen Fluggesellschaften angeflogen. Die Station Hamburg Airport wird in der Regel im Zehn-Minuten-Takt von der Linie S1 von Wedel/Blankenese und Altona über Hauptbahnhof kommend angefahren. Die Fahrtzeit zum Hauptbahnhof dauert 25 Minuten. Die Einzelfahrt kostet 3,40 €.

... mit der Bahn
Wer mit dem Zug anreist, hat die Wahl zwischen dem Hauptbahnhof, dem überschaubaren Dammtor-Bahnhof und dem Bahnhof Altona. Es gibt viele Direktverbindungen in europäische Großstädte, auch Nachtzüge.

Deutsche Bahn:
⊕ www.bahn.de
☎ 030 65 21 28 88 (DB-Mobilitätsservice)
Österreichische Bundesbahnen:
⊕ www.oebb.at
Schweizerische Bundesbahnen:
⊕ www.sbb.ch

... mit dem Bus
Fernbusse (z. B. Flixbus) halten am ZOB Hamburg, direkt am südlichen Ausgang vom Hauptbahnhof (www.zob-hamburg.de).

UNTERWEGS IN HAMBURG

... mit dem öffentlichen Nahverkehr
Die **S-Bahnen** fahren im 10-Minuten-Takt, in die Randgebiete abends im 20-Minuten-Takt. **U-Bahnen** fahren auf den vier Linien zur Hauptverkehrszeit in der Regel im 5-Minuten-Takt. Zwischen etwa 1 Uhr und 4 Uhr bringen die **Nachtbusse** Sie fast überall hin. In den Nächten von Freitag auf Samstag und Samstag auf Sonntag fahren die Bahnen durchgehend im 20-Minuten-Takt. Informationen zu den Fahrplänen erhalten Sie auf www.hvv.de.

Es ist praktisch, sich die **HVV-App** auf das Smartphone zu laden. Die App zeigt Verbindungen an und weist auf aktuelle Verspätungen hin. Außerdem können Tickets online gekauft werden.

Mit dem **Deutschland-Ticket** können Sie in Hamburg alle öffentlichen Verkehrsmittel, auch die Hafen-Fähren, kostenlos nutzen.

Die **Fahrkarten** müssen nicht entwertet werden. Sie gelten für den sofortigen Fahrtantritt. Für zwei Erwachsene lohnt sich schon eine **Gruppenkarte** für 13 €, mit der bis zu fünf Personen fahren können.

Die **Mitnahme von Fahrrädern** ist vor 9 und zwischen 16 und 18 Uhr nicht gestattet, ansonsten kostenlos. Am Wochenende, in den Hamburger Sommerferien und auf den Hafenfähren dürfen die Räder immer ganztägig kostenlos mitgenommen werden.

Bei der Kombi von verschiedenen Verkehrsmitteln (auch Mietwagen, Elektroroller, Stadträder) hilft die **Mobilitäts-App HVV-Switch.**

... mit Sightseeing-Touren
Rundfahrten: Den besten Überblick über die unterschiedlichen Anbieter gibt es am Hauptbahnhof oder an den Landungsbrücken, wo viele Touren starten.
Fahrrad- oder Kanutour: Geführte Touren unternimmt Stefan Petersen mit interessierten Besuchern. Die Fahrräder und Kanus werden gestellt (www.hamburg-anders-erfahren.de).
St.-Pauli-Kieztour: Anwohner führen täglich um 19 Uhr Interessierte durch die Straßen des berühmt-berüchtigten Viertels, informieren über die 400-jährige Geschichte, sozialpolitische Entwicklungen, Kiezkneipen, kleine Sensationen und große Geschichten (www.pauli-tourist.de).
Craft-Beer-Touren: Diese dreistündige Tour vereint Tradition und Moderne und – natürlich gibt es gutes Bier zum Kosten und sachkundige Guides (www.robinandthetourguides.de, meist Sa 18 Uhr, 44 €).

... mit dem Auto
Nutzen Sie die kostenlosen bzw. günstigen

Park-and-Ride-Parkplätze an vielen U- und S-Bahn-Stationen. Parkplätze in der Innenstadt sind nicht nur teuer (ca. 5 € pro Stunde), sondern vor allem heiß begehrt.

... mit dem Taxi
☎ 040 66 66 66, 040 21 12 11

Moia betreibt Großraumtaxis, die mehrere Fahrgäste einsammeln (www.moia.io/de).

... mit dem Fahrrad
Wer spontan einen Drahtesel leihen möchte, greift am besten zu den signalroten **Stadtrad-Rädern**, die an vielen öffentlichen Plätzen und Bahnstationen bereitstehen. Man muss sich nur im Vorfeld registrieren. Wer bereits in anderen Städten Kunde bei Call a Bike ist, kann problemlos auch die Räder in Hamburg nutzen. Die Buchung erfolgt per App. Die ersten 30 Minuten sind kostenfrei, jede weitere Minute kostet 10 Cent, ein Tag 15 €. Für Bahncard-Inhaber reduziert sich der Preis. Die Einrichtungsgebühr von 5 €, die bei der ersten Anmeldung anfällt, wird als Guthaben gutgeschrieben. Infos unter: www.stadtrad.hamburg.de.

ÜBERNACHTEN

Hotels
Die **Partnerhotels der Hamburg Tourismus GmbH** können Sie unter www.hamburg-tourismus.de buchen. Preiswerter sind **Pauschalangebote** (z. B. inkl. eines Musicalbesuchs). An vielen Wochenenden bieten auch Luxushotels Sonderangebote an. Günstige Kettenhotels liegen häufig weit ab vom Schuss. Das Geld, das Sie abends für ein Taxi ausgeben, können Sie in ein etwas teureres Zimmer in einem charmanten Hotel in Zentrumsnähe investieren.

Jugendherberge
Die Herberge **Auf dem Stintfang** (Alfred-Wegener-Weg 5, www.djh.de) liegt direkt oberhalb der Landungsbrücken und bietet einen fantastischen Blick über den Hafen.

Camping
Wer mit seinem Caravan lieber mitten in der Stadt stehen möchte, stößt beim **Beachclub Strand Pauli** auf Verständnis. 15 Stellplätze dürfen dort genutzt werden – das Rausstellen von Tischen und Stühlen ist nicht erlaubt (St. Pauli Hafenstr. 89, Tel. 040 23 01 20, Mo–Do 12,50 €, Fr–So 19,50 €).

Der **Zeltplatz Elbecamp** hat eine tolle Lage direkt am Wasser (Falkensteiner Ufer 101, www.elbecamp.de, Zelt ab 8,70 €, Ende März–Ende Okt.).

Hotels & Apartments

Preise für ein Doppelzimmer pro Nacht ohne Frühstück:
€ unter 100 Euro
€€ 100 bis 150 Euro
€€€ 150 bis 200 Euro
€€€€ über 200 Euro

25hours Altes Hafenamt €€–€€€
Sehr schickes Hotel aus der 25hours-Familie – im ältesten Gebäude der HafenCity. Megacool ist hier alles und trotzdem steckt jede Ecke voller Historie. Das Restaurant »Neni« wird auch von Anwohnern des Viertels gern besucht.
⊹ 203 D1 🚇 U4 Überseequartier
✉ Osakaallee 12 ☎ 040 555 57 50
⊕ www.25hours-hotels.com/hotels/hamburg/altes-hafenamt

Baseler Hof
Seit über 100 Jahren in Familienbesitz – und das macht sich bemerkbar, auch durch die herzliche Gastfreundschaft. Das Haus ist Mitglied im Verband christlicher Hotels (VCH) und liegt Mitten im Zentrum. Das nette Hotelrestaurant »Kleinhuis« verfügt über einen bekannten Weinkeller.
⊹ 202 C3 🚇 U1 Stephansplatz
✉ Esplanade 11
☎ 040 35 90 60 ⊕ www.baselerhof.de

Bauers Park
Im Herzen von Blankenese liegt dieses privat geführte Haus. Der gleichnamige fantastische Park mit Herrenhaus und Elbblick ist in wenigen Gehminuten erreichbar, ebenso wie das einmalige Treppenviertel von Hamburgs berühmtestem Elbvorort.

✣ 200 westl. A1 ⌂ S1, 11 Blankenese
✉ Elbchaussee 573
☎ 040 8 66 66 20
⊕ www.baurspark.de

Clipper Elbe Lodge €€
Ferienapartments für wenige Tage oder auch länger vermietet das Boardinghaus in Nachbarschaft zum Fischmarkt an der Großen Elbstraße. Die Unterkünfte sind perfekt ausgestattet. Es gibt auch eine Dachterrasse. Hunde sind willkommen.
✣ 201 E1 ⌂ Bus 111 Sandberg
✉ Carsten-Rehder-Str. 71
☎ 040 80 90 10
⊕ www.clipper-boardinghouses.de

Die Inselpension
Kerstin und Jost Vitt, 2007 aus Dortmund zugezogen, mittlerweile Ur-Wilhelmsburger mit großem sozialem Engagement für die Elbinsel, sind tolle Gastgeber: Ihre unterschiedlich ausgestatteten Zimmer, eines sogar in einem Baumhaus, liegen verteilt auf der Insel. Alles so nachhaltig bewirtschaftet wie möglich.
✣ 202 südlich ⌂ S Wilhelmsburg
✉ Am Veringhof 21
☎ 0163 243 49 10
⊕ www.die-inselpension.de

Fairmont Vier Jahreszeiten €€€€
Ein echtes Grandhotel an der Binnenalster mit Spitzenrestaurants, Bars, Spa und Fitnessbereich, seit über 120 Jahren aktiv: zeitlos, luxuriös und außergewöhnlich. Sie können sogar an einem Knigge-Kurs teilnehmen.
✣ 202 C3 ⌂ S/U Jungfernstieg
✉ Neuer Jungfernstieg 9–14
☎ 040 349 40
⊕ www.fairmont.com

Fritz im Pyjama €
Dieses sympathische Boutiquehotel auf der Schanze, gegenüber dem S-Bahnhof Sternschanze, bietet einen stilvollen Mix aus dezenten Farben sowie maßgeschneiderten und Vintage-Möbeln. Angenehm ruhig sind die Zimmer zum Hinterhof.
✣ 201 F3 ⌂ U/S Sternschanze
✉ Schanzenstr. 101–103
☎ 040 82 22 28 30
⊕ www.fritz-im-pyjama.de

Gastwerk €€€
Eines der ersten Designhotels der Stadt, immer noch sehr stylisch. Warme Farben, edles Holz und Loft-Ambiente erwarten Sie. Das Hotel befindet sich in einem Backsteinbau im Westen der Stadt. Dies war einmal die Kohlenlagerhalle des Gaswerks.
✣ 202 A3
✉ Beim Alten Gaswerk 3
⌂ Bus 2, 3 Bornkampsweg
☎ 040 89 06 20 ⊕ www.gastwerk-hotel.de

GINN Hotel Elbspeicher €€–€€€
Direkt an der Elbe, neben dem Fischmarkt gelegen. 130 moderne Zimmer und Suiten. Lounge und Rezeption finden sich in der obersten Etage – der Panoramablick von der Terrasse ist beeindruckend. Im Restaurant wird regional und saisonal gekocht, die Preise sind moderat.
✣ 201 D1 ⌂ S1, 3 Königstraße
✉ Große Elbstr. 39
☎ 030 343 47 31 20 (Zentrale)
⊕ www.ginn-hotels.com

Grand Elysée €€€
Großes, privat geführtes Fünf-Sterne-Hotel im Herzen der Stadt. 510 Zimmer und Suiten, mehrere Restaurants und Bars, 30 Veranstaltungsräume, ein Festsaal und eine große Pool-, Sauna- und Fitnesslandschaft, die auch Tagesgästen offen steht.
✣ 196 nördl. C5 ⌂ S3, 21 Dammtor
✉ Rothenbaumchaussee 10
☎ 040 41 41 20 ⊕ www.grand-elysee.com

Hadley's Bed and Breakfast €
Charmantes B&B in einem ruhigen Hinterhof in Rotherbaum. Gemütliche, liebevoll eingerichtete Zimmer unter sympathischer Leitung. Ein Zimmer hat ein Privatbad, ansonsten teilen sich jeweils zwei Zimmer ein Bad. Das Stadthaus Schlump war einst ein Krankenhaus. Nette Kneipen direkt nebenan, zur Uni am Grindel ist es ein Katzensprung.
✣ 202 B5 ⌂ Bus 4, 15 Bundesstraße
✉ Beim Schlump 85

☎ 0163 795 67 95
⊕ www.b-bhadleys.de

Hotel Hanseatin
Ein Haus nur für Frauen. Hübsche, ruhige Zimmer im denkmalgeschützten Stadthaus gegenüber der Laeiszhalle. Im kleinen Veranstaltungssaal finden manchmal Doppelkopfturniere statt. Das könnte ein großer Spaß werden ...
🚌 Bus 3, 112 Johannes-Brahms-Platz
✉ Dragonerstall 11
☎ 040 34 13 45
⊕ www.hotel-hanseatin.de

Kempinski Hotel Atlantic €€€–€€€€
Früher übernachteten in diesem Grandhotel an der Außenalster gern reiche Passagiere der Überseedampfer. Das Luxushotel ist fest in der Hamburger Geschichte verwurzelt und weltweit bekannt. Der prominenteste Dauergast: Udo Lindenberg.
✢ 203 D3 🚌 U/S Hauptbahnhof
✉ An der Alster 72
☎ 040 288 80 ⊕ www.atlantic.de

Lindner Hotel Am Michel €€€
Vier-Sterne-Haus in toller, zentraler Lage. Zu Fuß sind es fünf Minuten zum Michel. 225 moderne Zimmer, alles ist klar und sachlich. Frühstücksrestaurant mit Sommerterrasse, Cocktailbar und Wellnessbereich in der 7. Etage mit tollem Ausblick.
✢ 196 A3 🚌 Bus 16, 17 Michaeliskirche
✉ Neanderstr. 20
☎ 040 307 06 70 ⊕ www.lindner.de

Reichshof Hamburg €€€–€€€€
Nicht nur die Bar, das ganze Haus ist eine Legende! Das denkmalgeschützte, sanierte Innere erstrahlt im Art déco und erinnert an ein Kreuzfahrtschiff. Zu seiner Eröffnung 1910 war es das größte Hotel Deutschlands. Es liegt nahe dem Hauptbahnhof und verfügt über 278 elegante Zimmer, ein Restaurant, ein Bistro, eine Bar und neun Event-Räume.
✢ 203 D3 🚌 U/S Hauptbahnhof
✉ Kirchenallee 34–36
☎ 040 3 70 25 90
⊕ www.reichshof-hotel-hamburg.de

Sir Nikolai Hotel €€–€€€
Designhotel direkt am Nikolaifleet in einem ehemaligen siebenstöckigen Kontorhaus. Unglaublich stilvolle Zimmer mit maßgefertigten Möbeln und tadellosem Design, ein Mix aus Klassik und Modern.
✢ 202 C2 🚌 U3 Rödingsmarkt
✉ Katharinenstr. 29
☎ 040 29 99 66 60
⊕ www.sirhotels.com/de/nikolai

Superbude St. Pauli €–€€
St. Pauli stimmt nicht so ganz, denn gefühlt liegt dieses extrem coole Hotel direkt auf der Schanze. Es gibt Zwei- bis Sechsbettbuden. In allen Zimmern befinden sich Schließfächer. Natürlich werden Gäste geduzt, ohnehin ist hier alles lässig. Ideal für ein fröhliches Wochenende mit Freunden.
✢ 201 E3 🚌 Bus 3 Bernstorffstraße
✉ Juliusstr. 1
☎ 040 807 91 58 20
⊕ www.superbude.de

Vorbach €€
Hier wohnen häufig Gastdozenten der Universität; das Drei-Sterne-Privathotel ist in zwei schönen Gründerzeit-Altbauten in Harvestehude/Rothenbaum untergebracht und liegt direkt am Campus sowie unweit der Messe. 114 individuell eingerichtete Zimmer. An der Bar lässt sich nach einem Stadtspaziergang entspannen. Hauseigene Tiefgaragenplätze.
✢ 202 C5 🚌 U1 Hallerstraße
✉ Johnsallee 63–67
☎ 040 44 18 20
⊕ www.hotel-vorbach.de

Wedina €€
Das wunderbare Literaturhotel verteilt sich auf fünf Stadthäuser mitten in St. Georg. Jedes hat ein literarisches Thema. Schließlich gibt es eine Kooperation mit dem nahen Literaturhaus (S. 77). Schriftsteller, die hier wohnen, hinterlassen signierte Bücher, die dann in der Hausbibliothek ausgeliehen werden können.
✢ 203 D/E3 🚌 Bus 6, 17 Gurlittstraße
✉ Gurlittstr. 23
☎ 040 280 89 00 ⊕ www.wedina.de

ESSEN UND TRINKEN

Als Hafenstadt war Hamburg schon immer Anlaufpunkt für Menschen aller Nationen. So wundert es nicht, dass die hanseatischen Restaurants so vielfältig sind wie die Steine am Elbstrand. Jede Person wird hier nach ihrem Geschmack glücklich, egal ob beim traditionellen Italiener, dem veganen Newcomer oder dem renommierten Sternekoch.

In Hamburg gilt: Je näher am Wasser, desto exquisiter das Etablissement. Gourmetmeilen sind die **Lange Reihe** in St. Georg, die **Große Elbstraße** (viel guter Fisch) oder der **Eppendorfer Weg** im Schanzenviertel.
Viele Köche wie Thomas Sampl in der Hobenköök oder Sebastian Junge vom Restaurant Wolfs Junge punkten bei ihren Gästen mit regionalen Produkten und einer »No Waste Kitchen«. Und natürlich steigt auch die Zahl pflanzlicher Restaurants in der gesamten Stadt. Ein Tipp sind die günstigen Mittagstische der hochpreisigen Häuser.
Hamburg hat **keine Sperrstunde:** Cafés, Restaurants, Bars und Clubs können so lange geöffnet haben, wie sie wollen.
Restauranttipps finden Sie in den einzelnen Wohin-Kapiteln dieses Buches.

EINKAUFEN

Die Mönckebergstraße beim Hauptbahnhof war lange Zeit Hamburgs Einkaufsmeile Nummer eins. Aber die Straße wandelt sich: Große Häuser wie Karstadt oder Kaufhof mussten schließen, die Straße wird verkehrsberuhigt und gewinnt dadurch ein völlig neues Gesicht. Nicht ändern wird sich jedoch vermutlich, dass es hier – im Gegensatz zum feinen Jungfernstieg mit Neuem Wall und Große Bleichen – etwas quirliger zugeht. Und sonst? Jeder Stadtteil hat sein kleines Shoppingzentrum. In Ottensen, Eppendorf und St. Georg macht das Bummeln in den kleinen Geschäften und Boutiquen Spaß. Und für Mode »made in Hamburg«, Plattenläden und Galerien ist die Marktstraße im Karoviertel die erste Adresse.

Souvenirs
Gestreifte Fischerhemden, St.-Pauli-Tassen, T-Shirts und allerhand Tüddelkram gibt es neben der Tourist Information an den **Landungsbrücken**. Direkt um die Ecke, in der **Ditmar-Koel-Straße** finden sich zwischen den vielen Restaurants und Cafés etliche kleine Läden. Es lohnt sich durchaus, hier auf der Souvenir-Jagd vorbeizuschauen. Maritime Bücher und Schiffsminiaturen finden Sie beim **Hafenfuchs in der HafenCity** (Shanghaiallee 21, www.hafenfuchs.de).

Trödel- und Flohmärkte
Stöbern und feilschen können Sie das ganze Jahr über immer samstags auf der **Flohschanze** an der Alten Rinderschlachthalle. Infos unter www.hamburg.de/flohmarkt.

AUSGEHEN

Bei monatlich 6000 Veranstaltungen fällt die Auswahl schwer. Tageszeitungen wie die »Hamburger Morgenpost« und das »Hamburger Abendblatt« sowie die monatlich erscheinende Stadtzeitschrift »Szene Hamburg« informieren über das aktuelle Programm, natürlich auch online.

Theater, Oper und Musical
Neben Institutionen wie dem **Schauspielhaus** (S. 82), der **Hamburgischen Staatsoper** (S. 61) und dem renommierten **Thalia Theater** (S. 60) hat die Stadt eine rege **Off-Theater-Szene**. Einen Überblick über den Spielplan fast aller Hamburger Häuser finden Sie auf der Internetseite www.hamburg-buehnen.de. Reservieren Sie rechtzeitig Karten – das gilt besonders für die stets gut besuchten **Musicals** (www.stage-entertainment.de, www.tivoli.de)!

Musik hören
Klassische Konzerte finden meist in der **Elbphilharmonie** (S. 96) und in der **Laeiszhalle** statt (S. 61). Veranstaltungsort für Mammutkonzerte ist die **Barclaycard Arena Hamburg** (Sylvesterallee 10) oder die **Hamburger/Alsterdorfer Sporthalle** (Krochmannstr. 55). Livekonzerte gibt es in etlichen Clubs wie z. B. im **Knust** (Neuer Kamp 30), in der

Großen Freiheit (S. 125) oder in der Fabrik in Ottensen (S. 151, www.fabrik.de) und im Uebel & Gefährlich im St.-Pauli-Bunker an der Feldstraße (S. 151, www.uebelundgefaehrlich.com). Im Sommer ist es auf der Freilichtbühne im Stadtpark (S. 165) am schönsten.

Hamburg hat auch eine relativ lebendige Jazzszene. Es gibt verschiedene Jazzkneipen wie beispielsweise den Cotton Club in der Neustadt (Alter Steinweg 10, www.cottonclub.de). Außerdem finden regelmäßig Jazzveranstaltungen und Festivals wie das Elbjazz (S. 95) statt (www.jazzinhamburg.de).

Tanzen, gucken, trinken

Die Orte mit der größten Thekendichte: die Schanzenpiazza am Schulterblatt oder das Gebiet um die Reeperbahn. Auch in St. Georg gibt es viele schicke Bars. Im Sommer tobt das Nachtleben an der Elbe, von der Strandperle über StrandPauli bis zu den neuen Locations in der HafenCity.

Parks

Hamburg ist Deutschlands grünste Großstadt. Wer in der Stadt bleiben und trotzdem Ruhe genießen möchte, findet sie an der Alster bis hinauf nach Poppenbüttel, im Stadtpark und an der Elbe vom Altonaer Balkon bis nach Wittenbergen. Oder in Ohlsdorf, dem größten Parkfriedhof der Welt.

VERANSTALTUNGSKALENDER

Januar/Februar

Lessing-Tage: Ein Höhepunkt im Hamburger Kulturjahr sind die zeitgenössischen Aufführungen im Thalia Theater (www.thalia-theater.de).

März/April

Hamburger Dom: *Das* Volksfest mit Karussells, Achterbahnen und Naschkram macht Heidenspaß (www.hamburg.de/dom).
Osterfeuer: Am Strand von Blankenese werden hübsche Haufen geschichtet für die bis zu 5 m hohen Feuer am Ostersamstag.
Hamburg-Marathon: Knapp 25 000 Läufer wagen sich jedes Jahr an die Strecke (www.haspa-marathon-hamburg.de). Deutschlands größter Frühjahrsmarathon.
Lange Nacht der Museen: Hamburgs Museen schließen nicht vor 2 Uhr nachts (www.langenachtdermuseen-hamburg.de).

Mai

Hafengeburtstag: Immer im Mai feiert der Hamburger Hafen seinen Geburtstag, ein riesiges Straßenfest mit Schlepper-Ballett, Großsegler-Parade und viel Brimborium auf der Elbe und an den Landungsbrücken (www.hamburg.de/hafengeburtstag).
Deutsches Spring- und Dressur-Derby: Die Elite des Springsports reitet in Klein Flottbek auf dem schwierigsten Parcours der Welt um das Blaue Band (www.engarde.de).
Stadtparkbühne: Bis in den September hinein finden auf der Freilichtbühne im Stadtpark Rock-, Pop- und Schlager-Konzerte statt (www.stadtparkopenair.de).
Japanisches Kirschblütenfest: Seit 1968 feiert die Japanische Gemeinde die Kirschblüte mit einem Feuerwerk (www.hamburg.de/kirschbluetenfest-hamburg).

Juni/Juli

Elbjazz Festival: zwei Tage Jazz aus der ganzen Welt auf sensationellen Bühnen rund um den Hafen (www.elbjazz.de).
Galopp Derby Horner Rennbahn: Ja, wo laufen sie denn, die schnellsten Pferde der Welt? Natürlich in Horn (www.galopp-hamburg.de).
Elbsommer: Jeden Sonntag gibt's Kultur für alle in der HafenCity, Rothenburgsort/Veddel – Musik, Tanzen, Lesungen, Kinderprogramm; bis August (www.elbsommer.com).
Altonale: Kunst, Literatur, Musik, Flohmarkt – das beliebte Straßenfest in Altona freut sich jährlich über rund 500 000 Besucher (www.altonale.de).
Sommerkino: Von Juni bis September ist Kinosaison unter freiem Himmel, zum Beispiel im Millerntor-Stadion, im Schanzenpark oder auf dem Rathausplatz.
Schlagermove: Menschen in Schlaghosen, knallfarbenen Miniröcken und Glitzerhemden tanzen neben den Musiktrucks quer über den Kiez. Lustig, mitunter fließt jedoch zu viel Alkohol (www.schlagermove.de).

Triathlon: Schwerer Triathlon für Profis und Freizeitsportler, bei dem die Schwimmdisziplin in der Binnenalster ausgetragen wird (http://hamburg.triathlon.org).

Tennis am Rothenbaum: Schon 1892 fanden in Hamburg Tennisturniere statt; nun heißt es »Hamburg open« (https://hamburg-open.com).

August/September
Cyclassics: Hochkarätiges Weltcup-Radrennen (www.cyclassics-hamburg.de).

Christopher Street Day: Die queere Community geht auf die Straße für mehr Anerkennung und Rechte und feiert eine ausgelassene Party (www.hamburg-pride.de).

Dockville: dreitägiges Musik- und Kunstfestival in Wilhelmsburg (www.msdockville.de).

Gängeviertel-Geburtstag: Die kreativen Bewohner des Gängeviertels feiern jedes Jahr mit Gästen, weil sie die historischen Gebäude vor dem Abriss retteten (https://das-gaengeviertel.info) und neu beleben.

Internationales Sommerfestival: Tanz, Theater, Musik, Performance – wenn das Theater Kampnagel zum Sommerfestival ruft, dann kommen sie aus der ganzen Welt (www.kampnagel.de).

Jazz Open: Das Jazzfestival in Planten un Blomen hat Kultstatus. Zwei Tage lang spielt auf der Parkbühne die Musik, Eintritt ist frei (www.jazzbuero-hamburg.de).

Reeperbahn Festival: Nahezu alle Clubs auf dem Kiez kann man mit einem Ticket besuchen. Die Nächte werden durchgetanzt, tagsüber wird ernsthaft über die Branche diskutiert (www.reeperbahnfestival.com).

Nacht der Kirchen: Hamburgs Kirchen öffnen ihre Türme, bieten zahlreiche Konzerte und gute Diskussionen (https://ndkh.de). Die App »Kirchennacht« hilft bei der Orientierung.

Harbour Front Literaturfestival: Ein Fest für Buchliebhaber in tollen Locations rund um Elbe und Hafen (https://harbourfront-hamburg.com).

Filmfest Hamburg: ein Pflichttermin für Cineasten (www.filmfesthamburg.de).

Oktober–Dezember
International Queer Film Festival: Ältestes queeres Filmfestival in Deutschland (www.lsf-hamburg.de).

Winterdom: Von Ende November bis Anfang Dezember findet die dem Frühlings- und Sommerdom entsprechende Winterveranstaltung statt.

Weihnachtsmärkte: Die schönsten Weihnachtsmärkte der Stadt finden auf dem Rathausmarkt und rund um St. Petri statt.

Silvester-Feuerwerk: An den Landungsbrücken.

Cityplan

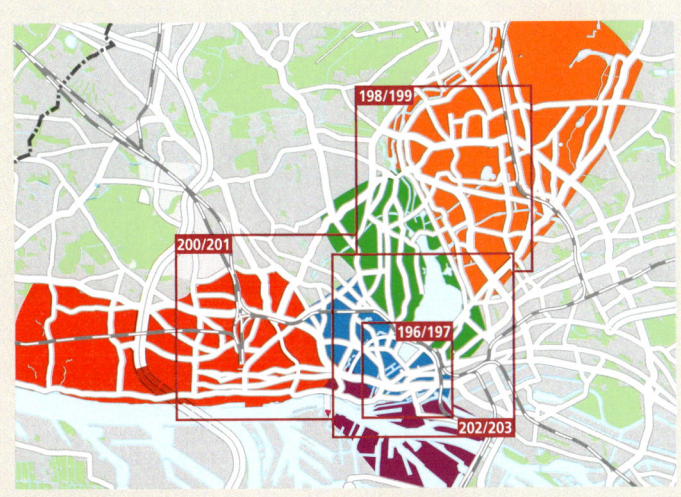

Legende

- Bemerkenswertes Gebäude/Öffentliches Gebäude
- Marktfläche
- Gewässer
- Grünfläche
- Wald
- Fußgängerzone
- S-Bahn mit Station
- U-Bahn mit Station
- TOP 10
- Nicht verpassen!
- Nach Lust und Laune!

- Internationaler Flughafen
- Regionaler Flughafen
- Kloster; Kirche, Kapelle
- Burg, Festung; Ruine
- Sehenswürdigkeit; Archäologische Stätte
- Turm; Leuchtturm
- Zoo; Golfplatz
- Information; Krankenhaus
- Museum; Theater, Oper
- Polizei; Post
- Busbahnhof; Denkmal, Monument
- Parkhaus; Parkplatz

1 : 21 500

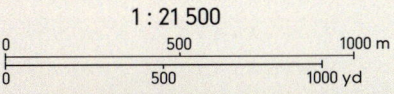

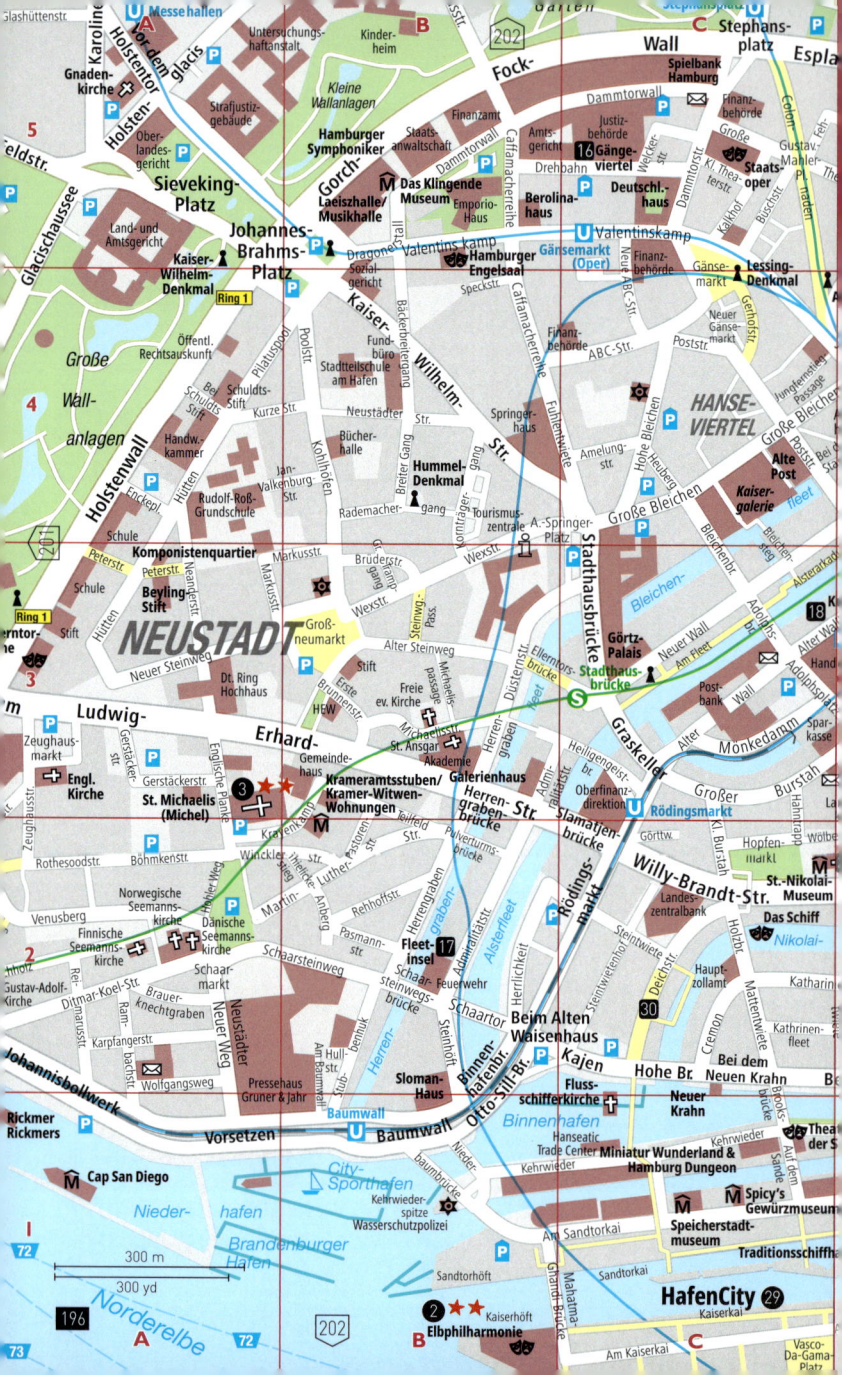

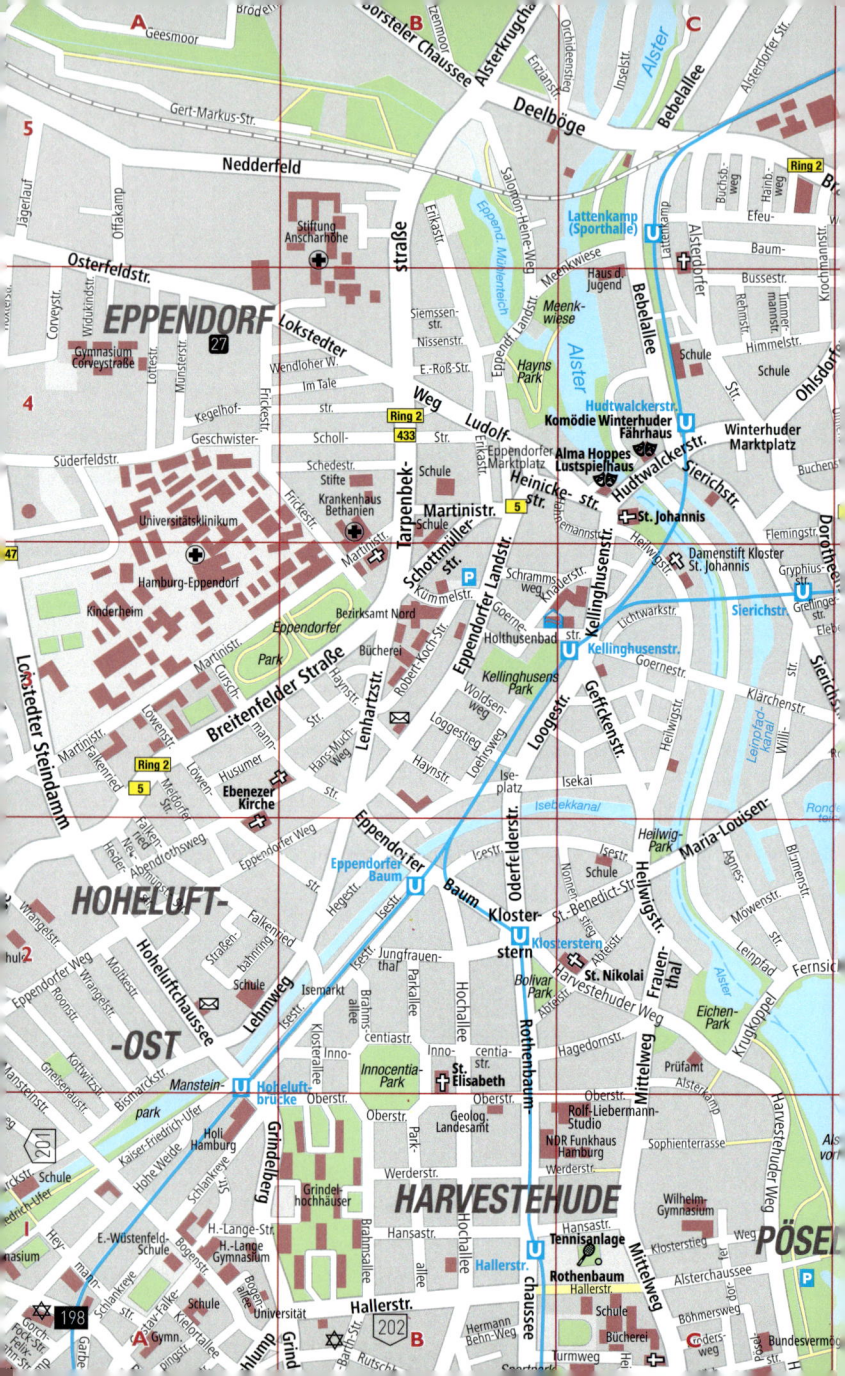

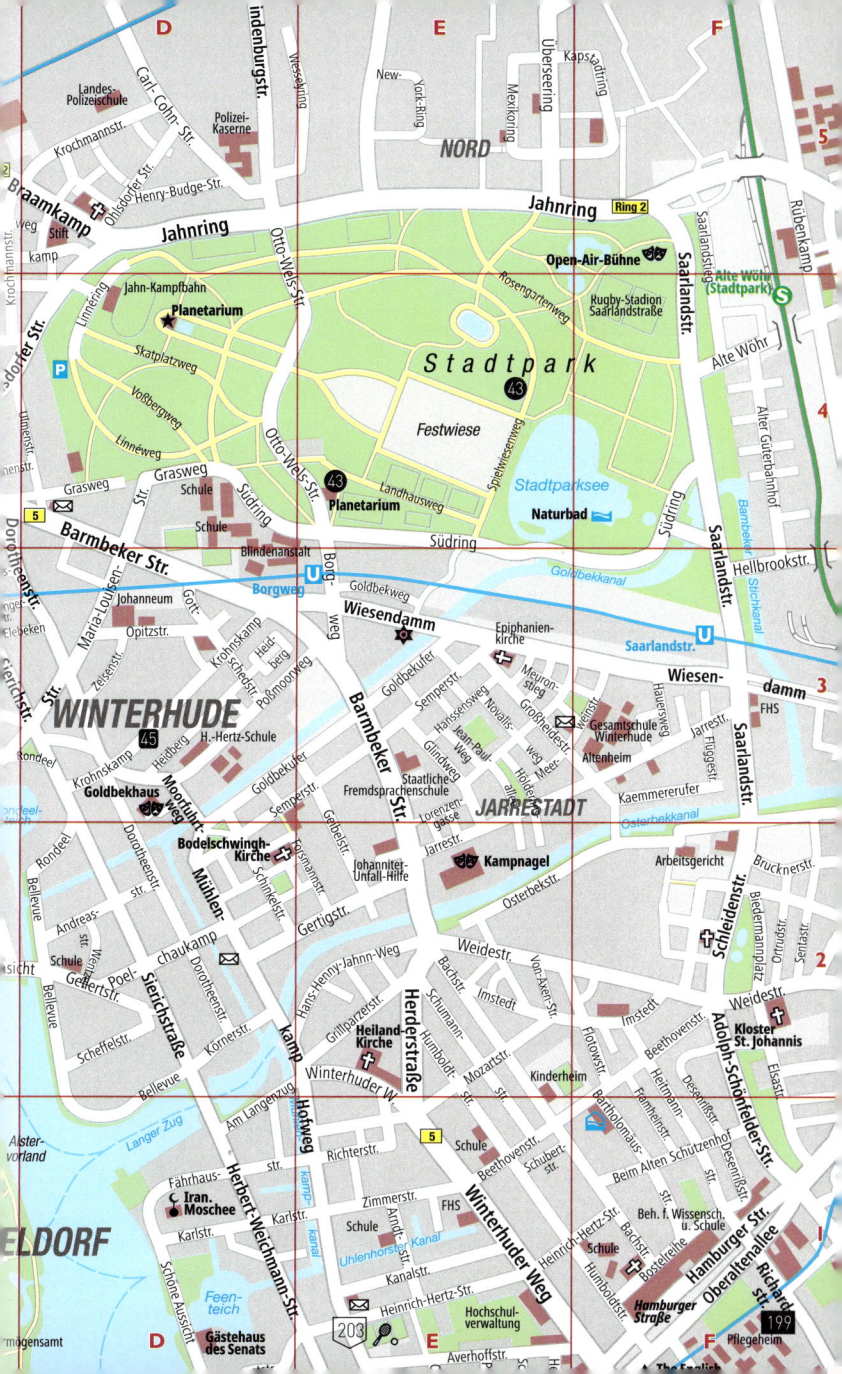

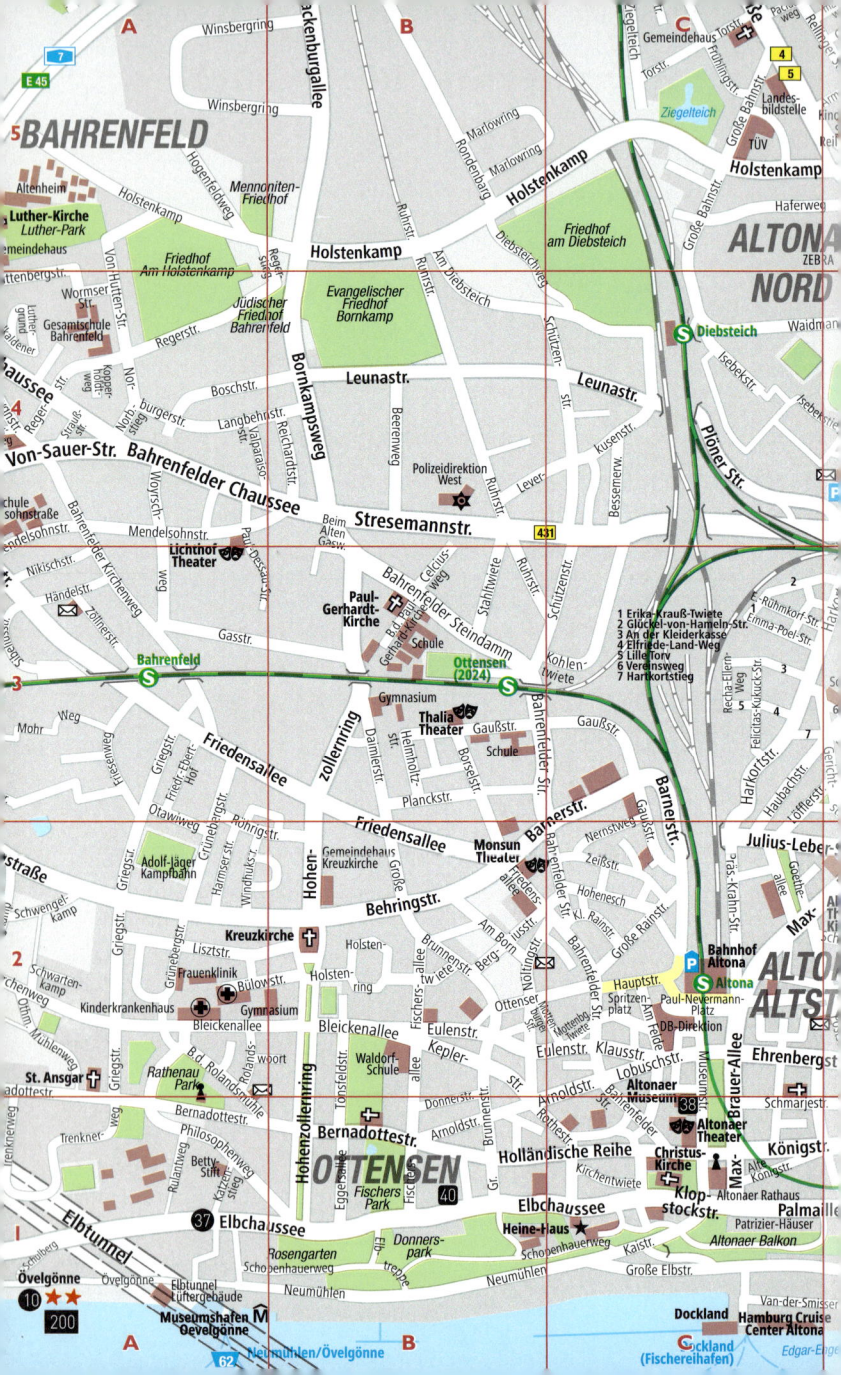

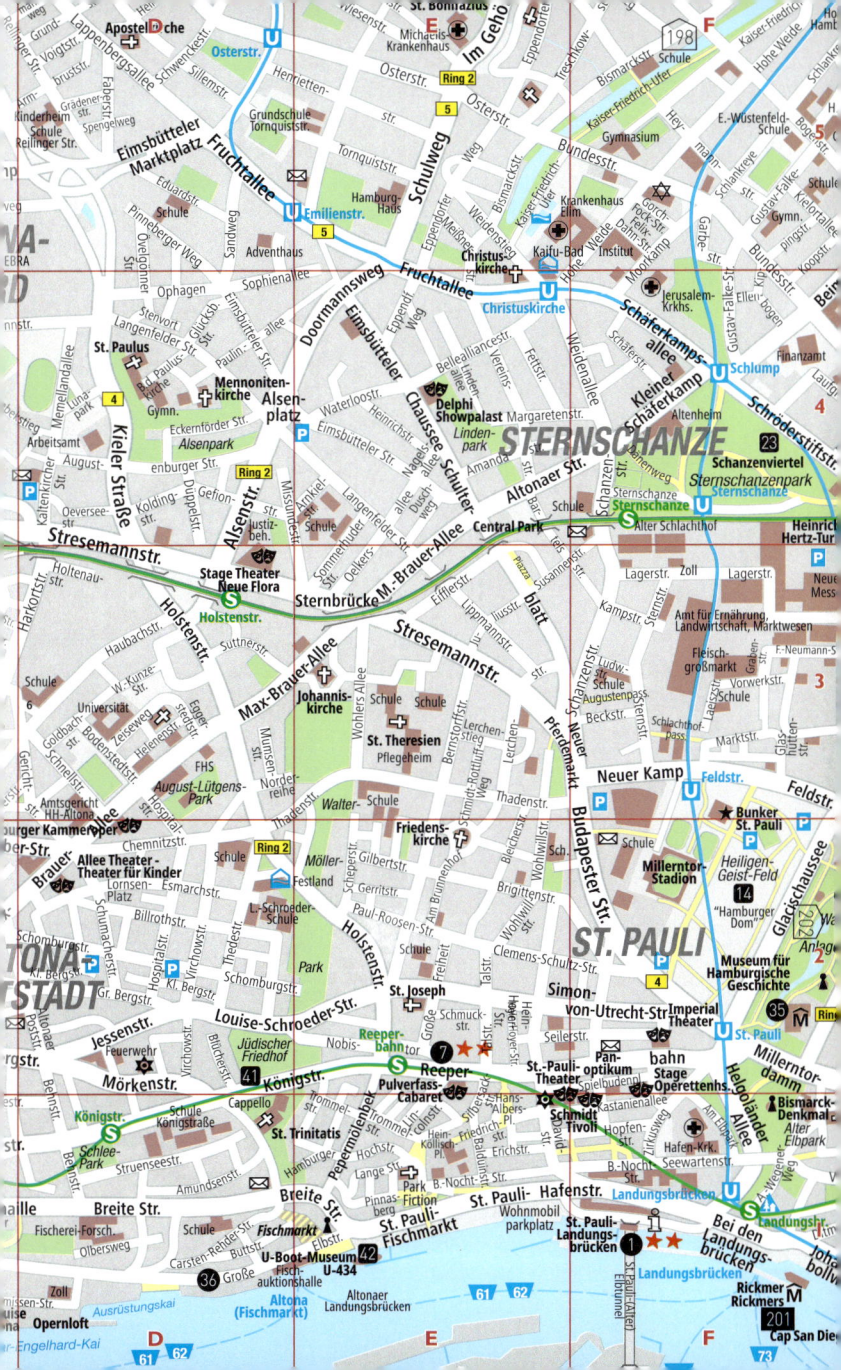

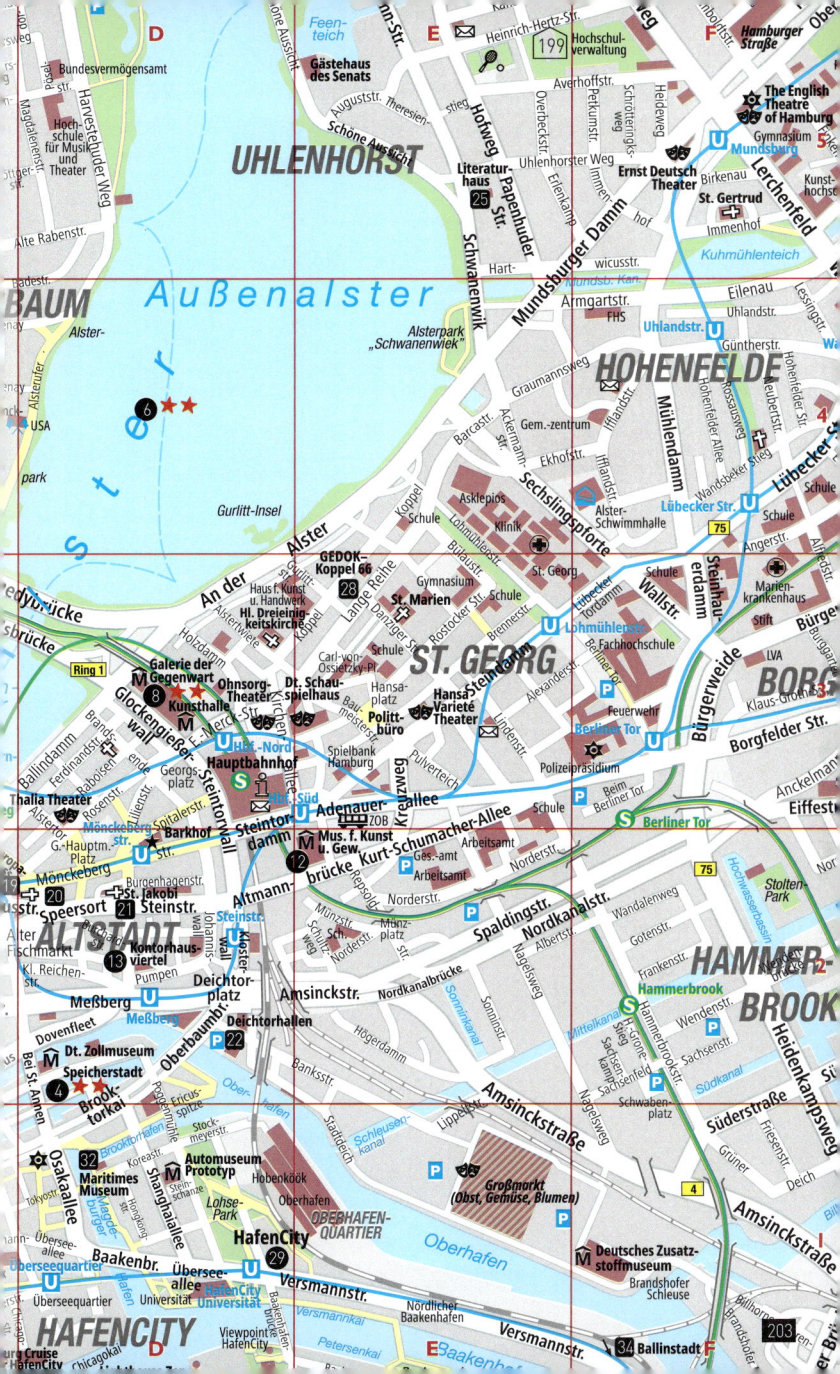

Straßenregister

A
ABC-Str.	196 C4
Abteistr.	198 B2
Ackermannstr.	203 E4
Adenauerallee	203 E3
Admiralitätstr.	196 B3
Adolphsbrücke	196 C3
Adolph-Schönfelder-Str.	199 F1
Adolphsplatz	196 C3
Agnesstr.	198 C2
Albertstr.	203 F2
Alexanderstr.	203 F3
Alfred-Wegener-Weg	202 A2
Allendeplatz	202 B4
Alsenplatz	201 D4
Alsenstr.	201 D4
Alsterarkaden	196 C3
Alsterchaussee	202 C5
Alsterdorfer Str.	198 C5
Alsterglacis	202 C4
Alsterkamp	198 C1
Alsterkrugchaussee	198 B5
Alsterterrasse	202 C4
Alstertor	197 E4
Alstertwiete	203 D3
Alsterufer	202 C4
Alte Königstr.	200 C1
Alte Rabenstr.	202 C4
Alte Wöhr	199 F4
Alter Fischmarkt	197 D3
Alter Güterbahnhof	199 B4
Alter Steinweg	196 B3
Alter Wall	196 C3
Alter Wandrahm	197 E2
Altmannbrücke	197 F3
Altonaer Poststr.	201 D2
Altonaer Str.	201 F4
Altstädter Str.	197 F3
Altstädter Twiete	197 F3
Alsterdorfer Str.	198 C5
Alsterkrugchaussee	198 B5
Am Baumwall	196 B2
Am Born	200 B2
Am Brunnenhof	201 E2
Am Dalmannkai	202 C1
Am Diebsteich	200 B4
Am Elbpark	201 F1
Am Felde	200 C2
Am Fleet	196 C3
Am Kaiserkai	196 C1
Am Langenzug	199 D1
Am Sandtorkai	196 B1
Am Sandtorpark	197 D1
Am Weiher	201 E5
Am Ziegelteich	200 C5
Amandastr.	201 E4
Amelungstr.	196 C4
Amsinckstr.	203 E2
Amundsenstr.	201 D1
An der Alster	203 D3
An der Kunsthalle	197 F4
An der Verbindungsbahn	202 B4
Anberg	196 A2
Anckelmannstr.	203 F3
Andreasstr.	199 D2
Armbruststr.	201 D5
Armgartstr.	203 F4
Arndtstr.	199 E1
Arnkielstr.	201 E3
Arnoldstr.	200 B1
Auf dem Sande	196 C1
Augustenburger Str.	201 D4
Augustenpassage	201 F3
Auguststr.	203 E5
Aurikelstieg	199 D5
Averhoffstr.	203 F5
Axel-Springer-Platz	196 B4

B
Baakenbrücke	197 E1
Bachstr.	199 E2
Bäckerbreitergang	196 B4
Badestr.	203 D4
Bahrenfelder Chaussee	200 A4
Bahrenfelder Steindamm	200 B3
Bahrenfelder Str.	200 B3
Balduinstr.	201 E1
Ballindamm	197 E4
Banksstr.	203 E2
Barcastr.	203 E4
Barkhof	197 E3
Barmbeker Str.	198 C5
Barnerstr.	200 B2
Bartelsstr.	201 F3
Bartholomäusstr.	199 F1
Baumeisterstr.	203 E3
Baumkamp	198 C5
Baumwall	196 B1
Bebelallee	198 C4
Beckstr.	201 F3
Beerenweg	200 B4
Beethovenstr.	199 E1
Behnstr.	201 D1
Behringstr.	200 B2
Bei den Neuen Krahn	196 C2
Bei den Kirchhöfen	196 A5
Bei den Landungsbrücken	201 F1
Bei den Mühren	197 D1
Bei der Alten Börse	197 D2
Bei der Paul-Gerhard-Kirche	200 B3
Bei der Pauluskirche	201 D4
Bei der Petrikirche	197 E3
Bei der Rolandsmühle	200 A2
Bei der Stadtwassermühle	197 D4
Bei Schuldts Stift	196 A4
Bei St. Annen	197 E2
Beim Alten Gaswerk	200 A4
Beim Alten Schützenhof	199 F1
Beim Alten Waisenhaus	196 B2
Beim Berliner Tor	203 F3
Beim Schlump	202 A5
Belleailliancestr.	201 E4
Bellevue	199 D2
Bergiusstr.	200 B2
Bergstr.	197 D3
Bernadottestr.	200 A1
Bernhard-Nocht-Str.	201 E1
Bernstorffstr.	201 E3
Bessemerweg	200 C4
Biedermannplatz	199 F2
Billrothstr.	201 D2
Bilser Str.	198 C5
Binderstr.	202 C5
Binnenhafenbrücke	196 B2
Birkenau	203 F5
Bismarckstr.	198 A1
Blaukissenstieg	199 E5
Bleichenbrücke	196 C3
Bleichenstieg	196 C3
Bleicherstr.	201 E2
Bleickenallee	200 B2
Blücherstr.	201 D2
Blumenstr.	198 C2
Bodenstedtstr.	201 D3
Bogenallee	202 B5
Bogenstr.	202 A5
Böhmersweg	202 C5
Böhmkenstr.	196 A2
Borgfelder Str.	203 F3
Borgweg	199 D3
Bornkampsweg	200 B4
Bornstr.	202 B5
Borselstr.	200 B3
Börsenbrücke	197 D3
Borsteler Chaussee	198 B5
Boschstr.	200 A4
Bostelreihe	199 F1
Böttgerstr.	202 C5
Braamkamp	198 C4
Brahmsallee	202 B2
Brandsende	197 E4
Brandstwiete	197 D2
Brauerknechtgraben	196 A2

Breite Str.	201 D1	Dillstr.	202 B5	Feldbrunnenstr.	202 C4
Breitenfelder Str.	198 A3	Ditmar-Koel-Str.	202 A2	Feldstr.	202 A3
Breiter Gang	196 B3	Domplatz	197 E3	Felix-Dahn-Str.	201 F4
Brennerstr.	203 E3	Domstr.	197 D2	Ferdinandstor	197 E4
Brigittenstr.	201 F2	Donnerstr.	200 B2	Ferdinandstr.	197 E4
Brodersweg	202 C5	Doormannsweg	201 E4	Fernsicht	198 C2
Brodschrangen	197 D2	Dornbusch	197 D3	Fettstr.	201 F4
Brödermannsweg	198 A5	Dorotheenstr.	198 C3	Fischersallee	200 B1
Brooksbrücke	196 C1	Dovenfleet	197 E2	Fischertwiete	197 E3
Brooktor	197 E1	Dragonerstall	196 B5	Flemingstr.	198 C4
Brooktorkai	197 E2	Drehbahn	196 B5	Flora-Neumann-Str.	202 A4
Brucknerstr.	199 F2	Düppelstr.	201 D3	Flotowstr.	199 F2
Brüderstr.	196 B3	Duschweg	201 E4	Flüggestr.	199 F3
Buchenstr.	198 C3	Düsternstr.	196 B3	Fontenay	202 C4
Buchsbaumweg	198 C5			Forsmannstr.	199 D2
Budapester Str.	201 F2	**E**		Framheinstr.	199 F1
Bugenhagenstr.	197 F3	Eckernförder Str.	201 D4	Frankenstr.	203 F2
Bülaustr.	203 E3	Edgar-Roß-Str.	198 B4	Frauenthal	198 B2
Bülowstr.	200 A2	Edmund-Siemers-Allee	202 B4	Frickestr.	198 A3
Bundesstr.	201 F5	Eduardstr.	201 D5	Friedensallee	200 B2
Burchardplatz	197 E3	Efeuweg	198 C5	Friedrichstr.	201 E1
Burchardstr.	197 F3	Eggersallee	200 B1	Fruchtallee	201 E4
Bürgerweide	203 F3	Ehrenbergstr.	200 C2	Frühlingstr.	200 C5
Busanbrücke	197 E1	Eichenstr.	201 E5	Fuhlentwiete	196 B4
Büschstr.	196 C5	Eiffestr.	203 F3		
Bussestr.	198 C4	Eifflerstr.	201 E3	**G**	
Buttstr.	201 D1	Eimsbütteler Chaussee	201 E4	Gänsemarkt	196 C4
		Eimsbütteler Marktplatz	201 D5	Garbestr.	201 F5
C		Eimsbütteler Str.	201 D4	Gasstr.	200 A3
Caffamacherreihe	196 B4	Ekhofstr.	203 E4	Gaußstr.	200 C2
Carl-Cohn-Str.	198 C5	Elbchaussee	200 A1	Geesmoor	198 A5
Carsten-Rehder-Str.	201 D1	Elbtreppe	200 B1	Geffckenstr.	198 C3
Celciusweg	200 B3	Ellenbogen	202 A5	Gefionstr.	201 D3
Chemnitzstr.	201 D2	Ellerntorsbrücke	196 B3	Geibelstr.	199 D2
City-Hof-Passage	197 F3	Elsastr.	199 F2	Gellertstr.	199 D2
Clemens-Schultz-Str.	201 F2	Enckeplatz	196 A4	Georgiweg	198 A5
Colonnaden	196 C5	Englische Planke	196 A3	Georgsplatz	197 E4
Cremon	196 C2	Enzianstr.	198 B5	Gerhart-Hauptmann-Platz	197 E3
Curienstr.	197 E3	Eppendorfer Baum	198 A2	Gerhofstr.	196 C4
Curschmannweg	198 A3	Eppendorfer Landstr.	198 B3	Gerritstr.	201 E2
		Eppendorfer Marktplatz	198 B4	Gerstäckerstr.	196 A3
D		Eppendorfer Weg	198 A2	Gertigstr.	199 E2
Daimlerstr.	200 B3	Erichstr.	201 E1	Gert-Markus-Str.	198 A5
Dalmannkai	202 C1	Ericusbrücke	197 F1	Gertrudenkirchhof	197 E4
Dammtordamm	196 C5	Erikastr.	198 B4	Gertrudenstr.	197 E4
Dammtorstr.	196 C5	Erlenkamp	203 E5	Geschwister-Scholl-Str.	198 A3
Dammtorwall	196 B5	Ernst-Merck-Str.	197 F4	Gilbertstr.	201 E2
Dänenweg	201 F4	Erste Brunnenstr.	196 B3	Glacischaussee	196 A5
Danziger Str.	203 E3	Esmarchstr.	201 D2	Glashüttenstr.	202 A3
Dar-es-Salaam-Platz	197 E1	Esplanade	196 C5	Glindweg	199 E3
Davidstr.	201 F1	Eulenstr.	200 B2	Glockengießerwall	197 F4
Deelböge	198 B5			Glücksburger Str.	201 D4
Deichstr.	196 C2	**F**		Gneisenaustr.	201 F5
Deichtorplatz	197 F2	Faberstr.	201 D5	Goernestr.	198 C3
Depenau	197 E3	Fährhausstr.	199 D1	Goetheallee	200 C2
Desenißstr.	199 F1	Falkenried	198 A2	Goldbekufer	199 D3
Dienerreihe	197 E2	Fehlandtstr.	196 C5	Gorch-Fock-Str.	201 F4

STRASSENREGISTER

Gorch-Fock-Wall	196 B5	Harvestehuder Weg	198 C1	Holzbrücke	196 C2
Görttwiete	196 C2	Haubachstr.	200 C3	Holzdamm	197 F4
Gotenstr.	203 F2	Hauersweg	199 F3	Hongkongstr.	197 D1
Gottschedstr.	199 D3	Haynstr.	198 B3	Hopfenmarkt	196 C2
Grabenstr.	202 A3	Hegestr.	198 A2	Hopfensack	197 E3
Grädenerstr.	201 D5	Heidberg	199 D3	Hopfenstr.	201 F1
Graskeller	196 C3	Heidekampsweg	203 F2	Hospitalstr.	201 D3
Grasweg	199 D3	Heideweg	203 F5	Hudtwalckerstr.	198 C4
Graumannsweg	203 E4	Heiligengeistbrücke	196 C3	Hullstr.	196 B2
Greflingerstr.	198 C3	Heilwigstr.	198 C3	Humboldtstr.	199 E2
Griegstr.	200 A2	Heimhuderstr.	202 C4	Husumer Str.	198 A3
Grillparzerstr.	199 E2	Heimweg	202 C5	Hütten	196 A3
Grimm	197 D2	Heinickestr.	198 B4		
Grindelallee	202 B4	Heinrich-Barth-Str.	202 B5	**I**	
Grindelberg	198 A1	Heinrich-Grone-Stieg	203 F2	Ifflandstr.	203 F4
Grindelhof	202 B5	Heinrich-Hertz-Str.	199 E1	Im Gehölz	201 E5
Große Bäckerstr.	197 D3	Heinrichstr.	201 E4	Im Tale	198 A4
Große Bahnstr.	200 C5	Heitmannstr.	199 F1	Immenhof	203 F5
Große Bergstr.	201 D2	Helene-Lange-Str.	202 A5	Imstedt	199 E2
Große Bleichen	196 C4	Helgoländer Allee	201 F1	Innocentiastr.	198 A2
Große Brunnenstr.	200 B1	Hellbrookstr.	199 F3	Inselstr.	198 C5
Große Elbstr.	200 C1	Helmholtzstr.	200 B3	Isebekstieg	200 C4
Große Freiheit	201 E2	Henriettenstr.	201 E5	Isebekstr.	200 C4
Große Johannisstr.	197 D3	Henry-Budge-Str.	199 D4	Isekai	198 C3
Große Rainstr.	200 C2	Herbert-Weichmann-Str.	199 D1	Iseplatz	198 B3
Große Reichenstr.	197 D3	Herderstr.	199 E2	Isestr.	198 A1
Große Theaterstr.	196 C5	Hermann-Behn-Weg	202 B5		
Große Trampgang	196 B3	Hermannstr.	197 D3	**J**	
Großer Burstah	196 C3	Herrengraben	196 B2	Jahnring	199 E5
Großer Grasbrook	197 D1	Herrengrabenbrücke	196 B3	Jakobi-Kirchhof	197 E3
Großheidestr.	199 E3	Herrlichkeit	196 B2	Jan-Valkenburg-Str.	196 A4
Großneumarkt	196 B3	Heuberg	196 C4	Jarrestr.	199 F3
Grundstr.	201 D5	Heußweg	201 E5	Jean-Paul-Weg	199 E3
Grünebergstr.	200 A2	Heymannstr.	201 F5	Jessenstr.	201 D2
Grüner Deich	203 F1	Himmelstr.	198 C4	Johannes-Brahms-Platz	196 A5
Gryphiusstr.	198 C3	Hindenburgstr.	199 D5	Johannisbollwerk	196 A2
Gurlittstr.	203 E3	Hinter der Markthalle	197 E4	Johanniswall	197 F3
Gustav-Falke-Str.	201 F4	Hochallee	198 B1	Johnsallee	202 C5
Gustav-Mahler-Platz	196 C5	Hofweg	199 E1	Julius-Leber-Str.	200 C2
		Hogenfeldweg	200 A5	Juliusstr.	201 E3
H		Högerdamm	203 E2	Jungfernbrücke	197 D2
Hagedornstr.	198 B1	Hohe Bleichen	196 C4	Jungfernstieg	197 D4
Hahnemannstr.	198 B3	Hohe Brücke	196 C2	Jungfernstieg-Passage	196 C4
Hahntrapp	196 C2	Hohe Weide	201 F5	Jungfrauenthal	198 A2
Hainbuchweg	198 C5	Hohenesch	200 C2	Jungiusstr.	196 B5
Hallerstr.	202 B5	Hohenfelder Allee	203 F4		
Hammerbrookstr.	203 F2	Hohenzollernring	200 B1	**K**	
Hans-Albers-Platz	201 E1	Hohler Weg	196 A2	Kaemmererufer	199 F3
Hansaplatz	203 E3	Hölderlinsallee	199 E3	Kaffeeplatz	197 E1
Hansastr.	198 B1	Holländische Reihe	200 B1	Kaiser-Friedrich-Ufer	201 F5
Hans-Henny-Jahnn-Weg	199 E2	Holländischer Brook	197 E2	Kaiser-Wilhelm-Str.	196 B4
Hans-Much-Weg	198 B3	Holstenglacis	196 A5	Kaistr.	200 C1
Hanssensweg	199 E3	Holstenring	200 B2	Kajen	196 B3
Harkortstr.	200 C3	Holstenstr.	201 D3	Kalkhof	196 C5
Harmsenstr.	200 A2	Holstentwiete	200 B2	Kaltenkircher Str.	201 D4
Hartungstr.	202 B5	Holstenwall	196 A4	Kampstr.	201 F3
Hartwicusstr.	203 E5	Holtenaustr.	201 D3	Kanalstr.	199 E1
				Kannengießerort	197 D2

Kapstadtring	199 F5	Krohnskamp	199 D3	Lutterothstr.	201 E5
Karlstr.	199 D1	Krokusstieg	199 D5		
Karolinenstr.	196 A5	Krugkoppel	198 C2	**M**	
Karpfangerstr.	196 A2	Kugelfang	198 B5	Magdalenenstr.	202 C5
Kastanienallee	201 F1	Kümmelstr.	198 B3	Magdeburger Str.	197 F1
Katharinenstr.	196 C2	Kurt-Schumacher-Allee	203 E2	Mahatma-Ghandi-Brücke	196 C1
Katharinentwiete	197 D2	Kurze Mühren	197 F4	Mansteinstr.	201 F5
Kathrinenfleet	196 C2	Kurze Str.	196 A4	Margaretenstr.	201 F4
Kattrepel	197 E3			Maria-Louisen-Str.	198 C2
Kattrepelsbrücke	197 E2	**L**		Marktstr.	202 A3
Katzensteig	200 A1	Laeiszstr.	201 F3	Markusstr.	196 A3
Kegelhofstr.	198 A3	Lagerstr.	201 F3	Marlowring	200 B5
Kehrwieder Brook	196 C1	Landhausweg	199 E3	Martinistr.	198 A4
Kellinghusenstr.	198 B3	Langbehnstr.	200 A4	Martin-Luther-Str.	196 A2
Kennedybrücke	197 E5	Lange Mühren	197 F3	Mattentwiete	196 C2
Keplerstr.	200 B2	Lange Reihe	203 E3	Max-Brauer-Allee	200 C1
Kibbelsteg	197 D1	Lange Str.	201 E1	Meenkwiese	198 B4
Kieler Str.	200 C5	Langenfelder Str.	201 D4	Meerweinstr.	199 E3
Kielortallee	202 A5	Lappenbergsallee	201 D5	Meißnerstr.	201 E5
Kippingstr.	202 A5	Lattenkamp	198 B5	Memellandallee	201 D4
Kirchenallee	197 E5	Laufgraben	202 A4	Mendelsohnstr.	200 A4
Kirchentwiete	200 C1	Lehmweg	198 A2	Methfesselstr.	201 D5
Klärchenstr.	198 C3	Leinpfad	198 C2	Meuronstr.	199 E3
Klausstr.	200 C2	Lenhartzstr.	198 A2	Mexikoring	199 E4
Kleine Bergstr.	201 D2	Lerchenstieg	201 E3	Michaelispassage	196 B3
Kleine Burstah	196 C2	Lerchenstr.	201 E3	Michaelisstr.	196 B3
Kleine Fontenay	202 C4	Leunastr.	200 B4	Millerntordamm	202 A2
Kleine Johannisstr.	197 D3	Leverkusenstr.	200 B4	Missundestr.	201 E3
Kleine Rainstr.	200 C2	Lichtwarkstr.	198 C3	Mittelweg	198 B1
Kleine Reichenstr.	197 E3	Lilienstr.	197 F4	Mohlenhofstr.	197 E3
Kleine Rosenstr.	197 E3	Lincolnstr.	201 E1	Mollerstr.	202 C5
Kleine Theaterstr.	196 C4	Lindenallee	201 E4	Mönckebergstr.	197 D3
Kleiner Schäferkamp	201 F4	Lindenstr.	203 E3	Mönkedamm	196 C3
Klopstockstr.	200 C1	Linnéring	199 D4	Moorfuhrtweg	199 D2
Klosterallee	198 A1	Linnéweg	199 D3	Moorkamp	201 F5
Klosterstern	198 B2	Lippeltstr.	203 E1	Moortwiete	198 A5
Klosterstieg Weg	198 C1	Lippmannstr.	201 E3	Moorweg	198 A5
Klosterwall	197 F3	Lisztstr.	200 A2	Moorweidenstr.	202 C4
Klotzenmoor	198 B5	Lobuschstr.	200 C2	Mörkenstr.	201 D2
Knauerstr.	198 B3	Loehrsweg	198 B3	Mottenburger Str.	200 B2
Knochenhauertwiete	197 D3	Löfflerstr.	200 C2	Mövenstr.	198 C2
Kohlentwiete	200 C3	Loggestieg	198 B3	Mozartstr.	199 E1
Kohlhöfen	196 B4	Lohmühlenstr.	203 E4	Mühlendamm	203 F4
Koldingstr.	201 D3	Lohseplatz	197 F1	Mühlenkamp	199 D2
Königstr.	200 C1	Lokstedter Steindamm	198 A3	Mumsenstr.	201 D3
Koopstr.	202 A5	Lokstedter Weg	198 B4	Mundsburger Damm	203 F4
Koppel	203 E3	Lombardsbrücke	197 E5	Münzplatz	203 E2
Köppenstr.	198 A5	Loogestr.	198 B3	Münzstr.	203 E2
Koreastr.	197 E1	Lorenzengasse	199 E3	Museumstr.	200 C2
Körnerstr.	199 D1	Lornsen-Platz	201 D2		
Kornhausbrücke	197 E2	Louise-Schroeder-Str.	201 D2	**N**	
Kornträgergang	196 B4		198 A3	Nagelsallee	201 E4
Kottwitzstr.	201 F5	Lübecker Tordamm	203 F3	Nagelsweg	203 F2
Krayenkamp	196 A2	Ludolfstr.	198 B4	Neanderstr.	196 A3
Kreuslerstr.	197 E3	Ludwig-Erhard-Str.	196 A3	Nedderfeld	198 A5
Kreuzweg	203 E3	Ludwigstr.	201 F3	Nernstweg	200 C2
Krochmannstr.	198 C4	Lunapark	201 D4	Neß	197 D3

Neue ABC-Str.	196 C4	Paul-Dessau-Str.	200 A3	Rosengartenweg	199 E4
Neue Burg	197 D2	Paulinenallee	201 D4	Rosenstr.	197 E3
Neue Gröningerstr.	197 D2	Paul-Nevermann-Platz	200 C2	Rossausweg	203 F4
Neue Rabenstr.	202 C4	Paul-Roosen-Str.	201 E2	Rostocker Str.	203 E3
Neuer Jungfernstieg	197 D4	Paulstr.	197 D3	Rothenbaumchaussee	198 B1
Neuer Kamp	201 F3	Pelzerstr.	197 D3	Rothestr.	200 B1
Neuer Pferdemarkt	201 F3	Pepermölenbek	201 E1	Rübenkamp	199 F5
Neuer Steinweg	196 A3	Peterstr.	196 A3	Ruhrstr.	200 B3
Neuer Wall	196 C3	Petkumstr.	203 F5	Rulantweg	200 A1
Neuer Wandrahm	197 D2	Philosophenweg	200 A1	Rutschbahn	202 B5
Neuerwegsbrücke	197 D1	Pickhuben	197 D1		
Neumühlen	200 A1	Pilatuspool	196 A4	**S**	
Neustädter Neuer Weg	196 A2	Pinnasberg	201 E1	Saarlandstieg	199 F4
Neustädter Str.	196 B4	Pinneberger Weg	201 D5	Saarlandstr.	199 F2
New-York-Ring	199 E5	Planckstr.	200 B2	Sachsenfeld	203 F2
Niederbaumbrücke	196 B1	Plöner Str.	200 C4	Sachsenkamp	203 F2
Niedernstr.	197 E3	Poelchaukamp	199 D2	Sachsenstr.	203 F2
Nissenstr.	198 B4	Poggenmühle	197 E2	Salomon-Heine-Weg	198 B5
Nobistor	201 E2	Poolstr.	196 B4	Sandweg	201 D5
Nöltingstr.	200 B2	Pöselstr.	203 D5	Schaarmarkt	196 A2
Nonnenstieg	198 B2	Poßmoorweg	199 D3	Schaarsteinweg	196 A2
Norderreihe	201 D3	Poststr.	196 C4	Schaarsteinwegsbrücke	196 B2
Norderstr.	203 E2	Präsident-Krahn-Str.	200 C2	Schaartor	196 B2
Nordkanalbrücke	203 E2	Pulverteich	203 E3	Schäferkampsallee	201 F4
Nordkanalstr.	203 F2	Pulverturmsbrücke	196 B2	Schäferstr.	201 F4
Novalisweg	199 E3	Pumpen	197 E4	Schanzenstr.	201 F3
				Schauenburgerstr.	197 D3
O		**R**		Schedestr.	198 A3
Oberbaumbrücke	197 F2	Raboisen	197 E4	Scheffelstr.	199 D2
Oberstr.	198 A1	Rademachergang	196 B4	Scheideweg	201 F5
Oderfelderstr.	198 B2	Rambachstr.	196 A2	Scheperstr.	201 E2
Oelkersallee	201 E3	Rappstr.	202 B5	Schinkelstr.	199 D2
Oeverseestr.	201 D3	Rathausmarkt	197 D3	Schlachthofpassage	201 F3
Ohlsdorfer Str.	198 C4	Rathausstr.	197 D3	Schlankreye	201 F5
Olbersweg	201 D1	Rathbusch	198 B5	Schleidenstr.	199 F2
Ophagen	201 D4	Rathenaustr.	198 C5	Schleusenbrücke	197 D3
Opitzstr.	199 D3	Reeperbahn	201 E2	Schlüterstr.	202 C4
Orchideenstieg	198 B5	Reesendamm	197 D3	Schmarjestr.	200 C1
Ortrudstr.	199 F2	Regerstieg	200 A4	Schmidt-Rottluff-Weg	201 E3
Osakaallee	197 E1	Regerstr.	200 A4	Schmiedestr.	197 D3
Osterbekstr.	199 E2	Rehhoffstr.	196 B2	Schmuckstr.	201 E2
Osterfeldstr.	198 A4	Rehmstr.	198 C4	Schnackenburgallee	200 A5
Osterstr.	201 E5	Reichardtstr.	200 A4	Schnellstr.	201 D3
Ottenser Hauptstr.	200 B2	Reimersbrücke	197 D2	Schomburgstr.	201 D2
Ottersbekallee	201 E5	Reimerstwiete	197 D2	Schöne Aussicht	203 E5
Otto-Sill-Brücke	196 B1	Rellinger Str.	201 D5	Schopenhauerweg	200 A1
Otto-Wels-Str.	199 D4	Rentzelstr.	202 B4	Schopenstehl	197 E3
Övelgönner Str.	201 D4	Repsoldstr.	203 E2	Schottmüllerstr.	198 B3
Overbeckstr.	203 E5	Richterstr.	199 E1	Schrammsweg	198 B3
		Robert-Koch-Str.	198 B3	Schröderstiftstr.	202 A5
P		Rödingsmarkt	196 B2	Schrötteringksweg	203 F5
Palmaille	200 C1	Röhrigstr.	200 A2	Schubertstr.	199 E1
Papendamm	202 A4	Rolandsbrücke	197 D2	Schultzweg	203 E2
Papenhuder Str.	203 E4	Rolandswoort	200 A2	Schulweg	201 E5
Parkallee	198 A1	Rombergstr.	201 D5	Schumacherstr.	201 D2
Pasmannstr.	196 B2	Rondeel	199 D2	Schumannstr.	199 E2
Pastorenstr.	196 B2	Rondenbarg	200 B5	Schützenstr.	200 C4

Schwabenplatz	203 F2	Stenvort	201 D4	Vorwerkstr.	202 A3
Schwanenwik	203 E4	Stephansplatz	196 C5	Voßbergweg	199 D3
Schwenckestr.	201 D5	Sternbrücke	201 E3	**W**	
Sechslingspforte	203 E4	Sternschanze	201 F3	Waidmannstr.	200 C4
Sedanstr.	202 A5	Sternstr.	201 F3	Wallstr.	203 F3
Seewartenstr.	201 F1	Stockmeyerstr.	197 F1	Walther-Kunze-Str.	201 D3
Seilerstr.	201 F2	Straßenbahnring	198 A2	Wandalenweg	203 F2
Semperstr.	199 D3	Stresemannstr.	200 B4	Wandrahmsteg	197 E2
Sentastr.	199 F2	Struensestr.	201 D1	Wandsbeker Stieg	203 F4
Shanghaiallee	197 F1	Stubbenhuk	196 B2	Warburgstr.	202 C4
Shanghaibrücke	197 E1	Süderstr.	203 F1	Waterloostr.	201 E4
Siemssenstr.	198 B4	Südring	199 D4	Weidenallee	201 F4
Sierichstr.	199 D2	Susannenstr.	201 F3	Weidenstieg	201 E5
Sieveking-Platz	196 A5	Suttnerstr.	201 D3	Weidestr.	199 E2
Silbersackstr.	201 E1	Sydneystr.	199 D5	Welckerstr.	196 C5
Sillemstr.	201 D5			Wendenstr.	203 F2
Simon-von-Utrecht-Str.	201 F2	**T**		Wendloher W.	198 A4
Singapurstr.	197 D1	Talstr.	201 E2	Wentzelstr.	199 D2
Skatplatzweg	199 D4	Tarpenbekstr.	198 B4	Werderstr.	198 B1
Slamatjenbrücke	196 C2	Teerhof	197 E2	Wesselyring	199 D5
Sommerhuder Str.	201 E3	Teilfeld	196 B2	Wexstr.	196 B3
Sonninstr.	203 E2	Tesdorpfstr.	202 C4	Wiesendamm	199 E3
Sophienallee	201 D4	Thadenstr.	201 E3	Wiesenstr.	201 E5
Sophienterrasse	198 C1	Thedestr.	201 D2	Wigandweg	198 A5
Spadenteich	197 F5	Theresienstieg	203 E5	Wilhelm-Metzger-Str.	198 B5
Spaldingstr.	203 E2	Thielickestieg	196 B2	Willistr.	198 C2
Speckstr.	196 B4	Tiergartenstr.	202 B4	Willy-Brandt-Str.	196 C2
Speersort	197 E3	Timmermannstr.	198 C4	Wincklerstr.	196 A2
Spengelweg	201 D5	Tokiostr.	197 D1	Windhukstr.	200 A2
Spielbudenplatz	201 F2	Tönsfeldtstr.	200 B2	Winsbergring	200 A5
Spielwiesenweg	199 E3	Tornquiststr.	201 E5	Winterhuder Marktplatz	198 C4
Spitalerstr.	197 F3	Torstr. 200	C5	Winterhuder Weg	199 E1
Springeltwiete	197 F3	Treschkowstr.	201 F5	Winterligstieg	199 D5
Sprinkenhof	197 F3	Trommelstr.	201 E1	Wohlers Allee	201 E3
Spritzenplatz	200 C2	Trostbrücke	197 D2	Wohlwillstr.	201 E2
St. Annenufer	197 E1	Tulpenstieg	199 D5	Wölberstieg	196 C2
St. Benedict-Str.	198 B2	Turmweg	202 C5	Woldsenweg	198 B3
St. Georg-Kirchhof	197 F5			Wolffsonweg	198 C5
St. Georg-Str.	197 F5	**U**		Wolfgangsweg	196 A2
St. Pauli-(Alter) Elbtunnel	201 F1	Überseeboulevard	197 E1	Woltersstr.	198 A5
St. Pauli-Fischmarkt	201 E1	Überseering	199 E5	Woyrschweg	200 A3
St. Pauli-Hafenstr.	201 E1	Uhlenhorster Weg	203 F5		
St. Petersburger Str.	202 B4	Ulmenstr.	198 C3	**Y**	
Stadtdeich	203 E1			Yokohamastr.	197 F1
Stadthausbrücke	196 C3	**V**			
Stahltwiete	200 B3	Valentinskamp	196 B5	**Z**	
Steckelhörn	197 D2	Valparaisostr.	200 A4	Zeisestr.	201 D3
Steinhauerdamm	203 F3	Van-der-Smissen-Str.	200 C1	Zeißstr.	200 C2
Steinhöft	196 B2	Venusberg	202 B2	Zesenstr.	198 C3
Steinschanze	197 F1	Vereinsstr.	201 E4	Zeughausmarkt	196 A3
Steinstr.	197 E3	Versmannstr.	203 F1	Zeughausstraße	196 A2
Steintordamm	197 F4	Virchowstr.	201 D2	Zimmerstr.	199 E1
Steintorwall	197 F3	Voigtstr.	201 D5	Zippelhaus	197 D2
Steintwiete	196 C2	Von-Axen-Str.	199 E2	Zirkusweg	201 F1
Steintwietenhof	196 C2	Von-Sauer-Str.	200 A4	Zollenbrücke	197 D2
Steinweg-Passage	196 B3	Vor dem Holstentor	196 A5		
		Vorsetzen	196 A1		

Register

A
Airbus 122, 138
Albers, Hans 69, 125
Alster 7, 14, 42, 63, 70, 193
Alsterarkaden 23, 37
Alsterperle 68
Alte Polizeiwache 89
Alte Post 37
Alter Elbtunnel 88, 93, 182
Alter Schwede 122
Altonaer Museum 142
Altonaer Theater 151
Anreise 188
Augustinum 137
Ausgehen 60, 82, 114, 148, 168, 192
Auskunft 186
Außenalster 7, 43, 63, 66, 70
Automuseum Prototyp 104

B
Baakenhafen 91
Baakenpark 91, 109
BallinStadt 111
Barclaycard Arena Hamburg 192
Bargheer Museum 140
Barmbek 156
Beatles 126
Beatles-Platz 126
Billebogen 14
Binnenalster 42, 70
Bischofsburg 53
Blankenese 30, 172
Blankeneser Treppenviertel 175
Bootswerft Dornheim 157, 159
Borchert, Wolfgang 26, 161
Börse 41
Bucerius Kunst Forum 52
Budge-Palais 71
Bunker St. Pauli 49, 54

C
Cafés 57, 79, 146, 167
Camping 189
Cap San Diego 88, 94
CCH 51
Chilehaus 23, 46
City Nord 166
Colonnaden 39, 58
Containerterminals 16

D
Das Schiff 115
Davidwache 126
Deichstraße 110
Deichtorcenter 46
Deichtorhallen 53
Derby-Park 143
Deutsches Schauspielhaus 83
Dialoghaus 103
Dockland 120, 136
Dockville 11, 194
Dom 8, 50, 193, 194
Donners Park 132
Dulsberg 23

E
Eimsbüttel 30
Einkaufen 58, 80, 114, 147, 168, 192
Elbchaussee 138
Elbe 11, 14, 43, 120, 130, 172, 179
Elbjazz 11, 27, 95, 193
Elbphilharmonie 7, 14, 27, 88, 96, 108, 192
Elbpromenade 88
Elbstrand 13, 81, 121, 122, 173, 192
Elbwanderweg 173
Engelsaal 21
Ensemble Resonanz 49
Entenwerder Park 181
Eppendorf 76, 78, 80, 192
Ermäßigungen 186
Ernst-August- Schleuse 182
Ernst-Deutsch-Theater 169
Essen und Trinken 17, 55, 79, 112, 144, 167, 192
Europa Passage 36, 59

F
Fabrik 11, 151, 193
Fahrrad 189
Falkensteiner Ufer 8, 172, 174
FC St. Pauli 50
Feenteich 68
Feiertage 186
Feuerschiff 94
Fischimbisse 18
Fischmarkt 135
Fischmarkthallen 135
Fleetinsel 52
Fleetschlösschen 104
Flottbek 138, 142
Flughafen 188
Franzbrötchen 18

Freilichtbühne 163, 193
Friedhof Ohlsdorf 153

G
Galerien 52, 54
Gängeviertel 51, 194
Gästehaus des Senats 68
GEDOK 78
Geld 187
Gesundheit 187
Gewürzmuseum Spicy's 104
Grindelhochhäuser 77
Grindelviertel 66, 77
Große Elbstraße 19, 120, 135, 192
Große Freiheit 125, 193
Großmarkthallen 180

H
Hafen 15, 85
HafenCity 14, 31, 85, 88, 106, 180, 193
Hafengeburtstag 25, 121, 193
Hafenmuseum 111
HamburgCard 186
Hamburger Hof 38
Hamburger Kammerspiele 83
Hamburger Kunstverein 54
Hamburger Poloplatz 143
Hamburger SV 11
Hamburgische Staatsoper 192
Hamburg Tourismus 186
Hammaburg 114, 134
Hansa Varieté Theater 69
Hanse-Viertel 38
Harburg 31
Harvestehude 70
Hauptbahnhof 188
Heiligengeistfeld 50
Heiße Ecke 21, 128
Herbertstraße 126
Hildegarden 54
Hobenköök 90
Höger, Fritz 22, 47
Holthusenbad 76, 78
Hotels 189
HVV 188

I
IBA 14
Imperial-Theater 129
Innenstadt 33
Internet 186

J
Jarrestadt 23, 156
Jenisch Haus 139
Jenischpark 117, 139
Johanniskirche 70
Jüdischer Friedhof Königstraße 143
Jugendherberge 189
Jungfernstieg 42

K
Kabarett 115, 151
Heidi Kabel 25
Kaiserkai 108
Kaispeicher B 108
Kaltehofe 181
Kampnagel 159, 169
Kapelle des Ökumenischen Forums 90, 109
Kehrwiederspitze 97, 102
Kiez 28, 124
Kinos 61, 83, 169
Klein Flottbek 142, 193
Klütjenfelder Hauptdeich 182
Koberer 28
Komödie Winterhuder Fährhaus 169
KomponistenQuartier 61
Konsulate 186
Kontorhausviertel 23, 46
Koppel 66 69, 78
Koreabrücke 108
Krameramtsstuben 99, 134
Krugkoppelbrücke 68, 70
Kultur 26
Kunsthalle 7, 69, 72

L
Laeiszhalle 61, 192
Laeiszhof 48
Landhaus Michaelsen 174
Landungsbrücken 7, 88, 92, 120, 182, 192
Lange Reihe 68, 192
Lawaetz-Haus 137
Leuchtturm 173
Levantehaus 36
Lichtwark, Alfred 22, 72, 162
Literaturhaus 77
Lohsepark 90, 109
Loki-Schmidt-Garten 142

M
Magdeburger Hafen 90, 108
Maritimes Museum 90, 108, 110

MARKK 74
Meerweinschule 157
Mellin-Passage 37
Meßberghof 47
Messe 50
Michel siehe St. Michaelis
Miniatur Wunderland 104, 105
Mohlenhof 48
Mönckebergstraße 58, 192
Montanhof 48
Museum am Rothenbaum, Kulturen und Künste der Welt siehe MARKK
Museum der Arbeit 156, 166
Museum für Hamburgische Geschichte 133
Museum für Kunst und Gewerbe 44
Museumshafen Övelgönne 121, 131
Musical 20, 92, 192
Musik 11, 60, 151, 165
Musikhochschule Hamburg 71

N
Naturbad Stadtparksee 163
Neuer Elbtunnel 132
Neuer Wall 58
Neumeier, John 27
Neumühlen 136
Nikolaikirchturm 110
Notrufe 187

O
Oberhafen-Kantine 112
Oberhafenquartier 180
Öffentlicher Nahverkehr 188
Ohlsdorf 153, 193
Ohlsdorfer Friedhof 7, 160
Ohnsorg-Theater 25, 83
Oldtimer-Tankstelle Brandshof 180
Operettenhaus 129
Opernloft 21
Ottensen 143, 148, 192
Övelgönne 7, 14, 19, 120, 130

P
Panoptikum 128
Park Fiction 11
Passage Galleria 38
Planetarium 162
Planten un Blomen 50
Pöseldorf 70
Post 187
Puppenmuseum 8, 174

Q
Quinn, Freddy 126

R
Rathaus 7, 40
Reeperbahn 7, 21, 28, 117, 124, 193
Reeperbahn Festival 11, 27, 129, 194
Reesendamm 42
Reisedokumente 187
Reisezeit 187
Rickmer Rickmers 88, 93
Rote Flora 54
Rüschpark 138

S
Sandtorhöft 89
Schanzenpiazza 54, 193
Schanzenviertel 54
Schauspielhaus 192
Schlagermove 193
Schmidt, Helmut 25
Schmidt, Loki 25, 119, 142
Schmidts Tivoli 21, 128, 151
Schmidt Theater 126
Schulauer Fährhaus 172
Schulterblatt 60
Schumacher, Fritz 23, 126, 133, 157, 160, 162
Schwäne 78
Seeler, Uwe 25
Shanghaiallee 90, 109
Sicherheit 187
Sightseeing 188
Souvenirs 192
Spaziergänge 171
Speicherstadt 7, 23, 85, 102
Speicherstadtmuseum 103
Sperrnummern 187
Spielbudenplatz 128
Sport 11
Spreehafen 182
Sprinkenhof 47
Hamburgische Staatsoper 61
Staatsoper 27
Stadthöfe 52
Stadtpark 153, 162
Stadtparkbühne 11, 193
Stadtparkopenair 165
Stadtrad-Räder 189
Stage Entertainment 20
Star-Club 126
Steinerner Orientteppich 89

St. Georg 68, 81, 192, 193
St.-Jacobi-Kirche 53
St. Michaelis 7, 98, 100
Stolpersteine 66, 77
Störtebeker, Klaus 108, 133
St. Pauli 54, 124, 150
St. Pauli Nachtmarkt 128
St. Pauli Theater 126
St.-Petri-Kirche 52, 194
Strandkai 108
Strandperle 8, 121, 132, 193
Süllberg 175
Sven-Simon-Park 174

T
Tennis 194
Teppichmuseum 104
Teufelsbrück 123, 138
Thalia in der Gaußstraße 151
Thalia Theater 60, 192
Theater 60, 83, 151, 169
Tierpark Hagenbeck 11, 176
Trödel- und Flohmärkte 192

U
U-434 143

Übernachten 189
Uni-Hauptgebäude 77
Unterwegs in Hamburg 188

V
Veranstaltungen 192
Vier Jahreszeiten 43
Vier- und Marschlande 19
Viewpoint 109

W
WasserForum 182, 183
Wasserschloss 114
Wedel 172
Westend 143
Westfield 108
Wilhelminen-Brücke 89
Wilhelmsburg 14, 31, 182, 194
Willkommhöft 172
Winterhude 153, 158, 166
WLAN 187

Z
Zollbestimmungen 187
Zollmuseum 104

BILDNACHWEIS

Aplinse, Hamburg: 91
Bäderland Hamburg: 76
Bucerius Kunst Forum, Hamburg: Ulrich Perrey 52
Dirk Renckhoff, Hamburg: 6 (5), 6 (10), 29 u. r., 46, 47 l., 47 r., 123 u r., 140, 157 o., 157 u., 161 u., 163, 166 u., 174
DuMont Bildarchiv, Ostfildern: Frank Siemers 5 o., 5 u., 6 (6), 6 (7), 6 (8), 10 u., 15, 16, 23, 25, 27 l., 30, 31 r., 42, 43, 50, 51 o., 51 u., 53 u., 54, 55, 57, 58, 59, 62/ 63, 68, 69 l., 69 r., 71, 73, 74, 75, 80, 83, 93 u., 107 o r., 108, 110, 111, 112, 116/117, 123, 125, 127 o. l., 127 u., 128, 130, 135, 136, 139, 148, 149, 158 r., 159
Ensemble Resonanz gGmbH, Hamburg: Gerhard Kühne 49
Förderkreis Koppel 66 e.V., Hamburg: Michael Marczok 78
Getty Images, München: Hauke Dressler/ LOOK-foto 67 l.; mh-fotos 67 r.; Westend61 107 o. l.
HAFEN ATELIERS GmbH, Hamburg: 114
Huber-Images, Garmisch-Partenkirchen: Günter Gräfenhain 40, 137; Reinhard Schmid 38
iStock.com, Calgary (CA): bonchan 19 u. l.; mh-fotos 89 o.; nilsz 6 (4), 103; ThomasFluegge 6 (2), 90, 121 r.
Jazzarchiv(Isabel, Hamburg: 151
laif, Köln: Arnold Morascher 158 l.; Bernd Jonkmanns 31 l.; Christian Kerber 122 o. r., 131, 180; Daniel Pilar 29 u. l.; Frank Siemers 39 r., 99; Gluecklich 61; GORDON WELTERS/The New York Times/Redux 96; Johannes Arlt 29 o.; Jörg Modrow 93 l., 95, 107 u., 121 l., 127 o. r.; Marc-Oliver Schulz 93 o. r.; Stefan Volk 145, 169; Paul Langrock/Zenit 97
Lookphotos, München: Hauke Dressler 9, 115; H&D Zielske 39 l. o.; Ulf Böttcher 132

Mauritius Images, Mittenwald: ALLTRAVEL/ Alamy: 10 o., 141; Bildagentur Hamburg/Rainer Waldkirch 39 l. u.; Bildagentur-online/Ohde/ Alamy 181, 183; Christina Czybik 37 u.; Dirk Renckhoff/Alamy 150; mauritius images/Alamy: 53 o., 104; Christian Bäck 173; imagebroker/Christian Ohde 6 (9), 161 o. r.; Ingo Boelter 12/13, 32/33, 94
Miniatur Wunderland, Hamburg: 105
MKG, Hamburg: Joachim Hiltmann, Stanislaw Rowinski, Andreas Torneberg 45 l.; Michael Bernhardi/Spiegel Verlag (2011) 45 r.
Otto Stadler, Landshut: 77, 161 o. l.
picture-alliance, Frankfurt a. M.: Christophe Gateau/dpa 184/185
Restaurant Engel, Hamburg: 147
Restaurant Op'n Bulln, Hamburg: 170/171
Restaurant Schoppenhauer, Hamburg 113
Sascha Üreten/The Gourmet Apron, Hamburg: 90/91
Schmidts Tivoli GmbH, Hamburg: Brinkhoff/ Mögenburg 21 l.
Schröder/HB Verlag: 27 r.
SHMH, Hamburg: Sinje Hasheider 133, 134, 142, 166 o.
Shutterstock, Amsterdam (NL): Claudio Divizia 89 u.; Gestur Gislason 122 l.
Stage Entertainment, Hamburg: 20; Morris M. Matzen 21 r.
Stock.adobe.com, Dublin: Andreas Gerlach 37 o.; brodtcast 17; emmi 18; hansefotografie 165; JFL Photography 6 (1); kameraauge 164; Kara 152/153; kitchenkiss.de 19 o. l., 19 o. r.; Matthias Krüttgen 6 (3); Nicole 19 u. r.; powell83 48, 84/85
Tierpark Hagenbeck, Hamburg: Götz Berlik 178
Werner Dieterich, Stuttgart: 81

Titelbilder oben und unten: Jörg Modrow/laif; Christian O. Bruch/laif
Umschlag hinten: Marc-Oliver Schulz/laif

IMPRESSUM

© MAIRDUMONT, Ostfildern
5., aktualisierte Aufl. 2024

Text: Dorothea Heintze, Manu Schmickler
Redaktion & Gestaltung: Eszter Kalmár (www.lektorat-kalmar.de)
Layout: CYCLUS · Visuelle Kommunikation, Stuttgart

Kartografie: © 2024 KOMPASS-Karten GmbH, A-6020 Innsbruck; MAIRDUMONT, D-73751 Ostfildern
3D-Illustrationen: jangled nerves, Stuttgart
Visuelle Konzeption: Neue Gestaltung, Berlin

Der Name Baedeker ist als Warenzeichen geschützt. Alle Rechte im In- und Ausland sind vorbehalten. Jegliche – auch auszugsweise – Verwertung, Wiedergabe, Vervielfältigung, Übersetzung, Adaption, Mikroverfilmung, Einspeicherung oder Verarbeitung in EDV-Systemen ausnahmslos aller Teile des Werkes bedarf der ausdrücklichen Genehmigung durch den Verlag.

Printed in China

Trotz aller Sorgfalt von Autoren, Autorinnen und Redaktion sind Fehler und Änderungen nach Drucklegung leider nicht auszuschließen. Dafür kann der Verlag keine Haftung übernehmen. Berichtigungen, Kritik und Verbesserungsvorschläge sind uns jederzeit willkommen, bitte informieren Sie uns unter:

Baedeker Redaktion
Postfach 3162
D-73751 Ostfildern
Tel. 0711 45 02-262
smart@baedeker.com
www.baedeker.com

Meine Notizen